KB190838

천
국
시
민
헌
장

향 기 설 교
시리즈 01

마태복음의 진수 01

천국시민헌장

초판인쇄 2021년 10월 1일
초판발행 2021년 10월 6일

지은이 | 변성규
펴낸이 | 이은수

편 집 | 이은수 문지환
교 정 | 차은자
디자인 | 디자인 향기

펴낸곳 | 도서출판 향기
등 록 | 제 325-2020-000007호
주 소 | 부산광역시 중구 대청로 69-12
전 화 | 051-256-4788
팩 스 | 051-256-4688
이메일 | onearoma@hanmail.net

ISBN 979-11-973080-2-4

향 기 설 교
시리즈 01

변성규 지음

마태복음의 진수 01

천국시민헌장

향기
도서출판

　　변성규 목사님의 마태복음 설교집 "천국시민헌장" 발간을 크게 기뻐하며 진심으로 축하드립니다.

　　변 목사님의 설교집 발간이 무척 반갑고 기대되는 것은 고신대학교 경건회 시간에 설교하실 때마다 제가 큰 은혜를 받았기 때문입니다. 좀 더 솔직히 말씀드린다면 경건회에 참석한 학생들의 반응이 예상보다 훨씬 좋았기 때문이기도 합니다. 대학 경건회 설교가 교회와는 달라 만만치 않은 것이 사실입니다. 집중해서 말씀을 사모하는 학생도 있지만 무관심하거나 아예 눈을 감고 있는 학생도 있습니다. 그런데 목사님께서 설교하실 때는 많은 학생이 감았던 눈을 뜨고 강단을 향해 집중하며 좀처럼 하지 않던 반응을 보이기까지 했습니다. 그것은 설교가 자신들에게 들려지고 마음을 터치했기 때문이겠지요. 설교 내용과 함께 커뮤니케이션의 탁월하심을 느끼곤 했습니다. 다음 세대와의 소통에 있어 또 하나의 중요한 요인은 논리적이어야 한다는 것입니다. 일반적 강의도 그런데 하물며 초 논리와 신비를 가득 담고 있는 성경을 논리적으로 그것도 다음 세대에게 들리게 설교하는 것은 결코 쉬운 일이 아닐 것입니다. 다음 세대에게 들리는 설교를 하려면 다음 세대의 언어 즉, 그들이 무엇을 고민하고 무엇으로 흥분하고 어떤 것에 관심이 있는지, 어떻게 말해야 마음을 여는지를 아는 것이 중요합니다. 변 목사님의 설교에는 그 젊음을 움직이는 힘이 있었습니다. 그들에게로 내려가 그들을 이해하고 그들의 언어로 격려하시는 따뜻한 소통을 하셨습니다. 그리고 논리를 넘어 닫혔던 은혜의 문이 열렸습니다. 저는 그것이 사랑이라고 믿습니다.

하나님의 사람으로 오신, 설명할 길이 없는 예수님의 사랑을 가득 담은 변성규 목사님의 설교집 "천국시민헌장"을 통해 식었던 가슴이 다시 뜨거워지며 닫혔던 복음의 문이 열리는 놀라운 역사를 큰 설렘으로 기대합니다.

고신대학교 믿음의 동산에서 다음 세대의 마음을 마음껏 흔드시던 그 뜨거운 감격이 곳곳에서 되살아날 것을 확신하며 기쁨으로 자랑스럽게 추천합니다.

고신대학교 총장 **안 민**

변성규 목사님은 2017년에 중견 교회의 안정적인 담임 목사직에서 내려와 교회를 새로이 개척했습니다. 이것은 30, 40대 젊은 목회자들이 교회를 개척하는 것과는 차원이 다른 대단한 용기가 필요한 일이었는데 변 목사님은 믿음의 용기로써 은혜와 평강교회를 개척했고 교회당을 건축하고 3년 만에 자립하는 노익장을 보여주셨습니다. 이는 이제는 교회 개척은 불가능하다는 우리 안에 만연한 패배 의식에 경종을 울리는 선한 모범으로 생각합니다. 하나님은 조국의 복음화를 위해 생명의 말씀이 바르게 전해지는 교회가 세워지길 원하시고, 또 그 일에 변 목사님을 사용하고 계심을 목도하며 기뻐합니다.

이 책은 변 목사님이 은혜와 평강교회에서 지난 3년 동안 매 주일 설교하신 마태복음 설교를 모아 책으로 만든 강해 설교집입니다. 담임 목사가 한 권의 성경책을 매 주일 연속으로 설교한다는 것은 쉬운 일이 아닙니다. 특히 개척교회는 예상하지 못한 상황들이 매주 발생하고, 목사는 성도들의 필요와 상황에 더욱 민감하게 반응할 수밖에 없습니다. 그러나 변 목사님은 뚝심 있게 마태복음에 흐르는 복음의 큰 줄기를 찾아서 그 의미를 드러내며 강해하는 일에 집중하여서 마침내 큰 역사를 이루어 내었습니다. 이 책은 마태복음 안에 담겨 있는 예수님의 천국 복음의 내용과 그 복음을 살아내어야 할 천국 시민의 삶의 태도를 강해하면서 특히 용서와 화해의 메시지를 잘 부각하고 있습니다. 변 목사님이 마태복음을 강해하려 했던 것은 은혜와 평강교회를 목회하는 본인의 목회 철학인 용서와 화해의 메시지를 강조하려고 했기 때문이 아니었는가 하는 판단이 듭니다.

복음의 핵심이 죄 용서함 받고 하나님과 화목하게 된 사람이 자신의 이웃을 용서하고 서로에게 막힌 담을 헐고 사랑하며 살아가는 것이라고 생각하면, 이 설교집은 복음의 핵심을 잘 보여주는 강해집이라고 판단합니다. 오늘날 대한민국에서 천국시민으로서 천국 복음을 살아내고 전하는 삶을 살기를 원하는 목회자와 성도들에게 이 책을 흔쾌히 추천합니다.

고려신학대학원 원장 **신 원 하**

목회하면서 설교집을 내기는 세 번째입니다. '십계명'과 '주기도문' 설교집을 오래전에 내었습니다. 저 자신이 생각해도 부끄러운 설교들인데 동역자들과 성도님들께 이렇게 설교했다고 보고하는 심정으로 이 책을 출판합니다. 이 설교집이 성도님들께는 조금이나마 은혜가 되었으면 하고, 동역자들에게는 조금이나마 설교하는 데 도움이 되었으면 하는 바람입니다.

설교하는 목사로서 마태복음은 대단히 매력적인 책입니다. 신약성경의 첫 번째 책이기도 하고, 예수님의 말씀과 행적이 풍부하고 생생하게 기록되어 있기 때문입니다. 무엇보다도 예수님이 사역의 현장에 등장하시는 모습이 너무 겸손하고 소박한 것이 멋있어 보였습니다. '세례요한이 잡혔다 함을 들으시고', 예수님은 갈릴리로 가셨습니다. 뛰어난 사람일수록 서울로 가지 않습니까? 전하시는 말씀들이 이 세상의 가치관과는 너무나 다른 말씀들입니다. 우리에게 예수님의 정신, 가치관을 말씀해 주십니다. 산상수훈은 우리에게 주시는 '천국시민헌장'입니다. 오늘날 교회 안에 자본주의와 시장경제주의 같은 세상의 가치관이 너무 깊숙이 들어와 있지 않습니까? 예수님께서 말씀하시는 '하나님 나라와 그 의'를 읽으면 읽을수록 더 많은 것을 깨닫게 됩니다.

창원신촌교회에서 오랜 기간 설교를 하였습니다. 제게는 소중한 훈련과 성장의 기회였습니다. 고신대학교 경건회에서 학기마다 대학생들에게 설교한 것은 젊은 세대를 이해하는 좋은 기회였습니다. 선린복지재단 직원 경건회는 불신자가 섞여 있는 독특한 예배였는데 또 다른 훈련의 기회였습니다. 그 훈련은 창원 남중고등학교 채플에서 엎드려 자는 학생들에게 설교한 경험이 앞서 있었기에 가능했습니다. 경남노회 100주년 기념교회인 은혜와평강교회를 개척하여 설교를 시작하면서 마태복음을 다시 택했습니다. 앞서 했던 설교들을 다시 손질하며 보완하여 기도하며 전했습니다. 마태복음을 설교하는 데 3년이 걸렸습니다. 제게는 큰 은혜가 넘치는 감동의 시간이었습니다.

고신대학교에 같이 입학했던 오랜 친구 진신덕 목사님이 첫 원고의 교정을 봐주었습니다. 이 책이 나오도록 기획하고 출판을 기꺼이 허락해주신 도서출판 향기 이은수 목사님께 감사를 드리며 문장을 더욱 젊도록 편집해준 제자인 문지환 목사님에게 감사의 인사를 합니다. 추천사를 써 주신 고신대학교 안 민 총장님, 고려신학대학원 신원하 원장님께 감사를 드립니다. 이 책 출판의 기쁨을 은혜와평강교회 개척에 함께 참여한 성도들과 나누고 싶습니다.

2021년 9월
변 성 규 목사

천국시민, 주 예수 그리스도를 믿는 자들의 이 멋진 정체성이 언제부턴가 희미해졌습니다. 이 땅에 발을 딛고 살다 보니 세상 소리가 크게 들립니다. 세상의 많은 사람이 걷는 길이 좋은 길 같습니다. 성공하고 출세하고 부자 되고, 어디서나 인정받고, 타인 위에 올라서는 기쁨을 욕망합니다. 하지만 우리 구주께서 교훈하신 천국 시민의 삶은 전혀 다릅니다. 오른뺨을 맞으면 왼뺨을 돌려대라 하십니다. 오 리를 동행해 달라는 요청에 십 리도 기꺼이 가라 하십니다. 스스로 빛나며 주목받는 태양이 아니라 세상에 비추어 생명을 움 틔우는 태양 빛이 되라 하십니다. 이런 역설적인 삶의 터전, 곧 천국을 구주께서 이 땅에 펼치셨습니다. 그러나 모두에게 허락하신 건 아닙니다. 밭에 감추어진 보화처럼 숨겨져 있고, 누룩처럼 보이지 않습니다. 그 나라의 비밀은 오직 그분의 은혜를 받은 천국 시민들에게만 열려있습니다. 감추어졌지만 열려있는 천국과 거기를 사는 천국시민의 삶이 첫 복음서에 잘 그려져 있습니다.

이 귀한 나라와 그 시민의 삶을 선생님의 글로 배우는 즐거움이 큽니다. 헬라어를 가르치시는 선생님답게 원문의 뜻을 잘 드러내십니다. 그러나 동시에 교회를 두 번이나 개척한 천생 목회자답게 부드럽고 맛있는 음식으로 말씀을 잘 요리해 제공하고 있습니다. 인생과 사역의 후반전을 달리는 선생님이시지만 여전히 복음의 열정과 교회를 향한 들끓는 애정을 느낍니다. 자극적인 음식이 주는 쾌감은 오래가지 못하지요. 천천히 정성 들여 만든 집밥이야말로 먹어도 먹어도 질리지 않는 건강식입니다. 이 책이 그렇습니다. 마태복음의 최신 연구 동향이라든지 논쟁점을 다루진 않지만, 원문과 문맥을 존중하고 교회를 사랑하는 마음이 듬뿍 담긴 이 책이 앞으로 제 영혼의 집밥이 될 것 같습니다. 선생님의 수고에 진심으로 감사하며, 제자로 원고를 살피는 영광을 주셔서 감사합니다.

편집인 / 선생님의 제자 **문 지 환** 목사

목 차

III. 천국의 사명 / 두 번째 내러티브(8:1-9:38)

두 번째 강화(10:1-42)

* 마태복음 14장은 마태복음 진수 2의 "예수님과 그 나라"라는 제목으로
  곧 출간될 예정입니다.

I

서론 / 계보

마태복음 모두(冒頭)설교

마 10:1-4

　현재 이스라엘 베들레헴에는 이스라엘과 적대관계에 있는 팔레스타인 사람들이 살고 있습니다. 그곳에 '베들레헴 재활병원'이 있습니다. 그 병원 원장은 프랑스에서 의학박사 학위를 받고 돌아온 팔레스타인 사람 '에드문드 체하데'입니다. 그는 팔레스타인 사람으로서는 최초의 의학박사입니다. 그뿐만 아니라 3대째 독실한 기독교인 집안에서 태어났습니다. 그가 학위를 받고 돌아온 이듬해인 1967년에 〈6일 전쟁〉이 일어났습니다. 베들레헴 지역에 살던 많은 기독교인이 전란을 피해 세계 여러 나라로 이민을 떠날 때 자기도 가고 싶었습니다. 그러나 부친으로부터 "너마저 떠나면 병들고 지친 형제들을 누가 돌보겠느냐?"라는 말을 듣고 베들레헴에 남아 재활병원을 개원했습니다. 그는 지금도 몸이 아프고 가난한 자들에게 그리스도의 사랑을 실천하고 있습니다. 사명자는 하나님의 음성에 귀를 기울입니다. 사명자는 주님이 원하는 일을 위해 자기 인생을 바칩니다.

1. 마태는 주님을 위해 그의 인생을 바쳤습니다

　(1) 마태는 신약성경에 제자들의 명단이 수록된 네 곳(마10:3,

막3:18, 눅6:15, 행1:13) 모두에 언급되어 있습니다. 마태는 원래 '레위'라는 이름을 썼는데 그리스도께서 부르실 때 그의 이름을 마태로 바꾸셨습니다. 그래서 열두 제자가 소개되기 전에는 레위로 등장하다가 열두 제자를 소개할 때는 마태로 등장합니다. 삶의 전환기에 이름을 바꾸는 일이 종종 있습니다. 마태(Μαθθαῖος 맛타이오스)라는 이름의 뜻은 '남자다운'이란 의미와, '하나님의 선물'이란 의미를 가지고 있습니다. 주님을 만난 레위가 이제 앞으로는 남자다운 모습으로 주님을 따르며, 다른 영혼들에게 하나님의 선물로 다가가겠다는 뜻이 아닌가 생각해 봅니다. 마태가 주님의 음성을 듣고 그 음성에 귀를 기울인 결과라고 생각합니다.

(2) 나아가 본문에서 마태는 다른 복음서들에는 기록되어 있지 않은 '세리'라는 수치스러운 칭호를 자기 이름에 덧붙이고 있습니다. 그의 겸허함을 엿볼 수 있는 대목입니다. 스스로에게 경고를 주려고 하는 것인지도 모릅니다. 교만해지지 않기 위해서 말입니다. 당시 로마의 지배를 받던 이스라엘 사람들은 조세 책임자인 로마인들 보다 그들의 대리인으로 세금을 거둬가는 동족 세리들을 더 미워했습니다. 이스라엘인들에게 세리는 매국노와 같은 존재였습니다. 그런 세리라는 전직을 숨기지 않는 것은 겸허함이 아닐 수 없습니다. 주님의 음성을 듣고 주님을 따라가는 사람은 이익이 되든 손해가 되든 (직업이) 별문제가 안 됩니다. 왜냐하면 그런 사람의 목표는 주님을 닮아가는 것이기 때문입니다. 세리라는 직업은 사무적 재능을 요하는 것이었는데, 그 역시 아람어뿐 아니라 헬라어로 읽고 쓰는 게 익숙했으며, 이것이 그를 예수 그리스도의 열두 제자 가운데 가장 학식 있는 자로 만들어 주었습니다.

2. 마태복음

(1) 마태는 본서를 유대인들에게 예수 그리스도께서 하늘나라를 세우기 위하여 이 세상에 오신 메시아시며 이스라엘의 왕이라는 사실을 알리기 위하여 썼습니다. 따라서 본서는 예수 그리스도께서 구약성경의 예언들을 성취하셨음을 강조하고 있습니다. 특히 본서는 예수께서 다윗의 후손임을 나타내 보이기 위해 복음서 서두에 예수 그리스도의 가계를 제시하고 있으며, 또한 동방박사들이 예수 그리스도를 유대인의 왕으로 경배했다는 사실을 기술하고 있습니다.

(2) 본서는(마태복음) 구약성경 바로 다음에 수록되어 있는데, 이는 신약성경에서 가장 먼저 기록되어졌기 때문이 아니라, 구약성경의 예언들을 하나로 통합하며 그 예언들을 완결 짓고 있기 때문입니다. 본서에는(마태복음) 구약성경에 제시된 메시아에 관한 거의 모든 예언들이 예수 그리스도의 삶 가운데 완성되어 있음을 기록하고 있습니다. 마태는 예수 그리스도 삶의 신조를 "내가 율법이나 선지자나 폐하러 온 줄로 생각하지 말라 폐하러 온 것이 아니요 완전케 하려 함이로라"(5:17)라는 말씀으로 나타내고 있습니다.

(3) 마태복음이란 이름은 다른 복음서와 마찬가지로 원문에 "마태에 따른 복음"이라고 되어 있습니다. 그것은 이 복음서를 마태가 기록하기는 했지만, 구원에 관한 일관된 한 가지 메시지를 전하고 있다는 매우 중요한 사실을 나타냅니다. 그래서 마태복음은 유대적 언어에 익숙했던 유대인들이 일차적 독자이지만, 또한 구원의 복음을 전한다는 의미에서 특정 공동체가 아니라 오고 오

는 세대를 독자로 삼습니다. 그 독자는 가장 이상적인 독자입니다. 우리 교회가 개척이 되어 오늘 첫 예배를 드리며(주 : 저자가 개척한 교회), 주변의 다른 교회와 이름을 달리 하고 있지만, 우리 역시 다른 교회와 마찬가지로 구원의 복음을 증거하는 교회입니다. 경남노회 100주년을 맞아 개척되었지만 결국은 교회 주변 지역의 오고 오는 세대의 영혼들을 구원하려는 것이 우리 교회의 설립 목적입니다.

복음을 듣고 예수 그리스도로 말미암아 구원받은 사람은 마태가 이름을 바꾸듯이 변화됩니다. 그리고 주님으로부터 사명을 받은 성도는 주님의 음성에 귀를 기울입니다. 그러므로 구원받은 성도 여러분, 남은 생애를 복음을 전하며 삽시다. 자신의 형편과 사정을 앞세우지 않고, 도리어 겸손히 주님의 뜻을 찾읍시다. '에드문드 체하데'처럼, 그리고 마태처럼 우리 인생을 사명자로 바칩시다. 우리 삶의 현장에서 주님의 음성을 듣고 주님이 원하시는 길을 겸손하게 걸어가는 역사가 일어나길 소원합니다.

예수 그리스도의 계보 1

마 1:1-17

'계보'($\beta\iota\beta\lambda o\varsigma$ $\gamma\epsilon\nu\epsilon\sigma\epsilon\omega\varsigma$, 비블로스 게네세오스 기원의 책)라는 말은 '족보', '세계'라는 뜻입니다. 이 단어는 마태복음 전체를 포괄하는 제목으로 볼 수 있습니다. '게네시스'(주격)는 칠십인 역에서 창세기 책의 이름으로 사용된 헬라어입니다. 창세기가 천지창조로부터 시작되는 하나님의 역사를 다루듯이, 마태복음은 예수님의 탄생으로부터 시작되는 새 창조 곧 구원의 이야기를 담고 있습니다. 이 계보는 자신을 메시아로 주장하는 예수님을 향해 던진 질문, "그는 진실로 다윗의 가문에 속한 자인가?"라는 유대인들의 질문에 대한 대답으로 제시된 것입니다. 구약 성경뿐만 아니라 탈무드 등을 배우며, 유대인들은 메시아가 다윗 가문에 속한 자로 오리라 기대했기 때문입니다.

1. 이 계보는 매우 오래 되었습니다

그리스도 계보의 길이는 매우 비범합니다. 50여 명의 조상들의 이름이 기록되어 있고, 1,500여 년에 걸친 기간을 가진 족보입니다. 더욱이 이 계보에 조상들의 이름이 연대적으로 길게 제시되어 있다는 점과 또한 이 계보가 세 부분으로 나누어져 있다는 점에서 더욱 비범성을 지니고 있습니다. 이 계보는 세 가지 도약대를 통하여 꼭대기에 이르는 단계적인 형태를 취하고 있으며, 단계마다 제시되어 있는 많은 변천 과정들 역시 매우 비범한 성향을 갖고 있습니다. '토리노 동계올림픽' 쇼트트랙 부분의 여자 선수 중에 '변천사'라는 선수가 있었습니다. 저는 처음 들었을 때 변천 과정의 역사를 말하는 변천사인 줄 알았습니다. 이 계보의 첫 부분의 변천 과정을 살펴보면 하나님께서 아브라함을 부르신 때로부터 자손들이 이집트로 가기까지, 그리고 그들이 가나안 땅에 정착하기까지, 이후로 이스라엘 왕국이 세워지기까지의 사건들이 내포되어 있습니다. 이와 마찬가지로 둘째 부분과 셋째 부분도 그 시대에 해당하는 많은 사건들을 암시하고 있습니다. 하나님께서 예수 그리스도를 이 땅에 보내시는 역사가 이루어지기까지 많은 시간이 걸린 것을 알 수 있습니다.

하나님은 타락한 아담과 하와에게 뱀의 머리를 부술 '여자의 후손'(메시아)을 약속하셨습니다(창 3:15). 그리고 이제 마리아라는 한 여자에게서 예수님이 탄생하시며 그 약속이 성취되었다고 합니다. 하나님의 약속이 성취되기까지 오랜 세월이 걸렸습니다만, 결국은 성취되는 하나님의 약속입니다. 하나님의 약속이 더디게 이뤄진다고 낙심하지 마십시오. 어떤 때는 속히 이루어지기도 하지만 때론 시간이 걸리기도 합니다. 믿음은 시간문제라고도 할 수 있습니다.

2. 이 계보의 인물들은 선별되었습니다

계보에 기록된 인물들은 그리스도가 특별하게 선택된 혈통임을 우리에게 가르쳐 줍니다. 계보에 기록된 사람들의 이름을 보며 우리는 계보에 빠진 다른 많은 사람을 떠올릴 수 있습니다. 예를 들면 이삭의 이름(2절)은 우리에게 이스마엘을 떠오르게 하고, 야곱은(2절) 에서를, 유다의 이름은 그의 형제들을 떠올리게 하고 있습니다. 이러한 원칙은 그리스도의 계보 전체를 통하여 나타납니다. 이런 규칙은 먼저 한 민족(이스라엘)을 우리에게 제시하며, 그중에서도 한 지파(유다)를, 더 나아가 한 가문(다윗)을 특정하고 있습니다. 오늘 우리는 특별히 선택된 백성임을 잊지 말아야 합니다. 많은 사람 가운데 우리를 '천에 하나 만에 하나'로 불러 주셨습니다.

하나님이 부르시는 기준을 우리는 알 수가 없습니다. 만약 공부 잘하는 사람을 부르신다면 우리 중에 몇 명이나 부름을 받겠습니까? 그러나 우리가 부족한 것이 많아도 하나님이 부르시고 사용하시면 여러 사람을 유익하게 하는 빛나는 사람이 됩니다. 실제로 공부 잘했다는 청와대 우 모 수석을 보면 학교 다닐 때 늘 1등만 했고, 사법시험은 최연소로 합격했지만 지금 나라에 끼치는 영향은 얼마나 나쁩니까? 우리는 특별한 선택을 받은 사람들입니다.

3. '아브라함과 다윗의 후손'이 지닌 중요성

매우 탁월한 사람들의 이름 덕분에 그리스도의 계보는 더욱 중요성을 가집니다. 바로 아브라함과 다윗입니다(1, 6, 17절). 구약 성경의 기사들은 이 두 사람이 그 어떤 사람들보다 약속된 메시아와 밀접한 관계를 맺고 있음을 나타냅니다.

(1) 예수님과 연결된 자는 빛나는 존재임을 나타냅니다. 아브라함과 다윗은 누가 뭐래도 예수 그리스도를 통한 하나님의 구속 사역의 출발점으로서 큰 역할을 했습니다(1절). 결국 그들은 빛나는

사람들이 되었습니다. 예수님을 아브라함의 아들로 소개하는 것은 아브라함으로 하여금 여러 민족의 아버지가 되겠다고 하신 아브라함의 언약(창 17:5)을 상기시킵니다. 마찬가지로 예수님을 다윗의 아들로 소개하는 것은 다윗의 아들을 통해 성전을 짓겠다는 다윗의 언약(삼하 7:12-16)을 상기시킵니다. 도입부부터 마태복음은 예수님이 아브라함 언약과 다윗 언약의 성취로 오신 분임을 말합니다. 우리도 예수 그리스도를 주인공으로 해서 나 자신과 가정과 교회와 나라의 역사를 써 내려 간다면 우리 역시 아브라함과 다윗처럼 빛날 것임을 믿습니다.

(2) 이들은 때의 중요성을 나타내고 있습니다. 아브라함에게 메시아의 약속이 주어졌던 때로부터 다윗에게 다시금 약속이 주어지기까지 14대가 걸렸습니다. 그때로부터 이스라엘의 회복이 재차 약속되었던 때까지도 역시 14대가 걸렸고, 회복의 약속이 실제로 실현될 것으로 기대되기까지도 역시 14대의 세월이 흘렀으며, 예수님께서는 바로 그때 이 세상에 오셨습니다. 때가 되어야 하나님의 뜻이 나타난다고 할 수 있습니다. 때를 기다리는 것이 필요합니다.

이 계보는 예수님의 탄생을 통해 구현된 중요점들을 다양하게 예시합니다. 계보에 나타나 있는 이와 같은 모든 사실은 우리로 하여금 그분을 이 세상의 참된 소망으로 바라보라고 요청하고 있습니다. "이분이 바로 그리스도가 아니신가!"라는 감탄사를 발하도록 계보가 우리를 종용하고 있습니다. 예수께서 그리스도이심을 나타내는 데 있어서 이보다 더 나은 서두가 과연 무엇이 있을까요?

예수 그리스도를 통하여 우리를 구원의 자리로 부르신 하나님께 감사합시다. 우리는 특별한 사람임을 알고 하나님의 뜻을 좇아 하나님의 때를 기다리며 하나님의 뜻대로 삽시다. 예수 그리스도를 나타내는 일에 앞장섭시다. 그러면 우리도 아브라함처럼 다윗처럼 빛날 것입니다. 미국이 하나님 뜻을 따르는 청교도 신앙으로 나라를 건설했기에 지금까지 복을 누리고 있지 않습니까? 신앙의 자유를 찾아 미국으로 건너간 그들의 조상들은 교회를 먼저 세우고, 그 교회에 살면서 학교를 짓고, 학교에 살면서 그들의 집을 지었습니다. 〈하버드 대학교〉는 하나님을 증거하는 목사를 양성하기 위해 세웠는데 오늘날 세계 최고의 대학이 되었습니다. 우리가 어떻게 살아야 하는가를 보여주는 귀한 예라고 생각합니다.

예수 그리스도의 계보 2

마 1:1-17

여러분의 집에 족보가 있습니까? 사람들이 족보를 만들고 보관하는 이유는 무엇일까요? 자기 가정의 뿌리를 찾고자 함일 수도 있고, 자기 집안이 좋은 집안임을 나타내려는 목적일 수도 있습니다. 본문에 기록된 예수님의 족보 역시 뚜렷한 목적을 가지고 있습니다. 하늘의 모든 별이 각기 그 나름대로 목적을 지니고 있고 모든 분자도 나름의 목적을 위해 창조된 것과 같습니다. 우리는 이 계보에서 다음과 같은 사실들을 배울 수 있습니다.

1. 하나님은 약속을 성실히 수행하시는 분임을 볼 수 있습니다

하나님께서는 아브라함에게 후손이 바닷가의 모래처럼 하늘의 별처럼 많아질 것이라 약속하셨습니다. 또한 그와 그의 후손을 통해서 세상 모든 민족이 복을 얻게 되리라고 약속하셨습니다. 그 약속이 성취되었음을 오늘 본문에서 알 수 있습니다. 모든 인류를 구원하시는 예수 그리스도가 태어난 것입니다. 그렇다면 하나님은 예수님의 재림 약속도 이루어 주실 것입니다.

하나님은 약속을 성취하시는 분으로서 결코 서두르지 않으십니다. 하나님은 이 세상에 아들 예수 그리스도를 주시기까지 2천여

년의 시간을 보내셨습니다. 하나님의 자녀인 우리도 서두르지 맙시다. 나를 이 땅에 보내셨다면 분명히 하나님의 뜻이 있습니다. 직장과 사업이 잘 안될 때 서두르지 맙시다. 무엇인가 준비하라는 신호로 받으면 안 되겠습니까? 사업이 잘 안될 때 책을 읽고 더욱 기도하면서 때를 준비하십시오. KBS 개그콘서트 인기코너 〈현대생활백수〉의 고혜성(2006년, 31세)을 아십니까? 그는 집안 형편이 어려워 상고 1학년 때 3년 치 자격증을 모두 따고 학교를 그만뒀습니다. 그 후 열심히 돈을 벌었는데 3층 높이의 간판을 달다가 떨어져 다리를 다쳤습니다. 더는 현장 일을 할 수 없어 평소 하고 싶었던 레크리에이션 강사를 시작했습니다. 하지만 이벤트가 한 달에 3~4일밖에 없어 나머지 시간은 백수처럼 지냈습니다. 뭐라도 해야겠다는 생각에 춤을 배웠답니다. 다른 백수들이 만화를 보고 시간을 때울 때 그는 레크리에이션에 사용할 현란한 멘트를 위해 한 달에 15권 이상의 책을 읽었습니다. 결국 업계에서 인정받고 방송에 진출했고 41세가 된 지금은 책을 여러 권 쓴 작가이자 '자신감코리아' 대표가 되어 전국을 다니며 강연하고 있습니다.

2. 이 계보는 인류의 엄숙한 계승을 보여 줍니다

그리스도께서 오시기까지 42세대의 대표자들은 이 세상에 왔다가 사라졌습니다. 다음 세대가 출생할 때 앞의 세대는 죽어 갔습니다. 이 세상은 우리가 없어도 계속 존속해 갈 것입니다. 이러한 사실은 죽을 것을 잊어버리고 세상 쾌락을 위해서만 사는 시대의 세속성을 견책하고 우리를 겸손하게 만듭니다.

또한 계보는 모든 세대를 세밀히 기록하지 않습니다. 단지 42인의 각 세대 대표자들의 이름만 나열할 뿐입니다. 각 시대마다 수많은 사건과 인물이 있었겠지만, 그저 각 세대를 대표하는 42인에 관해서만 어렴풋이 알 수 있을 뿐입니다. 우리 역시 이름 없이 사라져 갈 것입니다. 누가 한 세대의 역사를 완전하고 세밀하게 알 수 있겠습니까? 우리가 대표가 되지 못하고 잊혀져 가는 일에 너무 서운해할 필요 없습니다. 그저 겸손히 사명을 다하면 됩니다.

3. 계보를 통해 온 인류의 연관성을 보게 됩니다

각 세대는 그 이전의 세대에게서 나온 자들입니다. 연결되어 있습니다. 이러한 인류의 단일성은 서로에 대한 형제애를 요구하며, 도덕적 성품을 다음 세대에게 그들을 돕고 세우도록 격려합니다. 우리는 자녀들에게 삶의 지혜를, 신앙생활의 귀함을 가르쳐야 합니다. 교회 안의 후배들에게 우리가 배우고 경험한 귀한 영적 진리들을 전수해야 합니다. 이것이 교회 교육의 목표(하나님의 자녀 권세, 예수님의 제자 등) 가운데 하나입니다. 인류는 모두 한 가족입니다. 안타깝지만 세상에서 진행 중인 모든 전쟁은 가족 간의 전쟁입니다. 중동전쟁은 이삭의 후손들과 이스마엘의 후손들 간의 전쟁입니다.

4. 우리 상식을 뛰어넘는 하나님의 일 하심을 봅니다

마태가 그리스도의 선조로 소개하고 있는 사람들 중에는 네 명의 여인들(다말, 라합, 룻, 우리야의 아내)이 포함되어 있습니다. 게다가 이들은 모두 이방인 출신입니다. 이는 예수님이 죄인 또는 이방인에 대한 특별한 관심을 가지시는 것과 연관되어있습니다. 만일 마태가 그리스도의 명예를 높이는 것들만 선별 기록하고, 불리한 내용은 모두 삭제하는 인간적인 역사가였다면, 이 네 명의 여인들은 결코 그리스도의 족보에 이름이 등재되지 못했을 것입니다. 우리는 일반적으로 자기 목적을 이루기 위해 유익이 되는 것들만 편파적으로 사용합니다. 말을 할 때도 자신에게 불리한 것들은 잊어버리고 유익한 것들만 기억하고 말합니다.

여기서 우리는 한 가지 사실을 분명하게 알 수 있습니다. 그것은 아무런 유익을 끼치지 못할 것으로 보이는 수단(이방 여인 등재)을 통해서도 자신의 목적을 이루시는 놀라운 하나님의 방식입니다. 탁월한 하나님이심을 느끼게 됩니다. 하나님 외에 그 누가 이러한 계보에서 완전한 인간이신 예수 그리스도를 내실 수 있겠습니까? 우리도 어려운 상황에서 하나님의 능력을 의지하며 용감하게 나아갑시다.

예수 그리스도의 족보를 통하여 하나님이 우리에게 나타내고자 하신 것들을 기억하십시오. 우리 모두 하나님의 약속을 믿고 전진합시다. 이 땅에 사는 동안 겸손하게 우리에게 주어진 일들을 성실하게 감당합시다. 우리는 모두 형제자매임을 알고 사랑하며 섬깁시다. 전능하신 하나님을 믿고 너무 인간적인 방법들을 찾지 말고 하나님의 정직한 방법을 찾아 행하길 주 안에서 축복합니다.

II

천국의 기초

첫 번째 내러티브(1:18-4:25)

예수 그리스도의 탄생

마 1:18-25

　다윗 왕의 계보에 속해있던 요셉이라는 남자는 마리아라는 여인과 약혼했습니다. 둘은 아직 공식적으로 결혼하진 않았습니다. 그런데 약혼 기간 중 요셉은 마리아를 의심할 수밖에 없는 매우 당혹스러운 소식을 들었습니다. 그녀가 임신을 했고, 그 임신이 성령으로 말미암았다는 것입니다! 요셉은 이 결혼을 해야 할지 말아야 할지 크게 망설였습니다. 그가 알던 마리아는 매우 순결한 여인이었습니다. '어떻게 뻔히 들킬 거짓말을 할 수 있겠는가?'라는 생각이 들었을 것입니다. 남자와 관계하지 않고는 임신을 할 수 없는 것이 분명한데, '성령으로 임신했다.'라는 말은 거짓말일 수밖에 없지 않습니까? 그는 어떤 말을 믿어야 하며, 어떻게 처신해야 할지 난감했을 것입니다.

　이런 그의 망설임을 묘사하는 오늘 본문은 그가 바르게 처신하고자 얼마나 많이 고뇌했는지 잘 보여줍니다. 요즘 성도들은 자기에게 닥친 큰 일들을 너무 잘 알아서 하는 것 같습니다. 세상 사람들이 하는 대로 쉽게 따라 하는 것은 아닌지 두렵습니다. 넓은 길로 가지 말고 좁은 길로 가라 하신 주님의 말씀을 기억해야 합니다. 하나님이 원하시는 대로 하려고 고민하며 기다리는 태도가 필요합니다.

요셉은 결정을 못 하고 잠이 들었습니다. 그는 잠을 자면서도 이 일을 생각하고 있었습니다. 그리고 꿈에 예수 그리스도의 탄생에 관한 신비한 계시를 받았습니다.

1. 예수 그리스도의 탄생에 관한 하나님의 계시

(1) 이 계시는 시의적절한 것입니다. 하나님은 주의 사자를 보내셔서 그가 어떻게 처신해야 할지를 말씀해 주셨습니다. 꿈에 천사가 나타나는 것은 구약시대와 성경이 완성되기 전에 나타나는 현상이었습니다. 그가 많은 의혹과 근심 중에 고민하던 문제에 대한 대답이 주어졌습니다. '주의 사자'는 요셉에게 "다윗의 자손 요셉아 네 아내 마리아 데려오기를 무서워 말라."라고 말하였습니다. 이보다 더 명확한 지시가 과연 어디 있을까요? 우리가 하나님이 원하시는 행동을 하고자 망설이고 고민한다면, 하나님은 우리에게 말씀으로, 성령으로, 그리고 주의 사자를 통해 말씀해 주실 것입니다. 자기 뜻대로 행하지 말고 하나님의 권위에서 나오는 지시를 따라 행해야 하겠습니다.

(2) 이 계시는 충분하고 넉넉한 것입니다. 주의 사자는 요셉에게 계속해서 보충 설명을 합니다. 마리아가 잉태한 것은 실제로 하나님의 영에 의한 것이라고 말합니다(20절 하). 즉 기적이라는 말씀입니다. 우리는 종종 사소한 기적들도 잘 믿고 신기하게 생각합니다. 하물며 하나님께서 이 정도 기적을 못 베푸시겠습니까? 또한 천사는 요셉에게 미래에 대한 사실도 말합니다. 그것은 하나님께서 그의 영으로 행하신 것을 완수하실 것이며 마리아는 성령으로 잉태된 아이를 낳을 것인데, 그 아이에게 주어진 이름은 그

가 성령으로 잉태된 분임을 입증하는 '자기 백성을 구원할 자'라는 뜻의 예수라는 사실입니다(21절). '예수'(Ιησοῦν 이에순)라는 이름은 히브리어로 '여호수아'의 단축형인데, '여호와는 구원이시다'라는 뜻입니다. 예수님의 사명이 죄인들을 구원하는 것임을 마태복음은 첫 부분에서부터 밝힙니다. 이것은 1세기 유대인들이 메시아에게 가졌던 기대와는 전혀 상반됩니다. 당시 유대인들은 다분히 정치적이고 민족적인 기대를 하고 있었습니다. 메시아가 오면 이방을 물리치고 다윗의 영광스러운 왕국을 재건할 것을 소망했습니다. 하지만 마태복음은 처음부터 메시아의 역할이 영적인 문제를 해결하는 것임을 밝힙니다.

(3) 이 계시의 모든 내용은 확실히 보증돼 있습니다. 천사는 계시한 모든 내용이 확실하다고 보증합니다(22-23절). 즉 "내가 네게 말한 것이 마치 금시초문인 것처럼 믿기를 주저하지 말라. 이제까지 그런 일이 사람들 가운데 일어나지 않았다 해서 하나님이 못하실 것으로 생각하지 말라. 오히려 성경은 이런 일이 일어날 것을 확실하게 알려주고 있다. 네가 다윗 족속이기는 하냐? 성경을 모르느냐?" 하면서 이사야 7장 14절의 말씀을 언급합니다. 성경 말씀을 많이 읽고 들으면서도 우리는 하나님의 계획을 모를 때가 많습니다. 하나님이 하신 많은 기적의 일들을 듣고 보면서도 눈으로 보는 데로만 행할 때가 많습니다. 결국 요셉은 하나님의 이러한 목적과 의도를 마음에 새기고 마리아를 아내로 맞아들이기를 두려워하지 않았습니다.

2. 하나님의 자비

(1) 개인에 대한 자비 - 요셉과 마리아의 처지를 한번 생각해봅

시다. 얼마나 괴로웠겠습니까? 남자가 자기 약혼녀를 의심하는 것과 여인이 약혼자로부터 의심받는 일들이 평범한 일입니까? 의심받아본 분들은 그 괴로움을 잘 알 것입니다. 그러나 인간의 곤경은 하나님의 기회입니다. 그들의 이러한 괴로운 처지는 오직 하나님의 자비하신 계시를 통해서만 해결될 수 있었습니다. 하나님의 계시는 그들에게 가장 지혜롭고 적절한 치유책이었습니다. 하나님께서는 사람들이 주님의 뜻을 알고자 하는 강한 열망 가운데 고요히 주를 우러러볼 때 하늘의 문을 여시고 그들에게 사자를 보내주시며 자기 뜻을 전해주십니다. 그러므로 요셉과 마리아의 당혹스러움은 하나님의 은혜가 임하는 기회였습니다. 사람들은 종종 그들의 환경을 그릇되게 해석합니다. 당혹스러운 일을 만나면 인간적인 수단을 강구하며 낙심하며 좌절합니다. 오히려 그때가 기도할 때이고 하나님의 뜻을 물을 때가 아닙니까? 은혜와 기쁨은 종종 우리의 당혹과 번민의 실타래를 통하여 주어집니다.

(2) 모든 인류에 대한 하나님의 자비 - 인류에게 구원자를 보내시려는 하나님의 계획은 전 인류에게 얼마나 은혜로운 일입니까? 그 계획은 오래전에 세워졌고 계속해서 도모되었으며 놀라운 방식으로 계시되었습니다. 우리는 천사와 한 인간 사이의 짧은 만남과 대화 속에서 이 모든 점을 분명하게 인식할 수 있습니다. 따라서 우리는 하나님의 구원과 자비를 눈으로 볼 수 없을 때라 할지라도 확실히 존재하는 것으로 믿어야 합니다. 우리는 이 구원의 자비가 단순히 과거의 어느 한때에 속한 것으로 간주하지 말고 우리의 현재와 미래에 모두 영향을 미칠 것으로 간주해야 합니다.

예수님의 탄생은 우리 이성으로는 이해할 수 없는 신비입니다.

성도 여러분! 당혹스러운 일을 만나거든 하나님의 뜻을 알기 위해 기도하며 기다리십시오. 하나님께 일하실 기회를 드리십시오. 성경을 읽고 기도하는 가운데 하나님의 뜻을 찾고 하나님의 인도를 받는 성도들이 됩시다.

임마누엘이신 예수님
마 1:21-25

오래전에 주위에 있는 후배 목사님들의 가정을 초청해 집에서 함께 떡볶이를 먹은 적이 있습니다. 후배 목사님이 초등학교 1학년인 아들에게 물었습니다. "떡볶이가 맛있니?" 그 아들이 이렇게 대답했습니다. "예, 맛있어요. 근데 정성이 담긴 맛 같아요." 초등학교 1학년답지 않은 답변에 모두가 감동했던 기억이 있습니다.

1. 이 세상이 창조된 이후로 인간이 말한 모든 말 중에 '예수님'이라는 말보다 더 인간의 마음을 거룩하게 고양하고 기쁘게 하는 것은 없습니다(21절). 저 역시 학생 시절에 친구를 따라 교회에 갔었는데 내용은 잘 모르면서 '예수님'이란 말에 감동이 되어 믿음의 길로 나아간 것이 기억납니다.

(1) '예수'는 하나님의 지시에 따라 붙여진 이름이었습니다. 그는 사람들에 의해 '구원자'로 높여지거나 스스로 자신을 '구원자'로 높인 분이 아닙니다. 하나님에 의해 '구원자'로 예정되고 선택된 분이십니다. 따라서 주님은 모든 사람의 신뢰를 받으시기에 충분히 합당하십니다. 주님은 단순히 죄의 결과들로부터가 아니라 인간을 부패케 하고 정죄하는 근본 원인, 악 자체로부터의 구원자

십니다. 이런 사실은 '기독교의 중심적 교리'입니다. 그래서 우리에겐 '주일(주님의 날)'이 중요합니다. '주의 이름으로' 행해야 합니다. 우리 교회는 주님 중심의 '예수교'입니다.

(2) 예수님은 인간을 구원하시는 무한히 의로우신 하나님의 사명자로 일하셨습니다. 인간은 오직 의의 율법을 온전히 행함으로써만 구원을 얻을 수 있었습니다. 그러나 어느 인간이 그 기준에 도달할 수 있겠습니까(롬 3:21-24)? 예수님이 그 문제를 해결하는 구원자로 나섰습니다. 예수님의 성육신과 희생, 그리고 순종은 인간의 구원이 가능함을 보여주셨습니다. 그래서 예수님의 십자가 앞에 서면 죄인임을 깨닫고 회개하게 됩니다. 예수님만 구세주이심을 고백하게 됩니다.

(3) 예수님은 거룩한 삶의 모범을 보여주신 분으로서 우리에게 그의 뒤를 따를 것을 요구하고 계십니다. 그분의 삶은 하나님을 향한 완전한 사랑에서 비롯된 온전한 복종이었습니다. 우리는 그의 제자가 되어야 하는데, 이는 예수님의 완전한 성품을 점진적으로 닮아가는 것을 의미합니다(마 11:29 "나는 마음이 온유하고 겸손하니 나의 멍에를 메고 내게 배우라 그리하면 너희 마음이 쉼을 얻으리니", 마 4:19 "말씀하시되 나를 따라오라. 내가 너희를 사람을 낚는 어부가 되게 하리라 하시니").

예수님은 우리가 그분을 닮아가도록 성령을 우리에게 보내 주십니다. 성령은 그리스도의 영입니다. 성령이 '그리스도로부터 오기' 때문만이 아니라 우리 안에서 '그리스도의 형상'을 이루기 때문에 '그리스도'의 영입니다.

그리스도께서는 우리 안에 거하시며(갈 2:20) 우리의 성품을 그분의 성품으로 변화시켜 주십니다. 소크라테스와 함께 사는 것은 인간을 지혜롭게 만들어 주며, 성 프란치스코와 함께 사는 것은 인간을 온유하게 만들어 줍니다. 그러나 예수님과 함께 사는 것은 인간을 예수님을 닮은 자로 즉 '그리스도인'으로 변화시킵니다. 나쁜 장미를 좋은 장미 곁에 심고, 나쁜 장미의 자가수분(自家受粉, self-pollination)을 막아서 좋은 장미의 꽃가루를 받도록 하면 나쁜 장미가 좋은 장미로 바뀐답니다.

2. 사람이 사는 지구에 태어나신 예수님은 참 하나님이시자 참 인간이시라는, 즉 '임마누엘'(이 땅에 오신 하나님)이란 사실은 오래전에 이미 예언되었습니다(23절).

천사는 아기의 이름을 '예수'라 짓도록 하였습니다. 그렇지만 마태복음은 이사야 7장 14절을 인용하면서 사람들이 아기를 '임마누엘'(Ἐμμανουήλ 엠마누엘)이라 부를 것이라고 예언하였습니다. 종합해보면 예수님이 곧 하나님이시며, 예수님이 이 세상에 오신 것은 곧 하나님이 우리와 함께하시는 사건임을 분명하게 드러내는 것입니다.

하나님이 인간의 몸을 입고 이 땅에 오신 '성육신'의 신비는 놀랍기 그지없습니다. 예수님을 받아들이는 것은 인간과 하나님과의 재결합을 의미합니다. 동시에 죄인인 인간이 우리의 친구이자 아버지이시며, 궁극적인 기쁨이신 하나님과 교제할 수 있음을 의미합니다. 그리스도인의 기쁨의 비결은 바로 임마누엘이신 예수 그리스도와 함께 거하고 있음을 믿는 데 있습니다. 기뻐하지 않는 그리스도인은 주와 동행하지 않는 자신을 의심할 수 있어야 합니다. 우리 주님께서 우리와 함께 거하신다는 놀라운 사실, 임마누엘을 인식하도록 노력합시다.

그러면 임마누엘의 결과는 무엇일까요?

(1) 임마누엘은 우리를 겸허하게 만들어 줍니다. '왕 중 왕'이신 하나님의 아들이 가장 비천한 방식으로 이 세상에 오셨을진대, 그분이 구유를 요람으로 택하시고, 가난한 목수의 집을 거처로 정하셨으며, 가장 평범한 의복과 음식을 자신의 것으로 취하셨을진대, 그를 따르고 있노라고 고백하고 있는 우리들이 어찌 교만한 마음을 품을 수 있겠습니까? 우리가 다른 사람을 이해하려고 할 때 쓰는 영어인 'understanding'처럼, 우리 자신이 한 단계 내려서는 것이 예수님의 성육신을 배운 자로 마땅하지 않겠습니까?

(2) 임마누엘은 우리를 용감하게 만들어 줍니다. 하나님께서 우리와 함께 계시고 우리를 위하실진대 누가 우리를 대적할 수 있겠습니까(롬 8:31 "만일 하나님이 우리를 위하시면 누가 우리를 대적하리요")? 하나님께서 우리와 함께 계심을 믿을 때 우리는 죽음의 자리까지도 담대하게 나아갈 수 있습니다. 로마의 네로 시대 성도들이 그러했고 일제 강점기의 신앙 선배들이 그러했습니다.

(3) 임마누엘은 우리가 서로에게 선을 행하게 합니다. 하나님께서 사람의 몸을 입고 예수님으로 오신 것은 사람들을 위함인데, 우리도 이웃을 돌보아 마땅합니다. 그리스도의 성육신을 통해 그리스도와 동일한 육신을 입고 있는 모든 사람을 존중하고 사랑하기를 배웁시다.

우리에게 있어 가장 귀한 이름인 '예수님'을 깊이 생각합시다. 그분은 우리에게 '임마누엘'이십니다. 우리도 이웃들에게 '임마누엘 예수님'처럼 다가갑시다. 세상을 향한 하나님의 귀한 뜻이 우리를 통해서 나타나도록 합시다.

베들레헴에서 태어나신 예수님

마 2:1-8

경남 거제시 장목면 대계마을, 김영삼 전 대통령 생가에 김 전 대통령 흉상이 세워져 있습니다. 김 전 대통령이 2000년도 중국을 방문했을 때, 한 기관이 선물한 것이라 합니다. 김 전 대통령의 생가가 있는 대계마을은 지금은 도로포장이 잘 되어 있어서 관광객들이 가기가 수월하지만, 전에는 임도뿐인 조그만 어촌이었습니다. 대부분의 전직 대통령들의 생가는 산촌이나 어촌의 작은 마을에 위치해 있습니다.

1. 예수님께서 베들레헴에서 태어나신 이유

예수님은 유대 베들레헴에서 태어나셨습니다. 베들레헴은 유다의 고을 중 가장 작고 보잘것없는 고을 중의 하나였습니다. 여러분이 성지순례를 가게 되면 베들레헴에 가보게 되는데, 그곳은 자동차가 다니는 도로도 좁고 작은 언덕 위에 있는 조그마한 마을임을 알게 될 것입니다. 예수님은 왜 이런 베들레헴에서 태어나셨겠습니까?

(1) 사람들에게 구약성경이 하나님의 책이라는 사실을 가르쳐주기 위해서입니다. 일반적으로 과거는 다소 명확하나 미래는 언

제나 불분명합니다. 하지만 구약성경 기자들은 예수 그리스도께서 나시기 수백 년 전에 그가 태어나실 때와 장소를 기록했는데, 이는 하나님께서 메시아가 나실 때와 장소를 말씀해 주셨기 때문입니다. 그리고 그대로 이루어졌습니다. 이처럼 구약은 하나님의 책입니다. 우리의 일들은 우리의 계획대로 안 되기도 하지만 하나님께서 말씀하신 것들은 그대로 이루어질 것을 믿습니다. 우리는 주님의 말씀을 믿고, 주님이 말씀하시면 나아가야 하며 주님이 멈춰 서라 하시면 멈추어야 합니다.

(2) 예수님께서는 우리에게 지극히 보잘것없는 것들의 중요성을 가르쳐 주시기 위하여 베들레헴에 태어나셨습니다. 아마 사람들은 당연히 예수 그리스도께서 큰 성읍에서 나시리라 생각했을 것입니다. 반면 그가 태어나신 베들레헴은 유다의 고을 중 작고 보잘것없는 곳이었습니다. 하지만 예수님이 나셨기 때문에 베들레헴은 더는 작은 고을이 아닙니다(6절).

예수님과 그의 출생지는 매우 아름다운 조화를 이루고 있습니다. '베들레헴'($B\eta\theta\lambda\acute{\epsilon}\epsilon\mu$ 베들레엠)이란 명칭은 '빵(혹은 떡)의 집'을 의미하는데, 예수 그리스도가 바로 생명의 빵이지 않습니까? (요 6:35 "예수께서 이르시되 나는 생명의 떡이니 내게 오는 자는 결코 주리지 아니할 터이요 나를 믿는 자는 영원히 목마르지 아니하리라") 혹 여러분이 작은 마을에서 태어나셨습니까? 작은 일을 맡으셨습니까? 예수님과 함께한다면 귀하게 될 줄로 믿습니다. 다른 사람들을 구원의 길로 이끌고, 그들을 유익하게 하는 일을 할 수 있을 것입니다. 여러분의 직장과 사업 그리고 일터가 '생명의 빵집'이 되게 합시다.

(3) 예수님께서는 사람들에게 겸손을 가르쳐 주시기 위해서 베들레헴에서 나셨습니다. 예수님은 이스라엘의 작은 동네뿐 아니라 구유에서 태어나셨습니다. 예수님은 그가 태어나신 고을과 장소를 부끄럽게 여기지 않으시고 오히려 그의 제자들에게 그곳을 기록하도록 명하셨습니다. 사람들은 자신의 초라한 모습이나 부끄러운 모습을 감추려고 합니다. 대통령이나 임금들이 태어난 작은 마을도 '명당'이라는 말 등으로 포장되기도 합니다. 하지만 예수님은 후에 우리에게 자신의 겸손을 배우라고 말씀하셨습니다 (마 11:29). 사람들은 자랑거리를 가지기를 원하고 그런 형편이면 교만해지기 쉽습니다. 하나님은 우리가 작은 것들을 통해 겸손하기를 원하십니다.

(4) 예수님이 얼마나 사람들을 기꺼이 받아들이고자 하는지 나타내시려고 그곳에 나셨습니다. 만일 예수님께서 왕궁이나 고관의 저택에서 나셨다면 사람들은 그를 찾아뵙기를 두려워했을 것입니다. 그러나 예수님이 나신 곳은 동방의 박사들도, 들판의 목자들도 쉽게 찾아뵐 수 있는 곳이었습니다. 예수님께 나아가는 데는 조건이 없습니다. 누구나 나아갈 수 있습니다. 죄가 있고, 힘이 없고 연약할지라도 나아갈 수 있습니다. 우리의 조건이 아무리 나빠도 예수님께서는 받아주실 것입니다. 그렇다면 우리 역시 모든 사람을 사랑으로 받을 수 있는 주님의 마음을 가져야 하겠습니다. 우리는 항상 조건과 상황을 너무 생각합니다. 그것 때문에 스스로 교만해지기도 하고 기가 죽기도 합니다. 반대로 다른 사람을 무시하기도 하고 두려워하기도 합니다. 주님처럼 넉넉하게 수용하는 마음이 필요합니다.

2. 베들레헴 탄생의 의미들

(1) 그분의 탄생은 많은 사람에게 가려져 있었으나 다른 몇몇 사람들에게는 분명하게 알려졌습니다.

(2) 그분의 탄생은 그분의 백성들에게 미움을 받았으나 다른 몇몇 사람들에게는 사랑을 받았습니다.

(3) 그분의 탄생은 그의 백성들에게 멸시를 당했으나 다른 몇몇 사람들에게는 영광과 찬송을 받았습니다.

(4) 그분의 탄생은 아주 큰 위험에 처해 있었으나 완전한 안전을 누렸습니다.

여러분이 태어난 곳이 초라한 곳이라도 부끄러워 맙시다. 현재 상황이 어렵더라도 낙심하지 맙시다. 작은 일을 맡았더라도 최선을 다합시다. 그것들은 겸손하라고 우리에게 주신 기회입니다. 그곳이 '생명의 빵집'이 되게 합시다. 하나님이 내게 말씀하신 것을 붙잡고 나아갑시다. 여러분들은 베들레헴에서 태어나신 예수님과 결합하여 여러분의 자리에서 더 아름다운 열매를 풍성히 맺을 줄 믿습니다.

왕으로 선언된 예수님

마 2:1-8

동방박사들이 별을 따라 예루살렘 성에 와서 헤롯과 신하들에게 물었습니다. "유대인의 왕으로 나신 이가 어디 계시냐?" 그들의 질문은 역사적 사실을 전제로 한 것으로 그 일이 일어났음을 분명하게 증명해 주는 일종의 선언입니다. 반면 헤롯과 신하들에게 있어서 이 질문은 "너희 나라에는 실제로 너희의 왕으로 나셨는데도 너희가 알지 못하는 아기가 있다."는 의미입니다.

1. 동방박사들

동방박사들은 천체를 관찰하던 자들로서 하늘에서 매우 중대한 사건을 암시하는 현상을 보았습니다. "우리가 동방에서 그의 별을 보고"라는 점에 있어서 그들은 하나님의 사인(sign)을 보았고, 그들이 전한 메시지는 하늘로부터 온 메시지입니다. 하나님은 진지한 마음으로 자기에게 나아오는 자들을 인도하고 안내해 주십니다. 일반적인 방편이 충분치 못할 경우 매우 비범한 방편을 사용하십니다. 동방박사들은 진지함으로 하나님께 나아갔던 것 같습니다. 그리고 하나님은 그들에게는 비범한 방편으로 구세주 나심을 알려 주셨습니다. 여러분이 가야 할 길을 하나님께 진지하게 물으신다면 하나님은 어떤 방편으로든 여러분을 선하고 아름답게 인도하시리라 믿습니다. 필요하시면 직접 말씀도 하실 것입니다.

동방박사들은 단지 어린 왕이 어디 계시는지 찾아가 보는 것만 아니라 그에게 경배하기를 열망했습니다. "그에게 경배하러 왔노라." 이 말은 그들의 깊은 신념을 잘 나타내 줍니다. 그들은 경배하기 위해 먼 여행을 감행했습니다. 그들의 고향은 매우 멀리 떨어져 있었지만 그곳조차도 이 어린 왕의 통치 아래 있음을 인식하였습니다. 하나님은 교회만 통치하시는 것이 아니라 우리의 직장도 사업도 학교도 통치하심을 믿습니다. 우리의 자녀들이 가 있는 군대도 외국도 통치하심을 믿습니다. 그러므로 우리가 관계하는 모든 환경과 장소가 어렵다고 하더라도 하나님의 통치를 믿고 담대하게 나아갈 수 있기를 바랍니다. 동방박사들의 출현과 질문은 매우 특별한 것이었습니다. 그들이 언급한 왕국인 '이스라엘'(유대인의 왕)을 회복시킬 자를 기대하고 열망하였던 자들에게 있어서 박사들의 말은 매우 놀라운 선언이었을 것입니다.

2. 소동하는 그들

(1) 동방박사들의 선언 같은 질문은 대소동을 일으켰습니다.

1) 그들의 말은 그 당시 예루살렘과 유대의 통치자였던 헤롯왕의 마음을 동요시켰습니다. "유대인의 왕으로 나신 이가 어디 계시냐?"라는 질문은 그 자체로서 새로운 왕의 출현을 알리는 질문일 뿐만 아니라 한편으로 헤롯왕을 왕위 찬탈자로 비난하는 말이기도 하였습니다. 따라서 헤롯왕과 함께 있던 자들과 모든 예루살렘 주민이 그들의 말을 듣고 크게 소동한 것은 결코 놀라운 일이 아닙니다. 사악한 자들은 자신들의 악행 때문에 두려워합니다(헤

롯 대왕은 이두메 출신의 친 로마인으로서 줄리우스 시저, 마크 안토니, 옥타비아누스 황제의 신임을 얻은 자입니다. 헤롯은 BC 37년 36세에 '유대의 왕'이 되어 BC4년까지 통치했으며, 궁전 12개를 건축했고, 콜로세움의 6배, 즉 미식 축구장 24배 크기의 예루살렘 성전의 지반 토대를 건설했습니다. 여리고와 마사다, 그리고 헤로디움에 올림픽 수영장보다 더 큰 별장용 수영장을 건설했고, 10번의 정략결혼을 했고, 부인들과 세 아들, 대제사장, 랍비들을 산헤드린의 허락이나 정당한 절차 없이 처형했기에 '폭군'이라 불렸습니다. 사치스러운 음식을 즐겼는데, 생선으로 만든 향신료 소스 Garum 한 병에 2,500-3,000 세스테르티우스, 곧 로마 사병의 3년 치 연봉이었습니다. 사치스러운 건축과 생활을 유지하기 위해서 징벌적 세금과 과도한 관세를 매겼습니다. 통치 말년인 BC 13-4년에 유언장 5개를 작성했는데, 상속자들은 각기 달랐습니다. 헤롯 가문의 음모와 반역과 골육상쟁의 권력 암투는 심각했고, 자살을 계획할 정도로 심리, 정신적으로 피폐해져 있었습니다).

2) 예루살렘 주민들은 소망 가운데 소동했습니다. 그들은 헤롯 같은 폭군 대신에 새로운 왕이, 더욱이 그들이 오랫동안 기대하였던 메시아가 그들을 다스리게 되리라는 소망과 기대 가운데 소동했습니다. 또한 그들은 두려움 가운데 소동하기도 하였습니다. 경험상 사람들은 왕의 탄생 소식이 헤롯을 매우 분노케 하리라는 사실을 잘 알고 있었으며, 때문에 두려워한 것이죠. 사람들은 자신에게 불리하면 두려워하기도 합니다.

(2) 소동의 결과 - 헤롯은 박사들의 말을 듣자마자 직무상, 그

리고 연구 분야 상 잘 알고 있을 자들에게 그리스도의 탄생지를 물었습니다. 그들은 곧 대답을 찾아냈는데, 바로 "유대 베들레헴"이 메시아의 출생지가 될 것이며 그곳으로부터 이스라엘 백성들을 다스릴 자가 나오리라 분명하게 밝혀주고 있던 한 예언서로부터였습니다. 헤롯의 질문을 받은 당시 종교 전문가들은 별 흔들림 없이 덤덤하게 메시아의 탄생지를 말했습니다. 어쩌면 이들이야말로 정말 놀라서 어쩔 줄 몰라 해야 하지 않을까요? 이는 아는 것과 실제 삶의 차이로 말미암은 공허를 잘 나타내 줍니다.

헤롯은 이제 박사들의 질문 때문에 일어난 소동을 더 확산시키지 않으려 "가만히", 즉 사적으로 별이 나타난 때를 물었습니다. 그리고 "자세히" 혹은 매우 깊은 관심을 가지고 물었습니다. 두려워할 만한 일을 가능한 한 미리 방지하기 위해서였습니다. 사악한 자들의 계략은 다른 사람이 알지 못하도록 은밀히 꾸밉니다. 항상 다른 사람의 약점을 찾고자 노력합니다.

헤롯은 영적으로 눈이 먼 자였으며, 악한 의도를 가지고 질문하고 일을 꾸미는 자였습니다. 그는 이 낯선 자들의 배후에 역사하시는 전능하신 분의 힘을 깨닫지 못했습니다. 박사들의 질문과 그들이 제시했던 메시지는 이 모든 점에 있어서, 그리고 그 자체로서 바로 그리스도에 대한 선언이었습니다. 영적으로 눈이 먼 자들은 그 일이 자기에게 유리한가 불리한가를 먼저 살핍니다. 그러나 영적으로 깨어 있는 자들은 이 일이 하늘에서 내려온 메시지인가 아닌가를 살핍니다. 국가의 정책을 말할 때도 우리는 자신에게 이익이 되는지 그렇지 않은지를 살피기보다 국가의 먼 미래를 보면서 판단하고 말해야 할 것입니다.

이스라엘에 빛이 비쳤습니다. 별빛이 동방박사들을 예수님께로 인도했습니다. 그들이 빛을 계속해서 따른다면 예수님께로 인도될 것입니다. 우리에게 비추시는 하나님의 빛을 영안을 열고 볼 수 있기를 바랍니다. 우리도 동방박사들처럼 하나님은 우리가 어디에 있든지 우리를 통치하심을 믿고 전진합시다.

예수님을 찾아 경배하는 박사들

마 2:9-11

하늘의 별을 보고 온 인류의 구주이며 왕으로 나신 예수님을 찾아온 동방박사들은 마침내 예수님을 알현하고 경배했습니다. 여러분 중에 아직 구주 예수님을 찾아 만나지 못한 분이 있다면 이 시간에 찾기를 바랍니다. 우리의 신앙생활이 예수님과의 동행으로 복된 걸음이 되고, 이 시간 드리는 이 예배가 구주 예수님을 찬송하는 진정한 예배가 되기를 바랍니다.

1. 박사들이 어떻게 예수님을 찾게 되었습니까

(1) 박사들은 신앙과 인내로 예수님을 찾을 수 있었습니다. 그 장소를 지적해 준 제사장들이 있었습니다(5절). 다른 사람들에게 그 장소를 찾아보라고 부탁만 하였던 헤롯이 있었습니다(8절). 그러나 동방 박사들은 그 장소를 찾기 위해 직접 출발하였습니다. 하나님의 계시를 받은 그들은 고향에서 별을 보고 이 먼 곳까지 힘들게 왔습니다. 하나님 앞에서의 그들의 신앙과 인내 때문입니다. 하나님의 말씀을 듣고 구주 예수님을 믿어야 하며, 그 예수님이 내 안에 계셔서 나와 동행하기까지 인내하며 전진해야 합니다.

(2) 별을 따라 예수님을 찾는 일이 기쁨이었기에 끝까지 찾을

수 있었습니다(10절). 공부하는 일이 재미가 있어야 공부를 잘 할 수 있습니다. 우리 자녀들에게 이런 기쁨이 있기를 바랍니다. 직장인 성도들에게는 직장의 일이 재미가 있어야 월요병이 없어질 것입니다. 우리가 예수 그리스도에게 인도되는 가장 확실한 수단은 우리 신앙생활이 기쁨이 될 때입니다. 마귀는 이것을 우리에게서 없애려고 얼마나 노력하겠습니까?

(3) 그들은 하나님의 특별하신 은총으로 예수님 계신 곳에 이르렀습니다. 이 사실은 두 가지 방식으로 확인됩니다. 하나는 특별한 격려의 방식입니다. 즉 그들이 출발했을 때 별이 다시 나타났습니다. 그들은 별을 보고 대단히 기뻐하였습니다(10절). 별이 전에 인도하던 곳, 다시 말해 그들이 찾는바 왕의 출생지가 베들레헴이라는 것을 알게 된 지금 다시 별을 보니 전보다 더욱 기뻐하였습니다. 별의 재출현은 믿음직한 친구의 음성을 다시 듣는 듯한 기쁨을 주었을 것입니다. 이는 하나님의 격려입니다. 다른 하나는 구체적인 지시의 방법입니다. 다시 나타난 별은 앞서가며(9절) 그들에게 바른길을 지시했습니다. 별이 박사들을 앞서서 가더니 멈추어 서서 그들이 찾는 곳을 지적해 주었습니다. 하나님은 목적을 이루기 위해 여러 방법을 준비하십니다. 구약 성경은 베들레헴에 대하여 그들에게 말해 주었습니다. 하지만 구체적인 집을 지시하진 않았습니다. 하나님은 별의 지시로 나머지 문제를 해결하셨습니다. 만일 우리가 예수 그리스도를 발견하고자 한다면, 또는 예수 그리스도의 성숙한 제자로 살고자 한다면 혼자든 누구와 동행하든, 사람들의 격려를 받든, 받지 아니하든 하나님의 지시대로 그를 따라가기로 결심해야 합니다. 하나님은 예수 그리스도를 찾

아가는 사람들의 곁을 떠나지 않으시고 그들이 필요할 때 새롭게 지시하시고 격려해 주십니다.

2. 박사들은 그 집에서 예수님을 대면하여 경배하였습니다

(1) 그들의 처신은 대단히 의미심장합니다. 우리는 그들이 예수님을 대면한 광경에 대하여는 약간밖에 듣지 못합니다. "저희가 아기와 그 모친을 보고." 그러나 그들의 모습과 행동을 살펴보면 주님 계신 광경을 더욱 세밀히 유추할 수 있습니다. 그들은 품에 안긴 아기 앞에 "엎드려 경배했습니다." 아기에게 신적인 경배($\pi\rho o\sigma\epsilon\kappa\acute{v}\nu\eta\sigma\alpha\nu$ 프로세퀴네산)를 하고 있습니다. 자신들의 무릎, 손, 심지어는 입술까지 땅에 접촉합니다. 이 모든 행동은 이 아기가 바로 그들이 찾던 왕이었음을 보여줍니다. 그런데 아기 예수님의 모습과 그 뒤에 따라 나오는 그들의 행동이 어울리지 않습니다. 다른 사람들이 볼 때 아기에게 그렇게 하는 것은 이해가 안 되는 일입니다. 아기가 왕이라는 사실이 받아들여지지 않는다면 이해가 안 되는 일입니다. 오늘 우리의 예배도 보이지 않는 하나님 앞에 드리는 예배지만 왕께 드리는 예배로 드리고 있습니까? 우리가 보이지 않는 하나님을 섬기고 말씀 따라 순종하는 삶이 다른 사람들에게 어떻게 비치겠습니까? 미쳤다는 소리를 듣는 게 오히려 맞을 것입니다.

(2) 이제 더욱 의미심장한 것은 그들의 선물입니다. - 그들은 이 보배를 먼 곳에서부터 조심스럽게 운반하였습니다. 다른 사람들에게 감추었다가 그를 위하여 열어 보였습니다. 그들이 바친 황금은 조공을, 유향은 존경을, 몰약은 보존의 의미를 지녔습니다. 시편 72장 15절에 금이 언급되어 있고, 이사야 60장 6절에는 금

과 유향이 언급되어 있습니다. 그들이 아기 예수님께 드린 것은 왕들에게 드리는 특별한 보배였습니다. 이 예물들은 향품과 금을 가지고 다윗의 아들을 방문했던 시바 여왕의 경배를 생각나게 합니다(왕상 10:2). 어떤 이들은 마지막 예물에는 경배와 기쁨, 축제의 상징(잠 7:17, 18)이 담겼을 뿐만 아니라 미처 의식하지 못한 예언이 담겨 있다고 말합니다. 출생 직후 몰약이 언급된 것은 그의 죽음에 대한 무언의 언급이 서려 있다고 말입니다. 그들은 왕에게 드리는 예물을 아기 예수님께 드리고 있습니다.

박사들이 자신들의 보물을 드리고 엎드려 가장 겸손하게 그에게 경배하는 것은 성별(聖別)의 의미입니다. 모든 사람은 옛날 그리스 신화에 나오는 영웅들과 같은 선택에 직면합니다. 덕과 쾌락, 선과 악, 의무와 하찮은 일, 그리스도에게 성별됨과 다른 어떤 무속인에게 예속됨 사이의 선택입니다. 우리의 삶 가운데 정의와 자유처럼 어떤 위대한 명분에 대한 성별이 있을 수 있습니다. 또한 진리나 아름다움처럼 우리가 거의 의인화하고 신격화하는 관념에 대한 성별이 있을 수 있습니다. 우리가 구세주의 발 앞에 부복하고 우리를 그분에게 드리는 것보다 더 훌륭한 자기 성별은 없습니다. 그분은 우리의 왕이기 때문입니다. 하나님의 은총 중에 자신을 성별해 드리길 소망합니다.

이집트로 피하는 예수님

마 2:12-18

예수님은 동방박사들에 의해 헤롯에게 알려지자마자 박해를 받으셨습니다. 인류를 구원하기 위해서 이 땅에 강림하신 예수님은 살해되기 위해 수색 되고 있습니다(16절). 예수님이 이 땅에 오신 목적은 인류를 구원하시는 것이기에 어쩌면 박해를 받으셔도 괜찮습니다. 우리의 삶에 목적이 있다면 돈이 조금 없고 힘들어도 괜찮습니다. 우리는 수단과 방법을 붙들 게 아니라 주님과 이웃을 위한 목표와 목적이 있는 삶을 살아야 합니다.

1. 이집트로 피하는 예수님

(1) 하나님께서 개입할 필요가 있을 때는 먼저 일반적인 수단을 쓰십니다. 그래서 하나님은 예수님을 도피하게 함으로써 구원하십니다. 불필요하게 기적을 사용하지 않습니다. 공부도 안 하고 1등 하는 기적이 일어날 수도 있겠지만 우리는 공부할 때 좋은 성적을 얻을 수 있습니다.

(2) 이집트는 특별한 피난처입니다. 예수님의 짧은 이집트 체류는 이스라엘 백성들이 이집트에서 4백 년간 노예 생활을 했던 것과 비견될 수 있습니다. 이집트는 예수님을 원수들로부터 보호하

였고, 그분을 성장시켰습니다. 당시 이집트는 헤롯의 통치가 미치지 못하는 곳이었습니다. 과거 신생국가 이스라엘이 하나님께 대적하는 세상의 상징이었던 애굽의 보호 속에서 의식하지도 못하는 사이에 성장했던 것처럼, 예수님 역시 이집트에서 보호받고 성장하였습니다. 그래서 마태에게 이집트는 임시적이긴 하지만 하나님의 백성 이스라엘의 역사가 시작한 곳이라는 특별한 의미를 가집니다. 우리 교회의 임시처소도 특별한 의미를 가질 수 있습니다.

(3) 하나님을 기다리고 그의 섭리를 소중하게 여기면 어디든 안전합니다. 13절 하, "내게 네게 이르기까지 거기 있으라." 그리고 하나님은 자기 백성 이스라엘의 역할을 성취하기 위해 이집트에서 이스라엘을 해방 시키셨던 것처럼, 구속의 일을 위해서 예수님을 이집트에서 불러내실 것입니다(15절).

2. 지체하지 않는 순종

(1) 동방박사들의 순종(12절) - 전에 별을 따랐던 것처럼 주저하지 않고 꿈에 순종합니다. 순종이 중요하다는 하나님의 뜻을 제대로 파악하여 순종한 박사들입니다.

(2) 요셉의 순종(14절) - 요셉 역시 꿈을 통해 받은 지시를 의심치 않고 즉시 순종하였습니다. 반면 "애굽으로 피하라!"는 말씀은 순종하기 쉬운 일이 아닙니다. 며칠 여행을 다녀오는 것이 아닙니다. 돌아올 날짜가 언제일지 모르는 막연한 이민 같은 여행입니다. 어디로 갈 바를 알지 못했지만, 고향을 떠나라는 하나님의 말씀에 순종한 창세기의 아브람을 생각하게 하는 내용입니다. 이런 명령은 판단하기가 쉽지 않습니다. 성경을 풀어 익숙하게 설명

하는 목사의 말을 알아듣기가 쉽지 않다면 하나님의 말씀이 어찌 쉽겠습니까? 그 아기를 돌보는 일이 요셉이 맡은 가장 소중한 임무였던 것처럼 그의 순종 또한 귀중한 것입니다.

(3) 하나님께서 우리를 보내시고 그리스도께서 우리 가운데 계시면 그 어떤 곳이라도 안전합니다. - 비록 이집트라 할지라도 하나님께서 함께 계시면 안전합니다. 하나님은 늘 우리와 함께하시며 도우시지만 우리는 하나님을 잊을 때가 많습니다.

3. 헤롯의 잔혹한 행위

(1) 하나님께서 대적들의 지혜를 어리석은 것으로 만드십니다. - 헤롯은 자기가 박사들을 속였다고 생각했지만, 역으로 박사들에게 자기가 속은 것을 알게 됩니다. 헤롯은 분노하고 많은 아이를 죽입니다. 당시 헤롯의 권세로서는 충분히 가능한 일입니다. 헤롯 당시에 그의 정적들과 그 가족들이 많이 희생되었을 뿐만 아니라 세 명의 친아들도 제거되었습니다. 적그리스도들도 그들의 속임수가 그들에게 도움을 주지 않을 때 크게 분노합니다. 사탄과 그의 도구들은 그들이 그리스도를 전복시킬 수 없으면, 그와 닮은 사람들을 전복시키려고 노력합니다. 악인들은 하나님의 섭리를 존중하지 않고 화를 내며, 더욱 많은 비행을 저지릅니다.

(2) 세상이 이기적인 지도자의 통치를 받으면 어떻게 되는가를 보십시오! 권력을 지키기 위한 열정은 성급하게 칼을 들게 합니다. 절망은 피를 갈구합니다. 이기적인 사람을 조심해야 합니다.

(3) 그래도 미래의 희망을 얘기합니다. 18절에 바벨론 포로로 잡혀간 자들이 되돌아올 것이라고 라헬을 위로하고 있습니다. 미래에 대한 희망이 담겨있는 것입니다(렘 31:15, 16). 아마도 마태

는 베들레헴의 애곡 속에서 일시적인 슬픔을 보도록 의도한 것 같습니다. 외국 땅에서 귀환하는 베들레헴의 메시아를 통해 하나님은 백성을 일시적인 슬픔에서 기쁨과 구원으로 인도하실 것입니다. 하나님은 재난 속에서도 복을 주시고 죽음을 통해서도 생명을 허락하십니다.

누가 우리의 왕이 될 것인가를 말해보십시오. 예수 그리스도입니까? 아니면 헤롯(세상)입니까? 세상이 우리의 왕이 되면, 사람들은 돈을 못 벌면 한탄하고 남을 해치게 됩니다. 공부가 우리의 왕이 되면, 우리 가운데 기러기 아빠가 생기고 자살하기도 합니다. 물론 노는 것이 우리의 왕이 되면 불성실한 낙오자가 되겠지요. 그러나 그리스도를 자기 왕으로 모신 자는 기도하며 하나님의 뜻을 찾습니다. 가는 곳마다 평화, 사랑을 나타냅니다. 하나님의 뜻에 늘 순종하며 나를 향한 하나님의 목적을 잘 확인합시다. 그 목적 때문에 어려움을 당하더라도 인내하며 준비하고 하나님의 때를 기다립시다.

나사렛 예수님

마 2:19-23

　　요셉의 가족들은 아기 예수님을 죽이려고 했던 헤롯 때문에 이집트로 피난 가서 살았습니다. 그런데 그 헤롯이 죽자 하나님은 요셉 일가족에게 사자를 보내셔서 다시 이스라엘로 돌아올 것을 지시합니다. 주의 사자는 꿈에 요셉에게 나타나서 지시합니다. 다시 이스라엘로 돌아가야 하는 이유를 은혜롭게 설명합니다. 우리의 갈 길을 인도하시는 하나님을 찬송합니다.

1. 이집트로부터 돌아오는 요셉 가족

　　(1) 이 상황은 이집트로 도피했던 상황과 비슷한 부분이 많습니다. 헤롯이 죽은 사실을 제외하고는 거의 일치합니다.

　　(2) 요셉은 이 지시 앞에 즉각적으로, 그리고 무조건적으로 복종합니다. 베들레헴에서 이집트로 피신할 때도 요셉은 주의 사자의 지시에 즉각 복종했습니다. 요셉은 자기를 포기하는 복종의 모범이며 그러한 복종에 대한 보상의 실례입니다. 주의 사자는 언제나 일단 복종하고 기다리는 사람들에게 다시 나타납니다. 그리고 은혜롭게 명령을 설명해줍니다. 우리는 하나님의 말씀 앞에 얼마나 복종합니까? 어떻게 행동해야 하는지 지시를 받지만 못 들은

체하지는 않습니까? 우리는 하나님 말씀에 잘 순종하지 않는 사람이라는 것을 인정할 수 있어야 합니다. 그렇지 않으면 순종의 자리로 나가기 힘듭니다.

하나님의 뜻을 따르겠다는 믿음을 가지고 자기를 포기하는 사람에게 하나님은 감동하십니다. 우리 삶에서 하나님의 감동을 맛보려면 말씀 앞에 복종하고 순종해야 합니다. 요셉은 이집트로 피신 갔다가 다시 이스라엘로 돌아오는 피난 생활을 하고 있지만 마음은 감동이 넘치고 있을 것입니다. 왜냐하면 자신의 삶에 하나님께서 세밀히 간섭하고 있기 때문입니다. 우리 삶을 하나님께서 일일이 돌보고 있다고 생각해 보십시오. 얼마나 감동적인 삶이겠습니까? 우리에게 하나님이 찾아오시도록 해야 합니다.

2. 나사렛으로 가는 요셉 가족

(1) 요셉은 처음에는 당연히 그들이 떠나온 베들레헴으로 되돌아가고자 했습니다. 그들 조상 대대로(다윗의 가문) 살던 곳이며, 예수님의 이야기도 밀접하게 관련 있는 곳이기 때문입니다(22절).

(2) 하지만 헤롯을 이어 왕이 된 아켈라오 때문에 요셉은 두려워했습니다. 요셉은 하나님께 질문했을 것입니다. "'거기로' 가지 못한다면 '어디로' 가야 합니까?" 갈릴리에도 요셉의 친척들이 있었습니다. 그곳은 헤롯의 아들이 아니라 그 형제 안디바의 관할권에 속해 있는 곳입니다. 하나님은 요셉에게 갈릴리로 갈 것을 지시합니다. 하나님의 지시에 늘 복종하는 사람은 하나님께 기도하며 그 걸음을 이렇게 인도받는 것입니다. 우리의 걸음을 인도하시는 하나님을 찬양합시다.

3. 나사렛 사람으로 사는 예수님

결국 예수님은 갈릴리 지역의 나사렛이란 동네에 정착합니다.

(1) 나사렛에 산다는 것, 그리고 이런 성읍에서 자란다는 것은 다른 사람들과 전혀 구분되지 않을 뿐만 아니라 그 밖에 크게 부러워할 어떠한 점도 없었음을 의미합니다. 하나님께서는 그나마 비교적 알려진 '베들레헴'사람으로 만들지 않으시고 '나사렛' 예수님으로 만드셨습니다. 하나님의 아들이시며 다윗 가문인 그가 적어도 일정 기간은 군중 속에 무명으로 살아가야 합니다. 모세가 이스라엘 백성을 구원하기 위해 파견되기 전 광야에서 40년을 보냈습니다. 우리가 보기에 이집트 궁중에서 학문과 무술을 익힌 모세에게 부족한 것이라곤 없습니다. 그러나 하나님은 모세가 40년을 말 못하는 짐승과 함께하길 원하셨습니다. 예수님도 의도적으로 보내심을 받았고, 생애 거의 30년을 무명인으로 지내셨습니다. 하나님의 아들인 그가 할 수 없어서가 아니라 하나님께서 의도하신 대로 하려고 그렇게 했습니다.

'할 수 있지만 하지 않는 것'이야말로 믿음 있는 자가 취하는 행동입니다. 다윗은 성전을 지을 수 있는 능력이 있었음에도 성전을 짓지 않았습니다. 하나님이 허락하시지 않았기 때문입니다. 사실 다윗은 아들 솔로몬보다 더 능력이 있었습니다. 능력과 기회가 많음에도 불구하고 중단할 수 있는 것이 믿음입니다. 우리의 마음대로가 아니라 하나님이 원하시는 대로 살아가는 것입니다. 우리가 주일을 이렇게 예배하며 거룩하게 보내는 것도 믿음입니다. 우리도 건강하고 성실하여 주일에 일할 능력이 있습니다. 일주일에 7일을 돈 벌고 싶은 욕망도 있습니다. 그러나 하나님의 안식 명령에 순종함으로 주일을 지키고 있습니다. 수십 년을 평범하게 보냈어도 하나님의 때가 되면 귀하게 쓰임 받을 수 있습니다. 하나님의 목적은 너무도 심오하여 우리가 다 이해하지 못할 때가 많습니다. 기다려야 할 때가 많은 이유입니다.

(2) 예수님은 세상을 막아주는 넓은 방벽 뒤에서 안전하게 생활하신 것이 아닙니다. 주님은 오늘날 김해와 같은 그 나사렛에서 소문, 추문 혹은 부정한 호기심과 야심을 자극하는 모든 도전 가운데서 생활하셨습니다. 하나님의 백성 주변에 있는 세상의 모든 압력과 문제들을 이 나사렛 청년도 느꼈을 것입니다. 그럼에도 불구하고 세상을 향한 예언적인 사명을 펼쳐야 할 상황이 예수님의 눈앞에 들어왔을 것입니다. 그는 모든 면에서 오늘 우리가 유혹받는 것과 마찬가지로 시험을 받으셨습니다. 그럼에도 불구하고 죄 없이 성장하셨습니다. 예수님이 우리에게 주시는 교훈입니다. 여러분이 직면하고 있는 상황에 너무 힘들어하지 마십시오. 우리도 예수님처럼 세상의 악에 직면해서도 싸워야 하고 인내하고 순수하고 죄 없는 삶을 살 수 있습니다.

'나사렛 예수님'으로부터 우리는 많은 것을 배우게 됩니다. 나사렛이 우리에게 주는 가장 중요한 교훈은 평범한 가운데에서도 주의 뜻을 따라 살 수 있다는 점입니다. 또한 세상의 악에 직면해서도 순수한 가정을 지키고 흠 없는 청년 시절을 보낼 수 있다는 사실입니다. 그러므로 여러분이 직면하고 있는 상황에 너무 힘들어하지 마십시오. 요셉처럼 하나님께 복종하고 기도하며 감동받아서 하나님의 인도를 받으며 살아갑시다. 예수님처럼 능력 있는 자로 하나님의 때를 기다리며 살아갑시다.

세례 요한

마 3:1-12

세상에는 두 부류의 사람들이 있습니다. 시대에 의해서 만들어진 사람들과 시대를 위해서 만들어진 사람들입니다. 시대에 의해서 만들어진 사람들은 돈을 많이 벌고 명예가 높아져도 존경받지는 못합니다. 시대의 흐름을 따라 욕심과 탐욕으로 자기만 위해서 돈을 벌고 공부하기 때문이라 생각합니다. 오늘날 물질숭배 사상이 팽배해져 있고, 그래서 존경받는 목사, 의사, 판사가 드뭅니다.

그러나 시대를 위해서 만들어진 사람들은 다른 사람들에게 존경을 받고 또 그 시대를 변화시키는 귀한 일을 하게 됩니다. 하나님의 눈으로 시대를 바라보고 한국을 가슴에 품습니다. 아니 세계를 가슴에 품습니다. 100여 년 전에 미국과 호주 그리고 캐나다에서 한국에 온 선교사들이 있었습니다. 그들은 미개한 나라 한국을 가슴에 품었습니다. 풍토병 등 악조건에 맞서 목숨을 걸고 복음 전하러 왔습니다. 많은 사람들이 죽기도 했습니다(〈양화진 외국인 선교사 묘원〉에 가보십시오). 그러나 그들 때문에 복음이 전해지는 것은 물론 학교가 세워지고 병원이 설립되고 똑똑한 젊은이들이 유학을 할 수 있게 되었습니다. 오늘의 한국이 복음을 받아들이고, 물질적으로도 이만큼 잘살게 된 것이 일찍이 한국을 가슴에 품은 그들 때문이 아니겠습니까?

1. 세례 요한은 시대를 위해서 만들어진 사람이었습니다

세례요한은 30세 되던 해에 여호와의 말씀을 받았습니다. 선지자가 되라는 하나님의 소명을 받은 것입니다. 그는 시대의 산물이 아니었습니다. 그는 시대로부터 사명을 받은 것이 아니라 하나님으로부터 자기 시대에 전할 사명을 받았습니다. 위대한 사람은 위대하신 하나님으로부터 사명을 받고 그의 시대를 해석하는 사람입니다. 그래서 할 말을 하는 것입니다. 여러분과 저는 하나님이 교회로 불러주셨습니다. 우리 각자에게 사명을 주셨습니다. 오늘 우리에게 바라시는 하나님의 뜻을 따라 세상을 향해 해야 할 말들을 하며 나아갑시다.

2. 세례요한을 '소리'라고 소개하고 있습니다

세례요한을 본다는 것, 그것 자체가 설교였습니다. 그의 사역이 소리를 외치는 것에 불과했다고 생각하지 마십시오. 그는 말해야 할 무엇을 가지고 있는 사람입니다(2절). 그는 천국을 외치고 있습니다. 천국은 하나님이 다스리시는 체계입니다. 하나님께서는 이곳에서 그의 진리로 인간의 이성, 마음과 양심을 다스리고 있습니다. 그래서 지금도 우리는 천국을 누리며 살 수 있습니다.

그런데 개혁은 이러한 체계를 누리는 데 있어서 없어서는 안 될 것입니다. 지적인 개혁이 아닙니다. 제도적인 개혁도 아닙니다. 요한은 유대인들의 마음 개혁, 즉 영적인 개혁을 목적으로 하였습니다. 그래서 요한은 "회개하라!"($M\varepsilon\tau\alpha\nu o\varepsilon\hat{\iota}\tau\varepsilon$ 메타노에이테)고

외칩니다. 회개의 표시로 세례를 베풀었습니다. 세례는 영적인 성결을 의미합니다. 영적인 개혁에 대한 그의 확신은 이루 말할 수 없이 강했으므로 그는 요단강으로 하여금 그를 도와 그들에게 말하게 하였습니다. "회개해야 천국의 복을 누릴 수 있습니다. 우리가 회개하면 우리는 천국의 삶을 살게 됩니다." 이 시대에도 영적인 개혁이 필요합니다.

3. 그의 영혼이 고심한 흔적을 그가 사는 곳과 복장과 음식에서 볼 수 있습니다

그는 광야에서 살았습니다. 거룩을 광야 생활을 통해 보여줍니다. 세상과 분리해 살며 거룩함을 나타내는 것입니다. 그는 낙타털옷을 입었습니다. 이러한 간소함은 정신 못 차리고 있는 세상을 일깨워 안전하게 할 사명자에게 적합했습니다. 그는 메뚜기와 석청을 먹었습니다. 메뚜기는 광야에서 쉽게 구할 수 있는 음식입니다. 석청은 야생벌에 의해서 만들어지는 꿀입니다. 세례요한은 이러한 모습을 통해서 인간에게는 집과 음식, 의복보다 훨씬 더 중요한 어떤 것이 있다는 것을 웅변합니다. 오늘날 이 시대를 위해 부름을 받은 우리가 의식주 문제에 어떤 태도를 취할 것인가에 도전이 되는 모습입니다. 요즘은 의식주 문제에 있어 신자와 불신자 간의 차이점을 발견하기가 쉽지 않습니다.

4. 요한은 그의 사명을 감당하는 데 너무나 헌신적이었습니다

11절 "내 뒤에 오시는 이는 나보다 능력이 많으시니"라고 한데서 그의 헌신을 엿볼 수 있습니다. 당시 많은 사람들이 요한에게 나아오고 있었습니다. 인기가 치솟는 중이었습니다. 요즘으로 말하면 한국의 이찬수 목사님과 같은 위치가 아니었을까 생각해 봅니다. 그런데도 그런 말을 할 수 있는 것은 대단한 헌신입니다. 오히려 자기를 사실보다 더 높이는 우리가 아닌지 모르겠습니다. 집사님이 열심히 일하는데 누가 칭찬을 한다고 합시다. 그런데 그 집사님이 그저 "목사님이 시켜서 한 것뿐입니다."라고 말할 분이 몇이나 있을까요? 오늘날 직분자는 많지만 헌신자는 적습니다. 정말 주님의 영광과 교회의 덕을 위해 자신을 감추는 사람이 있습니까? 진정한 헌신은 자신을 낮추고 주님을 높이는 것입니다.

우리를 부르신 하나님을 바라봅시다. 우리를 향하신 하나님의 사명을 발견합시다. 우리 모두 회개하며, 시대를 향한 하나님의 뜻을 발견하고 하나님이 원하시는 대로 이 시대를 위해서 삽시다. 결코, 시대의 흐름을 따라가지 맙시다. 우리는 시대를 위하여 하나님이 부르신 자들임을 잊지 맙시다. 더 나아가 우리 자녀들 가운데 시대를 위해서 만들어지는 인물들이 많이 배출되길 기대해 봅니다. 그들이 세계 선교를 위해서, 한국의 발전을 위해서 세례 요한같이 쓰이는 역사가 있기를 기도합니다. 성도 여러분! 하나님이 우리와 우리 자녀를 부르시는 음성에 귀를 기울입시다.

바리새인과 사두개인을 향한 설교

마 3:1-12

세례 요한이 세례를 베푸는 곳에 사방에서 많은 사람들이 나아왔고, 그 중엔 바리새인과 사두개인들도 있었습니다. 요한은 그들에게 독설 같은 설교를 합니다. 바리새인이란 말은 '분리주의자'라는 의미를 가지고 있습니다. 그들의 중심적인 원리는 율법을 문자 그대로 준수하는 것이었습니다. 처음에는 그들도 진정한 개혁의 지도자들이었습니다. 그러나 영적으로 충실하지 못한 후계자들에 이르러서는 세심하게 기술된 법규를 형식적으로 준수하는 집단으로 변했습니다. 그들은 자신의 행위로 의롭게 되고자 하는 자들입니다. 정치적으로 그들은 인기 있는 정당이었고. 로마나 그밖의 외세와도 타협하지 않는 고립민족주의 정책의 지지자들이었습니다. 반면 사두개인은 귀족과 제사장 종파들입니다. 그들은 외국의 통치와 이방의 문화를 묵인했습니다. 가진 것이 많았기 때문인지 모르겠습니다. 그들의 종교적 신조는 미래의 생명 또는 천사 및 영에 대한 신앙을 거부하였습니다. 그들은 현재의 쾌락을 누리며 살아가는 자들입니다. 한편으론 현실에 충실한 자들이지요.

1. 세례 요한에게 나아온 바리새인들과 사두개인들

이들이 어떤 사람인가를 생각하면 두 집단에서 많은 사람들이 세례 요한의 설교를 듣고 세례를 받고자 했던 사실은 놀랄만한 것입니다. '나아오다'($\dot{\varepsilon}\xi\varepsilon\pi o\rho\varepsilon\acute{\upsilon}\varepsilon\tau o$ 엑세포류에토)라는 동사는 미완료(나아오고 있었다)로서 예루살렘과 온 유대와 요단강 모든 지역에 있는 사람들이 요한에게 한 번만 아니라 계속해서 나왔음을 뜻합니다. 무엇이 그들로 하여금 세례 요한에게 나아오게 했습니까?

(1) 이스라엘 전체 공동체를 휘감았던 기이한 감정과 일치하는 것으로 볼 수 있습니다. 세례 요한 덕분에 민심의 대동요가 이스라엘 공동체에 밀어닥쳤고 모든 사람이 그 영향을 받았습니다. 오늘 우리 교회에도 기이한 감정이 우리를 휘감아야 합니다. 그것은 '성령의 바람'입니다. 우리의 마음이 주를 향하도록 하고 기쁨으로 충성하도록 하는 성령의 바람 말입니다.

(2) 세례 요한을 통한 새로운 대사건 때문입니다. 외적인 규례를 철저히 지키는 바리새인의 지겨운 형식주의는 그들의 이목을 집중시키고 그들에게 성장을 가져다줄 어떤 것을 그리워하게 하였을 것으로 보입니다. 눈에 보이는 쾌락만을 추구하던 사두개인들 역시 자기도 모르는 사이 그들로 하여금 의심을 품게 하고 생각하게 하고 놀라게 하는 본능과 모진 슬픔과 고통을 지니고 있었습니다. 세례 요한의 사역이 주는 충격과 두려움, 그리고 권위는 이 무리가 나아오게 하는 어떤 힘을 갖고 있었습니다. 우리의 전도를 받고도 완악한 심령으로 반대하는 사람들도 하나님께서 감동하시면 나아올 줄 믿습니다.

(3) 하나님의 손길 때문입니다. 하나님께서는 세례 요한을 선지

자로서, 그리고 설교자로서 보내셨습니다. 그러므로 세례 요한의 설교를 들어야 할 자들이 그 설교를 듣도록 조치하셨을 것입니다. 하나님께서 개척교회를 세우시고 목사를 세우셨으면 그 설교를 들을 사람을 보내주시는 줄 믿습니다. 우리를 전도하라 하셨으니 역시 우리의 전도를 받을 사람을 붙여 주실 줄 믿습니다.

2. 세례 요한의 설교

(1) 나아온 그들에게 요한의 첫 마디는 "독사의 자식들아!"입니다. 마태복음에 세 번 사용되었는데(3:7; 12:34; 23:33), 그 뜻은 '이스라엘의 종교적인 원리를 말살시키는 자들'입니다. 자신들뿐 아니라 다른 사람까지도 독사처럼 물어서 독을 퍼뜨리는 자들이죠. 그들의 도덕적 타락과 비굴하고 세상적인 태도를 비난하는 표현입니다.

(2) 이어서 세례 요한은 공포의 메시지를 전합니다. '임박한 진노'를 말합니다(7절 하). 메시아를 통한 천국이 임하길 기다리던 그들에게 진노를 말하고 있습니다. 그들은 늘 진노와 심판 같은 것은 이방인에게나 임하는 것으로 알고 있었습니다. 혈통적으로 유대인이라 해서 저절로 심판을 면하는 것이 아님을 말하고 누구든지 구주 예수님을 믿어야 한다고 말합니다. 또한, 그들은 아브라함의 자손임을 늘 자랑스러워했는데(9절) 회개의 문을 거치지 않으면 소용없다고 요한은 말합니다. 그들에게 있어서 이런 선포는 공포의 메시지가 아닐 수 없었습니다.

(3) 회개에 합당한 열매를 맺어라. 9절 "속으로 아브라함이 우리 조상이라고 생각지 말라." 그들은 아브라함이 우리 조상임을 너무나 자랑거리로 여기고 있었습니다. 하지만 9절 하반 절에 "하

나님이 능히 이 돌들로도 아브라함의 자손이 되게 하시리라."라고 말합니다. 임박한 의와 진리의 나라는 바리새인, 사두개인처럼 아브라함의 혈통을 이어받은 후손들이 자동으로 들어갈 수 있는 곳이 아닙니다. 그들이 회개의 문으로 들어가기를 거절한다면 돌들로도 그 나라 백성을 삼으실 분이 하나님이십니다. 만일 육신이 돌이 된다면 말씀의 약속에 따라서 돌도 육신이 될 수 있을 것입니다.

그러므로 인간이 하나님의 심판을 피할 수 있는 방법은 오직 회개뿐입니다. 회개는 단순히 삶의 방향 전환이 아니라 그 전환의 초점을 하나님께로 고정시키는 것입니다. 그리고 열매 맺어야 합니다. 삶 전반에서 나타나는 거룩한 행위를 말입니다.

(4) 심판을 예언합니다. 10, 11, 12절의 각절 마지막에 있는 엄격한 후렴 부분에는 매우 엄숙한 말이 나타나 있습니다. 그것은 '불로'라는 말입니다. 10, 12절의 불은 '파괴하는 불'입니다. 11절의 불은 '깨끗하게 하는 성령'입니다. 이 두 불은 서로 무관한 것이 아닙니다. 만일 불을 환대하고 그 불에 복종하면 하나님의 불꽃은 깨끗하게 하는 일을 하지만 그 불에 대적하고 비난하면 그 불꽃은 태우고 파괴하는 일을 할 것입니다.

우리 교회에도 세례 요한의 때처럼 성령의 바람이 불기를 소망합니다. 오늘날 우리에게 있어서도 세례 요한의 설교가 공포의 메시지가 되어야 합니다. 우리의 모습을 돌아보며 형식적인 신앙의 모습은 없는지 살핍시다. 세상의 쾌락에 빠져서 돈과 쾌락의 우상에 빠져 있지는 않은지 살핍시다. 회개만이 살길입니다. 진정한 회개를 통해 삶의 열매를 맺고 주님과 함께 하는 천국의 삶을 삽시다.

구세주 예수님의 등장

마 3:13-17

 한국전쟁 당시 국군은 UN군의 도움으로 북진할 수 있었습니다. 완전한 통일을 이루는가 싶었는데 갑자기 중공군이 등장했습니다. 국군은 눈물을 머금고 후퇴할 수밖에 없었습니다. 중공군은 우리에게 있어서는 큰 불행이었습니다. 요즘 중국이 또다시 등장하고 있습니다. 한국과 미국이 북 핵 때문에 사드를 배치하려고 하는데, 반대하고 나섰습니다. 그 여파로 한국의 관광 사업이 타격을 받고 있습니다. 줄줄이 한국 관광을 취소하고 있습니다. 중국 내의 한국 기업도 타격을 입기는 마찬가지입니다.

 차범근 집사님이 1979년, 독일에 진출할 때입니다. 그때는 분데스리가 선수들이 일본 상표가 화려하게 프린트된 유니폼을 입고 있었습니다. 차 집사님도 '미놀타'라는 일본 카메라 회사의 광고가 새겨진 유니폼을 입었다고 합니다. 어느 날, 레버쿠젠 운동장에 'GOLD STAR' 광고판이 떴습니다. 그날 차 집사님은 두 골을 넣었습니다. 경기 후 그 광고판이 달린 전차를 보려고 아이들을 데리고 뒤셀도르프까지 갔었다고 합니다. 한국 광고판의 등장은 차 집사님에게 굉장한 힘이 되었던 것입니다.

 세례 요한은 앞선 11절에서 구세주를 예언했습니다. 그것이 본문에서 성취됩니다. '나사렛 예수'는 바로 여기서 세상 무대에 등장합니다. 그리고 요한으로부터 '구세주'로 인정받으십니다. 또한 하나님께서도 구세주의 권위를 부여해 주십니다(16, 17절). 우리의 구원을 이루는 역사적인 사건입니다.

1. 세례 요한이 예수님을 구세주로 인정함

(1) 세례 요한의 항의는 중요한 의미가 있습니다. 요한이 죄인들에게 세례를 베풀고 그들로 하여금 회개케 하는 일을 하는 동안 나사렛 예수님은 그들 사이에 나타나 요한의 손에 세례받기를 요청합니다. 요한은 황당한 마음으로 항의합니다(14절). 예수님은 회개할 필요가 없을 뿐 아니라 거기 등장한 예수님의 모습은 요한으로 하여금 자기 속에 있는 악을 더욱 절실히 의식하게 했습니다. 요한은 당대의 최고의 선지자였습니다. 광야에 살고 메뚜기와 석청을 먹으며 경건하게 살았습니다. 그런 그가 예수님 앞에서 주눅 들고 있습니다. 일반적으로 우리는 자신보다 더 윤리적인 사람을 만나면 주눅 들지 않습니까? 실제로 예수님 앞에서는 그 어떤 거룩함도 견줄 수 없습니다. 그렇다면 우리 같이 부족한 사람이야 말할 것이 무엇 있겠습니까? 예수님 앞에 제대로 나아올 때 우리의 죄악 된 모습을 볼 수 있습니다. 그때 우리는 회개하고 천국으로, 은혜의 자리로 나갈 수 있습니다. 우리에게 다가오신 '구세주 예수님' 앞에서 자신의 죄인 된 모습을 볼 수 있어야 구세주의 등장이 효력이 있습니다. 그 이후 우리는 성령과 진리로 예배하는 자리로 나아갈 수 있습니다.

(2) 세례 요한의 복종에는 의미가 있습니다. 요한의 이러한 항의에 예수님이 대답하십니다. "지금 형편으로는 나는 네가 이 일

을 내게 행하기를 요청한다. 이 일이 처음에는 어떻게 보일지 모르겠지만, 결국엔 이 일이 내가 이 세상에 성취하기 위해서 온 일과 완전하게 조화될 것이다. 내가 이 세상에 온 목적은 불의한 자들을 쫓아내고 그 대신 '모든 의'를 채우고자 하는 것이다." 의라는 단어는 산상수훈의 주요 가르침 중의 하나로 하나님의 온전하신 뜻을 행하는 것과 하나님 나라의 임재와 관련이 있습니다. 예수님 자신의 세례 받음을 통해 '의의 길'로 온 요한을 섬기고, 이로써 하나님의 온전하신 뜻을 몸소 실천해 보이신 것입니다.

이런 섬김을 통해 예수님은 하나님의 구원 약속을 성취하십니다. 그분의 이 말에 확신을 얻은 요한은 더 이상 거부하지 않습니다(15절 하). 이 죄 없으신 분이 말씀하시는 것을 부인하는 것은 세례요한의 도리가 아닙니다. 예수님은 그보다 훨씬 거룩하실 뿐 아니라 훨씬 더 지혜로우시기 때문입니다. 세례요한은 '복종'을 통해 이런 자기의 마음을 고백합니다. 주님을 믿는다는 것은 주님께 대한 복종으로 나타나야 합니다. 그분으로 인하여 천국 가는 것과, 그분 때문에 복을 받는 것을 그분의 말씀에 복종하는 것으로 증명해야 합니다. 자주 말씀하는 것이지만 '믿음이 있다는 사람은 많으나 순종하는 사람은 적다'는 말을 기억합시다. 믿음이 있다고 생각하는 여러분은 말씀에 순종함으로 그 믿음을 증명하시길 바랍니다.

2. 하나님이 결국 예수님을 구세주로 인정하심

예수님의 세례가 끝나자마자 우리는 하나님의 모습을 보게 됩니다.

(1) 이상(vision)으로, 또는 인간의 눈으로 볼 수 있게 나타나십

니다(16절). 세례를 받고 올라오시는 예수님 위에 성령이 비둘기 같이 임했습니다. 이는 하나님의 성령이 실제로 내려왔음을 나타내 보이는 형상입니다. 비둘기는 온유함과 평화를 상징하며, 새 창조의 물 위를 걸으시는 성령의 초자연적인 감독과 창조적 행위를 나타냅니다. 그런 성령이 예수님께 임하여 그 위에 빛나는 것을 요한이 보았습니다. 이렇게 예수님이 구세주라는 사실이 세상에 공포되었습니다. 요한이 가르침 받았던 구세주의 징표(요 1:33)가 예수님 위에 임하였습니다. 말하자면 그 징표는 부름을 받은 예수님께 행하신 하나님의 '안수'입니다.

(2) 하나님은 말씀으로도 예수님을 구세주로 인정하십니다(17절). "이는 내 사랑하는 아들이요 내 기뻐하는 자라." 우리가 "하늘에 계신 우리 아버지"(마 6:9)라고 부르도록 가르침을 받은 그 아버지의 목소리입니다. 이 목소리야말로 구세주의 유일무이한 위엄에 대한 최고의 증거입니다.

세례 요한이 인정하고 하나님께서 권위를 부여해 주신 구세주 예수님의 등장은 죄인들에게 가장 절실히 필요한 것입니다. 구세주 예수님의 "우리가 이와 같이 하여 모든 의를 이루는 것이 합당하도다"(15절) 라는 말씀은 전 세계 인류를 위한 말씀입니다. 다시 말하면 구세주 예수님의 사명이 '죄인들이 하나님께 영접되도록 하리라'는 뜻입니다. 얼마나 감사한 일입니까? 우리 같은 죄인들에게는 말입니다. 구세주 예수님의 등장은 우리를 구원의 길로 이끌었고, 지금처럼 예배하는 자들로 만들었습니다.

우리도 예수님처럼 섬김의 자리로 나아가야 합니다. 예수님께서 섬김을 통하여 하나님의 의를 이루신 것처럼 우리도 하나님을 섬길 때 하나님의 의를 이룹니다. 우리도 예수님처럼 필요할 때 사람들 앞에 등장해야 합니다. 우리에게 주신 직분은 섬기라고 주신 것입니다. 그때 하나님은 우리를 향해서도 "내가 사랑하는 아들이요 기뻐하는 자"라고 말씀하실 것입니다.

시험받는 예수님

마 4:1-11

예수님은 구세주로 등장하셨습니다. 그는 자기 일을 위해 따로 구별된 후에 그의 일을 착수합니다. 그런데 그 모든 일을 기도로 시작하십니다. 예수님은 40일을 금식기도 하셨습니다. 물론 평소에는 새벽마다 기도하고 사역을 시작하셨습니다. 오늘날 우리 직분자들이 우리의 직분을 감당함에 있어 기도로 시작해야 하고 기도로 일을 진행해야 합니다. 다른 어떤 능력보다도 기도로 준비되지 않으면 안 됩니다. 성실함과 실력으로만 하려고 하지 마십시오. 어떤 사람은 예수님이 40일을 금식기도 했으니 자기도 한다고 40일 금식기도 하는 사람이 있습니다. 혹시라도 동기가 불순하면 40일 금식기도의 의미가 없는 것입니다. 예수님만큼 되려는 생각으로 하는 것은 안 됩니다.

예수님의 40일 금식기도 후에 마귀가 예수님을 시험합니다. 기도로 준비하지 않으면 시험이 닥쳤을 때 승리하지 못합니다. 예수님의 사역이 갈등과 투쟁의 연속임을 알게 해주는 일입니다. 마귀가 가만있지 않습니다.

1. 첫째 시험은 의심하고자 하는 시험입니다

예수님이 극도로 굶주림의 고통을 의식하기 시작한 그때(2절) 음식을 가지고 시험하는 것은 얼마나 큰 시험인지 모릅니다. 여기서는 방종하거나 죄악에 따라 구하는 어떤 유혹도 없습니다. 제안하는 것은 대가를 치르는 것도 아니고, 자극적인 것도 아니며, 무리한 것도 아닙니다. 다만 광야의 둥근 돌들의 모양으로 보이는 '떡 덩이'에 대한 것입니다(3절). 얼마 전에 그는 아주 특별하게 하나님의 아들로 선포되었습니다(마 3:17). 만일 그가 실제로 그렇다고 한다면 왜 그가 그러한 고통을 당하고 있어야 한단 말입니까? 왜 그는 이 돌들이 떡 덩이가 되게 명령하지 않는단 말입니까?

이 교묘한 유혹에 대한 응답은 동일하게 간단하고 완전하였습니다(4절). '내가 하나님의 아들인 것은 사실이지만 나는 여기에 한 인간으로 서 있다. 사람은 하나님께 전적으로 의지해서 살도록 정해져 있고 그렇게 가르침을 받아왔다.' 바꾸어 말하면 이 의심하고자 하는 유혹(배고픈 일)은 나에게 믿음을 위한 더 훌륭한 근거(믿음을 성장시키기 위한)입니다. 오늘날도 마귀는 먹고 마시는 문제로 우리로 하여금 하나님을 의심하도록 유혹합니다. 우리는 먹고 마시는 문제를 해결하려고 쉽게 주님의 말씀을 어기고 주일을 범하곤 합니다. 하나님께서 우리를 굶어 죽지 않고 망하지 않게 하신다는 믿음이 약한 것입니다. 오히려 배고픈 문제의 유혹을 받을 때 그것은 우리의 믿음을 성장시키기 위한 것이라 알고 더 하나님을 신뢰해야 합니다.

2. 둘째 시험은 주제넘음의 시험입니다

예수님께서 대응한 앞의 응답에 사탄의 공격이 새로운 방법으로 전환되고 있는 것은 얼마나 기막힌 전술인지 모릅니다. 마귀의 유혹을 풀이하면 이렇습니다. "네가 하나님을 의지하는가? 그렇다면 하나님께 완전히 의지해 보이라. 보라 여기에 그의 집이 있다. 여기에 가장 높은 꼭대기가 있다. 그의 천사들이 너의 주변에 있지 않은가? 그들은 너를 보호할 책임이 있지 않은가? 그렇다면 너는 스스로 이 높은 곳에서 뛰어 내림으로써 이 약속에 대한 너의 믿음, 천사들의 돌봄에 대한 너의 믿음, 너의 권리들에 대한 믿음을 보여 달라!"(5, 6절)

이러한 기만의 혼돈을 한 줄기의 진리의 빛이 말끔히 제거해줍니다. 하나님의 약속들은 하나님이 뜻하시는 방식으로 이루어져야 합니다. 모든 인간에게는 그의 진리를 시험하는 것이 금지되어 있습니다. 왜냐하면 그렇게 하는 것은 실제로 그 진리를 의심하는 것이 되기 때문입니다. 이것은 옛날부터 기록된 것입니다. "주 너의 하나님을 시험치 말라"(7절, 신 6:16). 그것은 주제넘음입니다. 우리가 하나님의 은혜를 받고 은사를 받고 '믿습니다!'를 외칠 때 조심해야 합니다. 하나님의 뜻이 아닌 쓸데없는 주제넘음으로 행동할 수 있습니다. 자칫하면 자신의 능력을 보여주고 싶어지기도 합니다. 이것 때문에 넘어진 주의 종들이 많습니다.

3. 셋째 시험은 반역하고자 하는 시험입니다

하나님의 아들로서 두 번 공격을 당한 예수님은 인간으로서 대답하셨습니다. 그는 이제 인간으로서 시험을 받을 차례입니다. 어느 정도 그 시험은 이 세상의 지극히 위대한 인물들을 패망시킨 바로 그러한 점에 호소를 하고 있습니다. '야망'은 얼마나 자주 다른 모든 것을 정복한 자들을 정복해 버리는지 모릅니다. 따라서 예수님의 두드러진 위대함을 알고 앞에서의 패배를 생각한 마귀는 이제 그러한 측면에서 그리스도를 공격합니다. 그는 예수님을 지극히 높은 산의 정상으로 데리고 가서 갑자기 '천하만국과 그 영광'을 보여줍니다. 그러한 것들을 소유한 자로서의 자신에게 경의를 표하기만 한다면 모든 것은 그의 것이 된다는 것입니다(8, 9절). 그 전망은 화려하며, 그것을 얻는 조건은 얼마나 쉬운 것입니까!

다른 시험들은 가장해서 다가왔습니다. 그렇지만 이 유혹은 단도직입적으로 하나님께 반역하라는 것입니다. 오늘날 돈이 얼마나 좋은지, 자식이 잘되는 것이 얼마나 자랑스러운지 그것들이 우리를 우상숭배의 자리로 유혹합니다. 간혹 간증하는 분들의 간증을 들어보면 돈을 많이 번 것과 자녀가 좋은 학교에 들어간 것을 자랑하며 말하는 것을 들을 수 있습니다. 눈에 보이는 것과 손에 잡히는 것에 유혹을 받지 말고 믿음으로 살아야 합니다. 예수님은 역시 직접적인 책망으로 유혹을 물리칩니다. "주 너의 하나님께 경배하고 다만 그를 섬기라!"(10절)

마귀는 우리들도 시험합니다. 우리가 배고파도 시험하고, 배가 불러도 시험합니다. 기도로 준비해도 시험은 닥쳐옵니다. 말씀을 읽고 믿음에 굳게 서도 시험은 닥쳐옵니다. 하나님을 잘 믿으려고 하고, 하나님이 기뻐하는 일을 하려고 하면 시험이 닥칩니다. 시험이 오면 '올 것이 왔다'고 생각하십시오. 그리고 예수님처럼 대답하며 승리합시다. 시험을 이기고 승리해야 주님의 일을 잘 할 수 있습니다.

겸손한 시작

마 4:12-17

지난 주간 저는 SFC 해외지부 순방(태국의 방콕과 치앙마이)을 다녀왔습니다. 태국은 국민의 95%가 부처를 믿는 불교국가입니다. 기독교 선교는 189년의 역사를 가졌지만 성도 수는 인구의 1%도 채 안 되고, 건물마다 신당이 있고 전반적으로 불교문화가 지배하는 그런 나라입니다. 그 와중에도 하나님의 역사를 볼 수 있는 은혜로운 곳도 있었습니다. 치앙마이의 라짜밧대학교 앞에 있는 SFC 동아리 방이었습니다. 학생들의 자취방이었는데 작고 허름한 2층 방, 온도가 섭씨 40도를 오르내리는 곳에서 학생들이 모이고 있었습니다. 찬송을 해도 모임을 가져도 옆방에 생활하는 다른 학생들이 말을 안 합니다. 그런 곳에서 뭐가 되겠나 싶지만 하나님의 역사가 일어날 줄로 믿습니다.

예수님은 자기 일을 시작함에 있어서 겸손하게 시작하셨습니다. 본문에 겸손이란 말은 없지만 내용을 보면 그렇습니다. 구약 성경은 '교만하면 패망하고, 겸손하면 존귀하게 된다.'고 하였고, 예수님은 "나는 마음이 온유하고 겸손하니 나의 멍에를 메고 내게 배우라."고 하셨습니다. 신구약 성경에 흐르는 중요한 사상 중의 하나가 겸손입니다. 그래서 예수님은 자신의 일을 겸손하게 시작하십니다.

1. 갈릴리로 물러나심

예수님은 세례 요한에게 경배를 받으셨습니다(3:14). 세례 요한은 당시 위대한 선지자입니다. 유대인들이 최고로 존경하는 인물입니다. 주님은 그런 인물에게도 경배를 받으셨습니다. 뿐만 아니라 하늘 그 자체로부터 공개적인 입증을 받으신 후(3:16-17), 광야에서 최고의 적대자를 이기셨습니다(4:1-10).

그런데 예수님은 지금 갈릴리로 물러나십니다(12절). 이것은 대단히 특기할 만한 일입니다. 본문에 '이방의 갈릴리'(15절) 로 표현된 이곳은 예수님 사역에 있어 최악의 장소는 아닐지라도 적어도 그 나라 사람들에게는 최악의 장소로 생각할만한 곳입니다. 문자 그대로 보면 '이방 같은 갈릴리'라고도 읽을 수 있고, '이방인들도 들어와 사는 갈릴리'라고도 볼 수 있겠습니다. 후에 예수님을 잡으려는 사람들에게 니고데모가 변명할 때에 그들이 한 말은 '갈릴리에서는 그러한 선지자가 난 일이 없었다.'라고 말하는 것을 보아도 알 수 있습니다(요 7:52). 인류를 구원하시려는 그분이 예루살렘으로 바로 올라가셔야지 이방의 갈릴리가 웬 말입니까?

2. 가버나움으로 가서 사심

그다음으로 선택된 특별한 성읍은 지나치게 분주하고 사람이 많은 가버나움입니다. 비교적 한산한 나사렛, 주변에 친구나 친지들이 있던 친숙한 나사렛이 아니라 중요한 상업중심지인 가버나움에서 주님은 사역을 시작하십니다. 가버나움 주민들은 계몽되지 못한 무지한 것으로 나타나고 있습니다. 또한 그곳은 사망의 그늘이 드리운 지역으로 묘사됩니다(16절). 물론 이를 통해 예수님의 사역이 어떤 것인지 볼 수 있습니다. 예수님의 사역은 흑암과 사망에 앉은 백성을 구원하는 것입니다. 흑암과 사망의 그늘에 있다는 것은 희망이 없는 삶을 사는 자들에 대한 은유적 표현인데, 그런 자들에게 예수님이 희망임을 강조한 것입니다. 그러므로 인용한 이사야서의 말씀(15, 16절)의 '빛이 비치었도다'는 메시아 예수님이 오신 것을 뜻합니다. 예수님이 이런 지역에서 그의 사역을 시작함은 '겸손'의 일이라고 밖에 할 말이 없습니다.

3. 요한이 잡혔음을 들으시고

그곳에서 예수님은 사역을 시작하셨습니다. 그것도 요한이 옥에 갇혔다는 소문을 들으시고(12절), 그래서 요한이 더 이상 말씀을 전파할 수 없게 되었다는 소문을 들으신 후에 사역을 시작하셨습니다. 구세주의 길을 예비하던 요한이 죽고 이제 구세주께서 본격적으로 사역을 시작하십니다. 주님은 요한과 같은 방식으로 사역하셨습니다. 일반적인 방식으로서 그것은 '전파하는' 일이었습니다(17절). 전파는 우리가 이미 알고 있듯이 선구자 세례 요한의 위대한 일이었습니다(3:1).

예수님이 전파했던 메시지는 세례 요한이 전파했던 것과 동일한 것이었습니다. '회개하라 천국이 가까웠느니라'(17절, 3:2). 예수님은 새로운 것을 말하는 새 직책을 맡은 것이 아닙니다. 예수님의 겸손을 볼 수 있는 또 다른 대목입니다. 전파는 오늘날 우리가 본받을 일입니다. 우리도 세례 요한이 전파했고 예수님이 전파하신 그 말씀을 전파해야 합니다. 자신을 드러내기 위해 새로운 것을 말하려고 해서는 안 됩니다.

예수님이 말씀하신 '회개하라!'라는 말은 모든 인간의 언어 가운데서 가장 진지한 명령 중의 하나입니다. 이것은 온 인류를 위해 결정적으로 필요한 메시지입니다. 사람들은 도덕적으로 잘못된 상황에 있습니다. 사람들이 문제를 일으키는 것은 모두 윤리 도덕적인 문제입니다. 그래서 회개해야 합니다. 예수님이 우리를 위해서 고난을 받으셨고 우리를 위해서 죽으셨습니다. 하지만 결코 우리를 대신해 회개하실 수는 없습니다. 회개는 사람들이 스스로 행해야 할 일입니다. 이 특수한 일(회개)이 행해지기 전까지는 선하게 보이는 모든 일들이 실상 무가치하고 맙니다. 회개하지 않는 사람이 가진 물질, 권력, 지식은 무용지물입니다. 이 회개는 완전하고 최종적인 행위가 아닙니다. 그것은 필생의 과제입니다. 우리는 매일 회개해야 합니다.

예수님이 말씀하신 '천국이 가까왔느니라'라는 말씀을 간단히 생각해 봅시다. 천국도 지옥도 먼일이 아니고 가까운 일이라는 것입니다. 반면 마귀는 사람들에게 천국이 멀었다고 속삭입니다. 그래서 회개를 늦추게 만듭니다. 아닙니다. 죽음도 멀지 않습니다. 마귀는 이것을 속여서 사람들이 천년만년 살 것처럼 착각하게 만듭니다. 예수님은 먼 얘기를 하고 있지 않습니다.

겸손하게 사역을 시작하신 예수님을 다시 한번 생각합시다. 하나님 나라의 사역은 자신을 드러내는 사역이 아닙니다. 우리도 너무 자신을 바라보아서는 안 됩니다. 하나님의 영광을 위해서 전진하고 이웃들의 구원을 위해서 나아가야 합니다. 그럴 때 우리 사역은 겸손한 사역이 될 수밖에 없습니다. 예수님처럼 우리도 사역을 시작합시다. 그러면 그 사역은 다른 사람들에게 길을 비추는 빛이 될 것입니다.

일꾼들을 부르시는 예수님

마 4:18-22

예수님은 사역을 시작하면서 돕는 일꾼들을 부르셨습니다. 갈릴리 해변에서 베드로라 하는 시몬과 안드레를 부르셨습니다. '시몬'은 히브리 이름이고 '안드레'는 헬라식 이름입니다. 한 가정에서 서로 다른 문화 배경의 이름을 사용했다는 것은 갈릴리가 '다문화 사회'였음을 의미합니다. 우리나라도 문화의 폭이 넓어져야 복음이 더 널리 퍼져갈 것입니다. 그들은 '그물 던지는 일'을 한 것으로 보아 선주가 아닌 일반 어부 같습니다.

1. 일꾼들을 얻은 곳

예수님은 갈릴리 호수 가에서 그들을 만났습니다. 그곳은 어떤 사람들이 평가하듯이 제자들을 뽑을 만한 장소가 못 되는 곳입니다. 예수님이 부르신 그들의 삶의 뿌리에서부터 그 장소의 미약함에 이르기까지 그들을 두드러지게 해줄 것은 아무것도 없었습니다. 그들은 말에 있어서나 모습에서도 갈릴리 사람들의 이웃이었습니다. 여기에 언급된 자들 가운데 어느 누구에 대해서도 우리는 다른 곳에서 이야기를 듣지 못합니다. 그들은 그 지방 어디서든 흔히 찾아볼 수 있는 평범한 사람들이었습니다. 다른 한편 그들의 사회적 지위 역시 그들을 구별 지어 줄 만한 특별한 것이 없었습니다. 예수님이 그들에게 말씀하셨듯이 그들은 점차 사람을 낚는 어부가 되어갔습니다. 부르심을 받을 때 그들은 일반적인 의미의 어부들이었습니다. 하지만 지금 그들의 이름, 베드로 안드레 요한 야고보는 세계에서 제일 좋아하는 이름들이 되었습니다. 전 세계 어디를 가도 그 이름들을 만나볼 수 있습니다.

예수님이 부르신 그들에게 점수를 줄만한 것이 있다면 그들은 일을 하고 있는 사람들이었습니다. 노동은 신성한 것이기에 예수님은 일하고 있는 그들을 부르셨습니다. 그들은 성실한 일꾼들로 자기 일에 열심을 내던 자들이었습니다. 우리가 무슨 일을 하는가가 중요한 것이 아니고 얼마나 성실히 하는가가 더 중요합니다. 그리고 그들은 큰물에서 일을 했습니다. 그 깊은 곳에서 하나님의 놀라운 사역들을 보아왔기 때문에 예수님께서 이 어부들을 선택하셨다고 생각합니다. 확실히 그들이 자연과 익숙하고 자연을 만드신 하나님과 친숙했다는 사실은 주님이 그들을 부를 수 있었던, 그리고 고상하고 아름다운 일을 맡길 수 있는 밑바탕이 되었을 것입니다.

2. 예수님께서 일꾼들을 불러 맡기시려 한 고상한 일

예수님께서 그들을 불러 맡기시려 한 고상한 일은 무엇입니까? 그것은 영혼을 얻는 일입니다. 물론 고상한 일이라고 해서 그냥 막노동하는 일을 가벼이 여기는 것은 아닙니다. 예수님은 이런 형제들을 보다 고상한 일로 부르셨지만 그들은 여전히 어부여야 했습니다. "내가 너희로 사람을 낚는 어부가 되게 하리라"(19절). 이 말씀은 이런 뜻입니다. "너희는 계속 고기 잡는 일을 하게 될 것이다. 다만 너희는 새로운 어장에서 일하게 될 것이다. 너희는 여기서 여전히 그물을 깁게 될 것이다. 그러나 그것은 다른 종류의 그물이 될 것이다. 너희가 해 아래서 행하는 모든 일이 영적인 내용과 유비 된다고 생각지 않느냐?" 영국의 어떤 목사님은 목판화가로서 삶을 살았습니다. 그런데 그의 아버지가 이렇게 말했습니다. "나의 사랑하는 아들아, 하나님이 너를 마음에 판화를 새기는 자로 부르시기까지 나무 판을 새기게 된 것을 만족해야 한다." 지금 자신이 하는 일에 만족하십시오. 그 일을 통해서 주의 영광을 나타내십시오. 우리는 모두 주님이 부르신 그날부터 목사입니다. 어떤 사람은 어부로서 목사의 일을 할 것이고, 어떤 사람은 목사로서 목사의 일을 할 것입니다. 만약에 보다 고상한 일로 부르신다면 지체 말고 순종하십시오.

3. 예수님의 부르심

예수님의 부르심은 한 사람을 그 자체 이상의 어떤 존재로 만들려는 뜻이 있음을 예수님의 암시에서 알 수 있습니다. "나를 따라오너라. 내가 너희를 사람을 낚는 어부가 되게 하리라." 예수님은 어부라는 직업을 통해 그 일에 종사하는 사람들이 보는 것 이상의 어떤 것을 보셨습니다. 그래서 어부들이 기꺼이 그들의 직업을 버리고 예수님을 따랐다는 사실에는 대단히 독특하고 비범한 데가 있습니다. 우리는 사람들을 볼 때 망막으로 보이는 외적인 것만 보지만 예수님은 미래를 보십니다. 또한 예수님은 비상한 능력을 발휘하여 그들로 하여금 끌리도록 하셨습니다. 우리가 주 앞에 나아올 때마다 주님은 우리에게 비상한 능력을 발휘하십니다. 주님의 그 능력을 볼 수 있으면 좋겠습니다. 그래서 우리도 능력 있는 주님의 백성들이 되어야 하겠습니다.

예수님께 부름을 받은 그들은 그 소명을 수락함으로써 영생의 길을 가게 되었고, 주의 제자가 되었습니다. 낮은 자들을 높은 곳으로 옮겨 놓기 위해서, 우리의 일상적인 삶에서 천박함과 무가치함의 감정을 제거하기 위해서, 그리고 우리가 더 이상 물고기를 낚는 어부가 아니라 사람을 낚는 어부가 되기 위해서 한 가지 필요한 것이 있습니다. 바로 예수님의 초청을 수락하는 일입니다. 어느 누구도 삶에 관하여 예수님처럼 코치할 수는 없습니다. 그렇다면 주님의 부르심에 믿음으로 나아갑시다. 믿음대로 우리 미래의 인생에 복 주실 것입니다. 그리하여 그분과 늘 동행하는 삶을 살면서 예수님이 원하시는 일들을 행합시다.

우리는 우리의 일에 성실해야 합니다. 예수님이 부르실 때 마음열고 맞이합시다. 우리에게 예수님이 능력을 발휘해 주시면 더 충성할 수 있습니다. 하나님은 부름을 받은 제자들에게 그들이 가진 달란트에 따라 사역을 맡기십니다. 그러므로 우리는 자신이 가진 달란트가 무엇인지를 늘 확인하며, 우리의 자리에서 하나님이 맡겨주신 사역을 감당해야 합니다. 예수님의 일꾼이 된다는 것은 스승인 예수님을 본받는 것입니다. 주님을 본받는 자는 결국은 고상한 일들을 감당하는 주님의 사람들이 될 것입니다.

예수님의 부르심과 우리의 응답

마 4:18-22

    예수님이 육체를 입고 이 땅에 계시던 때에 그는 생생한 음성으로 사람들을 부르셨습니다. 예수님이 베드로와 안드레 그리고 야고보와 요한을 부르실 때 그냥 부르지 않고 한 음성으로 부르셨습니다. "나를 따라오너라. 내가 너희를 사람을 낚는 어부가 되게 하리라." 예수님의 이 부르심에 그물을 버려두고 주님을 따르는 결단이 얼마나 멋진지 모르겠습니다. 예수님은 여전히 살아 계시며 우리의 마음에 직접 그의 음성으로 우리를 부르십니다. 여러분이 예수님의 부르심을 받은 것은 언제이며, 어디서였습니까? 그분이 여러분에게 무슨 일을 맡기셨습니까? 주님의 부르심 때문에 이 자리에 있게 된 것은 정말 복된 일입니다.

1. 예수님의 부르심

    (1) 예수님께서 부르시는 음성에는 초청의 메시지가 있습니다. 사람들이 초청의 메시지를 받을 때 오해하고 두려워하는 점들이 있습니다. '이 초청에 응하면 평생 재미있는 골프는 못 할 거야.' '이 초청에 응하면 평생 코가 꿰여서 끌려다닐 거야.' 어느 날 전도자가 가난한 여 성도의 집을 방문하였습니다. 그는 문을 두드리

고 또 두드렸으나 안으로부터 응답이 없었습니다. 며칠 후에 그는 길에서 그 여성도를 만났습니다. 전도자는 자기가 방문했을 때 그녀가 외출 중이라 유감이었다고 말했습니다. 하지만 그녀는 그때 자신이 집에 있었다고 말했습니다. 그리고 빚쟁이가 두려워 문을 열어주지 못했다고 합니다. 예수님께서 문을 두드리실 때도 그렇게 오해하고 우리 마음에 두려움을 자아낼 수 있습니다.

(2) 예수님의 초청은 또한 명령입니다. 베드로 안드레 그리고 야고보와 요한을 부르실 때 주님은 인자한 음성으로 말씀하셨지만 동시에 권위를 가진 자로서 말씀하셨습니다. 그는 제자들을 부를 권세를 가지고 있습니다. 그러므로 예수님의 초청은 명령입니다. 여러분이 예수님의 초청에 응하면 여러분은 예수님의 사명을 받을 것입니다.

2. 우리의 응답

예수님의 부르심에 응답하는 사람들의 유형에는 네 가지가 있습니다.

(1) 첫째, '아니요'라고 대답하는 사람입니다. 예수님 당시에도 많은 사람들이 '아니요' 대답했습니다. '아니요'하는 데는 두 가지 방식이 있습니다. 한 가지는 정중히 유감을 표하면서 '아니요' 대답합니다. 사람들은 많은 구실과 변명을 가지고 있습니다. 또 하나는 즉시, 퉁명스럽게 아무런 설명도 없이 '아니요' 대답하는 것입니다. 전도하다 보면 이런 유형의 사람들을 만나게 될 것입니다.

(2) '예와 아니요'라고 대답하는 유형입니다. 말씀을 들을 때에 대답은 하지만 굳이 그 말씀대로 지킬 마음이 없는 것입니다. 가룟 유다가 이렇게 대답하는 유형의 원조 격입니다. 그가 스승을

팔 때 자신은 스승에게 입 맞추고 병사들은 칼을 들고 따라왔습니다. 입술은 '예'라고 말했으나 손발은 '아니요' 했습니다. 서울에는 교회에 사기꾼이 제법 있다고 합니다. '할렐루야, 아멘'하고 교회에 들어와서는 신용을 얻은 후에 돈이 많은 사람들에게 접근하여 돈을 빌리고 사기를 친다고 합니다. 그리고는 또 다른 교회로 '할렐루야' 하면서 옮겨 간답니다. 그들은 '예'라고 하지만 실제는 '아니요'라고 하는 사람들입니다. 교회 안에 자본주의나 시장경제주의가 판을 치면 사기꾼들이 더 많이 설칠 수 있습니다. 숫자나 돈이 더 중요하다고 여기는 성도들이 모인 교회에서는 이런 사기꾼들이 더 많이 설칠 것입니다.

(3) '예, 그러나 지금은 아닙니다.'라고 대답하는 유형입니다. 이 대답은 예수님의 호소에 감동을 받은 많은 사람들의 대답입니다. 오늘날 교회에도 이런 부류는 많습니다. 성 어거스틴은 젊은 시절에 종종 예수님의 부름을 들었습니다. 그는 당시에 두 가지 일 하기를 원했습니다. 한동안 이교도의 쾌락을 누렸고, 결국 그리스도인이 되었습니다. 그는 그 차이를 줄이려고 노력하였고, "오, 주여 나를 구원하소서! 그러나 지금은 아닙니다."라고 기도하였습니다. 그는 〈참회록〉에서 자신이 늦게 회심한 것을 뼈저리게 후회하고 있습니다. 여러분, 감동을 받으면 그대로 행해야 합니다. 다음은 우리의 영역이 아닙니다. 다음을 기약하다가 주님 늦게 만나게 되고 그분 앞에서 어찌할 줄 몰라 당황하지 않아야 하겠습니다.

(4) '예'라고 대답하는 유형입니다. 다른 핑계가 없습니다. 그것은 대답과 동시에 실천하기 위해 노력하는 자세입니다. 이 대답은

유일하게 올바른 대답입니다. 제자들은 예수님의 말씀을 듣고 머뭇거리지 않고 '곧'($εὐθέως$ 유테오스) 예수님을 따릅니다(20, 22절). 나이아가라 폭포 근처에 살았던 인디언들은 폭포의 굉음을 들은 일이 없으며, 짐승들의 발자국 소리나 멀리서 오는 적들의 발자국 소리만을 들을 수 있었다고 합니다. 무엇인가를 들으려고 하는 '의지'는 한 음성에 대해서 귀를 멀게 하고 귀를 다른 음성에만 열어 놓습니다. 그들은 자신들이 듣기를 원했던 것만 들었습니다. 이와 마찬가지로 영혼은 땅의 소란스러운 소리들 가운데서 하나님의 음성을 듣도록 훈련할 수 있어야 합니다. 우리는 세상에서 너무 분주하고 바쁘게 살지 않도록 노력해야 합니다. 분주하고 복잡한 세상에서 하나님의 음성을 들을 수 있도록 말입니다. 어느 누구도 당신을 대신하여 '예'라고 대답할 수 없습니다.

헤라클레스가 십자로에 앉았을 때 두 여인이 그에게 왔습니다. 한 여인은 '쾌락'이었습니다. 그녀는 헤라클레스에게 꽃이 있는 길과 모든 쾌락을 제안했습니다. 다른 한 여인은 '의무 혹은 덕'이었습니다. 그녀는 고상하고 이타적인 삶을 제안했습니다. 그는 후자를 선택했으며 그 선택으로 인해 영웅이 되었습니다. 예수님의 부르심 앞에 우리도 베드로와 안드레처럼 '예' 대답하고 따라갑시다. 그 길은 예수님처럼 이타적이고 고상한 삶에 대해 '예'라고 응답하는 길입니다. 아름다운 예수님의 제자의 삶을 살아갑시다.

예수님의 전파와 치유

마 4:23-25

저는 마태복음을 설교하는 것이 참 좋습니다. 이 복음서가 예수님에 관해서 다른 성경보다 더 많이 말씀하기 때문입니다. 지난 12월부터 지금까지 주일 낮 예배 때 마태복음을 설교하고 있는데, 오늘 본문도 예수님의 전파와 치유에 관한 말씀입니다.

1. 예수님의 전파

(1) 예수님은 온 갈릴리에 두루 다니시면서 천국 복음을 전파하셨습니다. 예수님이 '온 갈릴리에 두루 다니셨다'면 우리도 교회와 삶의 터전 주변을 두루 다녀야 하겠습니다. 우리 구역 안에 있는 잃은 양들을 찾는 일에 열심을 내어야 합니다. 우리 교회는 '목요전도대'를 운영하고 있습니다. 목요일마다 모여서 준비 기도하고 교회 주변에 나가서 복음을 전합니다. 우리 교회는 장유에 있는 경남노회 성도들을 두루 살펴서 경남노회의 신앙 정신으로 무장시키며, 지역 사회 사람들에게 복음을 전하며, 그리스도의 제자로 삼고 양육하는 귀한 사역을 감당하려 합니다.

(2) 예수님은 특별히 '회당에서' 사람들을 가르치셨습니다. 종교적인 수행을 위해 지정된 장소에 사람들이 모여 있다면 복음 전

파를 위한 특별한 기회입니다. 예수님이 온 갈릴리에 두루 다니시면서 전도했지만 특별히 회당에서 자주 가르치셨습니다. 이는 물론 유대인을 중심으로 먼저 가르치셨다는 것을 의미합니다. 오늘날에도 우리는 교회를 중심으로 귀한 천국 복음을 가르쳐야 합니다. 교회에서 특별한 기회들이 생기는 것입니다. 교회에 모이는 것이 복입니다. 교회를 중심으로 살아가는 것이 복입니다.

(3) 예수님은 '천국 복음'을 전파하셨습니다. 그 나라(천국)는 복음에 의해서 계시되고 제시됩니다. 복음에 의해서 그들은 천국에 들어갈 자격과 권리를 얻게 되며, 그 나라의 상속자들이 되고, 복음의 다스림을 받으며, 하나님 나라를 완전히 소유하게 됩니다. 예수님 당시 세상은 침체돼 있었습니다. 사람들 사이에는 평등한 권리가 없었습니다. 인구의 절반이 노예였습니다. 헬라와 로마의 노동자들은 비참한 가난 속에 살아가고 있었습니다. 이번 대선에 나온 대통령 후보 중 어떤 분의 구호가 '노동이 당당한 나라'입니다. 그 당시에는 수사학과 운동 경기, 기술을 가르치는 것 외에는 교육을 위한 학교가 없었습니다. 문헌도 없고, 유능한 교사도 없고, 유대교 안에 선지자들마저 없었습니다. 만약 어떤 사람이 약간의 재산이라도 모으려 한다면, 그는 세금 징수원에게 빼앗기지 않기 위하여 재화를 땅에 묻어야 했습니다.

그럼에도 불구하고 그 어두운 시기에도 구원의 대망을 가지고 있던 한 작은 백성이 있었습니다. 그들에게 한 구원자가 올 것이며, 그를 통해 그들은 다시 자신들이 열방의 구원자(복의 통로)가 될 것이라는 것입니다. 그 백성들에게 예수님은 천국 복음을 전파하고 계셨습니다. 그들의 갈급한 마음이 얼마나 시원했겠습니까?

2. 예수님의 치유

우리 예수님의 가르침은 확인, 비준을 필요로 하지 않는 영원히 살아 계신 하나님의 진리이기는 하지만, 그럼에도 불구하고 사람들의 연약한 믿음은 확인을 필요로 합니다. 따라서 예수님은 기적을 행하셨으며, 그것은 사람들의 영혼과 질병을 구제하는 유익한 것이었습니다.

당시 사람들의 불행한 형편은 그분으로부터 능력을 끌어냈습니다. 하나님께서 비범한 때를 위해서 예외적인 표적을 보이십니다. 기적적인 치유는 어떤 새로운 선교나 새로운 진리나 부흥을 위해 주목하게 하는 하나의 방법입니다. 예수님은 복음 전파뿐만 아니라 치유를 통해서 인간의 영혼과 육체를 모두 구원하는 분임을 입증하십니다. 오늘날에도 의사가 고치지 못하는 병은 기적으로 고칠 병인 줄 믿고 기도하십시오.

종종 '복음병원'이라고 이름 붙인 병원들을 봅니다. 그 병원들은 예수님의 귀한 복음 전파와 치유 사역을 계승해야 합니다. 몸이 아파 찾아온 그들을 치료해 줄 뿐 아니라 복음을 전해야 하겠습니다. 때론 가난한 자들에게 무료로 치료해 주어야 합니다. '복음병원'의 재정이 충분하도록 기도합시다. 필요하면 우리가 많은 헌금을 병원에 보내야 하겠습니다. 우리의 헌금을 통해 그 병원들이 예수님의 사역을 이어갈 수 있도록 말입니다. 믿음의 자녀들 가운데 예수님 같은 의사들이 많이 배출되도록 기도합시다. '가천의대' 이길여 이사장은 미국 유학 시절 난소에 혹이 생겨 수술을 받게 되었는데, 수술하는 의사가 불안해하는 그녀의 손을 잡아 주며 "치료가 잘 될 테니 걱정하지 마세요."라고 안심을 시키더랍니다. 그 후 그녀가 한국에 와서 치료하며 수술할 때 산모 엉덩이를 다독거리며 "걱정하지 마. 내가 도와줄게."라고 말하게 되었답니다.

예수님처럼 가난하고 궁핍한 자들을 구원할 능력이 있는 자들은 그들을 돌보고 치료할 책임이 위임되었음을 알아야 합니다. 자기만 위해 능력을 사용해서는 안 됩니다. 베풀어야 할 의무는 모든 삶에 있어서 가장 명백한 의무들 가운데 하나입니다. 이번 성탄절에도 주변 어려운 분들에게 쌀을 나누려고 합니다. 혹시 동참할 분들은 쌀을 기증해 주십시오. '새벽송' 할 때 선물을 정성껏 준비해 주십시오. 그것을 장애인들에게 전달하겠습니다. 이 시대에 복음 전파와 치유의 책임은 교회가 져야 합니다.

예수님의 3대 사역을 본문에서 볼 수 있습니다. 가르침, 선포, 치유입니다. 우리 교회는 예수님의 이러한 사역을 계승하는 교회가 되어야 할 것입니다. 이제는 교회가 예수님이 되어야 하고 성도들이 작은 예수가 되어야 합니다. 그리하여 천국 복음이 우리 교회 주변 지역에 널리 전파되길 소원합니다.

첫 번째 강화(講話)

(5:1-7:29)

천국시민헌장

마 5:1-16

큰 무리가(4:23, 25) 예수님의 가르침에 이끌려 왔습니다. 그들 가운데 어떤 사람들은 이미 자신들이 제자임을 고백하였습니다. 그들과 및 함께 한 다른 사람들이 예수님 가르침의 정확한 성격을 알아야 한다는 점은 당연한 일입니다. 예수님은 많은 사람들에게 말씀을 잘 전하기 위해서 '무리를 보시고' 산 위로 올라가셨습니다. 그 산은 해발 300m의 고지이며 넓은 목초지로서 군중이 모이기 좋은 곳이었습니다. 물론 그래도 게으르고 무관심한 사람들은 평지에 남아있었을 것입니다.

예수님은 모여든 사람들에게 자신의 가르침의 정확한 성격을 가르쳤습니다. 산상수훈에는 한 국가의 헌장과 같은 어떤 것이 있습니다. 헌장(어떠한 사실에 대하여 이상(理想)으로서 규정한 원칙을 선언한 규범)은 헌법의 전장, 그리고 법칙 법률 같은 것입니다. 1968년 12월 5일에 제정된 '국민교육헌장'이 있습니다. 어릴 때 많이 외웠던 기억이 있습니다. "우리는 민족중흥의 역사적 사명을 띠고 이 땅에 태어났다 ~" 여기서 예수님은 그의 제자 된 자들은 무엇을 기대하고 구해야 할 것인가에 대한 주요한 물음으로 시작해 그와 관련한 몇 가지 주안점을 제시합니다.

1. 자비로운 보증

(1) 예수님은 "복이 있나니"라는 말로 '천국시민헌장'을 시작하고 있습니다. 그를 따르는 모든 자들은 '복' 받을 것을 기대할 수 있습니다. 자비로운 보증을 하는 것입니다. 예수님은 이것을 아홉 번이나 점점 더 강하게 반복하여 그들에게 보증하고 있습니다(1-11절). 또한 후에 이로 인해 모두에게 '기뻐하라'고 말씀하십니다(12절). 예수님 자신이 후에 그의 제자들뿐 아니라 다른 사람들에게 말씀하셨듯이(마 13:16, 16:17), 모든 것을 엄숙하게 시작하는 이때에도 "나를 따르는 자는 복이 있는 자"라고 선포하십니다.

(2) 그를 따르려 하는 자들이 먼저, 그리고 온전히 취해야 할 생각도 이것입니다. 우리는 예수님 안에서 복된 자들입니다! 이 축복을 들었던 베드로도 후에 이 말씀을 기억하기라도 하듯이 예수님을 따르는 자들은 복을 물려받도록 부르심을 받았다고 합니다(벧전 3:9 "악을 악으로, 욕을 욕으로 갚지 말고 도리어 복을 빌라. 이를 위하여 너희가 부르심을 입었으니 이는 복을 유업으로 받게 하려 하심이라").

예수님이 후에 그의 제자들뿐만 아니라 다른 사람들에게 말했듯이(13:16; 16:17) 모든 것을 엄숙하게 시작하는 이때에도 "나를 따르는 자는 복이 있는 자"라고 선포하십니다.

2. 성실한 경고

(1) 이 보증은 심오하며 참되고 믿을 수 있는 것이지만, 일반적으로 바로 확인할 수 있는 바는 아닙니다. 대부분의 사람들이 믿

는 자를 복되다고 판단합니까? 그리스도께서 자신에게 속한 자들에게 기대하셨던 것이기에 복된 것은 맞습니다. 하지만 복 받을 것을 말씀하신 예수님은 이어서 대부분의 사람들 판단에 유익이 아니라 손해를 그들에게 기대하고 있습니다. 그분은 '마음이 가난할 것', '죄를 인하여 애통할 것', '의에 주리고 목마를 것' 등을 기대하십니다. 그리고 이것들을 아주 당연한 것으로 취급하고 계십니다. 이런 사람들이 복이 있다는 말을 누가 들어본 적이 있습니까?

(2) 예수님은 여기서 그들에게 분명히 경고하고 있기 때문에 그들은 보복을 예상해야 합니다. 그들은 욕을 당하고 학대를 받고 박해받을 것입니다. 과거에도 주님의 일을 맡은 사람들은 항상 그래왔기 때문입니다. 또한 미래에도 그러할 것입니다.

(3) 그렇다면 그들이 어찌 복되다는 말씀입니까? 사람들이 판단하기에 박해받는 사람들은 저주를 갑절이나 받은 자들이 아닙니까? 모든 유익한 것을 잃은 사람들이 아닙니까? 심각한 문제입니다. 그러나 예수님의 제자가 되려고 하는 자들은 그 문제와 정면으로 맞서야 하며 대결해야 합니다.

3. 완전한 재보증

예수님은 이 문제를 서로 다른 두 가지 방식으로 제자들에게 말씀하시며 재보증 해 주십니다.

(1) 제자들에게 그들이 지닌 소망의 성격을 언급하며 재보증 하십니다. 주님이 경고하신 손해는 결국 정반대의 방향에서 훨씬 큰 몫의 유익으로 되돌아올 것입니다. 마음이 가난한 자들은 왕이 될 것입니다. 죄로 인해 애통해하는 자들은 갑절이나 위로를 받을 것입니다. 의에 주리고 목말라 하는 자들은 실제로 채워질 것입니

다. 말하자면, 예수님을 위해서 이 세상에서 무언가를 잃는 자들은 결국 더 많은 것들을 무한히 얻을 것이며, 이 세상에서는 부분적이었으나 영원히 온전한 것을 얻게 될 것입니다.

(2) 제자들에게 소명의 본질을 언급함으로 재보증 하십니다. 그렇게 핍박을 받는 자들은 과거에 모두 하나님의 아들들에 속했습니다(12절). 즉 예수님이 기대하는 것처럼 손해 보는 것은 이 세상에서 하나님처럼 되는 것을 의미합니다. 소금이 그러하듯 세상을 보존하는 것(13절), 빛이 그러하듯이 세상을 밝히는 것(14, 15절), 다시 말해서 세상을 회심시키고, 다시금 하나님을 영화롭게 하기 위해서 세상을 조명하는 것입니다(16절). 이것보다 더 훌륭한 일이 있습니까? 이 일에 실패하는 것, 즉 맛을 잃는다든지, 불을 꺼뜨리는 것보다 두려운 일은 없습니다. 사람들 앞에서 하나님을 영화롭게 하는 것보다 더 복된 일은 없습니다. 마지막에 이러한 일이 참된 것으로 드러나게 되는 자들은 복됩니다(살후 1:10 "그날에 그가 강림하사 그의 성도들에게서 영광을 받으시고 모든 믿는 자들에게서 놀랍게 여김을 얻으시리니 이는 우리의 증거가 너희에게 믿어졌음이라"). 그런 자들은 실제로 복이 있고, 갑절이나 복이 있고, 세 배나 복이 있습니다.

우리가 직장에서 예수님이 기대하신 대로 행동하다가 욕을 먹는다고 하더라도, 그것이 천국 시민다운 소금처럼 맛을 내는 일이라면 하나님께 영광이 될 것입니다. 그것은 복된 일입니다. 예수님은 자기를 따르는 천국 시민들에게 '하나님께 영광 돌릴 것'을 결론으로 말씀하십니다(16절). 우리는 천국 시민입니다!

심령이 가난한 자
마 5:1-3

수도원과 감옥의 공통점은 외형상 밀폐되고 단절됐다는 점입니다. 하지만 수도원에 있는 사람이 불평하고 자학하면 그곳은 감옥이 되고, 감옥에 있는 사람이 감사하고 성찰하면 그곳은 수도원이 될 것입니다. 결국 행복은 소유나 환경적인 조건에 있지 않고 내적인 선택에 있다는 것을 말해 줍니다. 예수님께서 '심령이 가난한 자'가 복이 있다고 말씀하십니다. 이해가 어려운 역설적인 말씀입니다.

산상수훈(마 5~7장)은 예수님의 가르침을 요약한 것이며, 팔복(마 5장)은 산상수훈을 요약한 것입니다. 그런데 본문의 '심령이 가난한 자'는 팔복의 핵심입니다. 이후에 따라오는 모든 부류의 사람들은 '심령이 가난한 자' 안에 포괄될 수 있을 정도입니다. 모든 역설 가운데 가장 이상한 것입니다. 큰 매듭은 바늘구멍에 들어갈 수 없습니다. 그러나 매듭을 풀어 가는 실이 되면 바늘귀에 넣을 수 있습니다. '심령의 가난함'은 큰 매듭을 푸는 일입니다. 예수님이 팔복의 시작을 '심령의 가난'으로 시작하는 이유가 그것입니다. 심령의 가난이 뒤따르는 모든 은총의 기초요 근거입니다. 마음이 하나의 골짜기가 되고 심령의 가난함으로 겸손하여질 때,

거룩한 애곡의 샘이 거기서 흐르게 됩니다. 사람이 의에 주리고 목마르려면 먼저 부족함을 느껴야 합니다.

1. 심령이 가난한 자란

(1) 물질이 가난한 자만을 의미하지는 않습니다. - 예수님의 축복이 가난한 자들에게 머물러 단지 곤궁한 자들만을 의미했다면, 그것은 사실 알아듣기가 쉬웠을 것입니다. 우리는 부의 해악을 알기 때문입니다.

(2) 영적으로 가난한 자를 의미하지도 않습니다. - 은총을 받지 못한 자가 영적으로 가난한 자입니다.

(3) 가난한 영을 가진 자를 의미하지도 않습니다. - 가난한 영을 가진 자는 비천하고 천박한 영을 가진 자입니다.

(4) 로마 가톨릭적인 의미에서의 가난한 자를 의미하지도 않습니다. - 그들은 심령이 가난한 자란 그들의 소유를 포기하고 자발적인 가난을 서원하고 수도원으로 물러나 사는 사람들로 이해합니다.

(5) 심지어 겸손과도 다릅니다. - 심령의 가난이 원인이고 겸손은 결과입니다. 예수님은 산상수훈을 다 말씀하신 후에 마태복음 11장 29절에서 "나는 마음이 온유하고 겸손하니"라고 하셨습니다.

(6) 예수님은 사람들의 영혼에 무한한 부를 가져다준다는 뜻으로 '심령이 가난함'을 말씀하고 있습니다. 가난함의 뜻은 하나님 앞에서의 '절대빈곤'을 나타냅니다. 따라서 그분의 관점에서 볼 때 자신들 안에 예수님이 가져올 하늘의 부를 소유할 여지를 가장 많이 소유한 자가 복된 것입니다. 자신들의 죄를 인식하고 자신들

안에 선함이 없음을 보고, 자신들에게 실망하고 그리스도 안에서 하나님의 자비하심을 전적으로 의존하는 자가 심령이 가난한 자입니다. 그런 사람이 하늘의 부를 가장 많이 소유할 수 있습니다. 심령이 가난해지기 전에 우리는 하나님의 은총을 받을 수가 없고, 그리스도가 결코 귀중하지 않고, 하늘에 갈 수 없습니다.

2. 우리의 심령이 가난하다는 것을 어떻게 알 수 있습니까

(1) 심령이 가난한 사람은 자신을 포기합니다. - 어떤 상황에 직면했을 때 자신을 포기할 수 있다면 그는 심령이 가난한 사람입니다. 우리는 자신을 포기하지 않고 자신을 나타내려 합니다.

(2) 심령이 가난한 사람은 그리스도를 찬양합니다. - 값없이 주시는 하나님의 은총을 찬양하는 것입니다. 우리의 입술에 찬송이 늘 있습니까?

(3) 심령이 가난한 사람은 마음이 겸손합니다. - 겸손은 심령의 가난함의 결과이기 때문입니다.

(4) 심령이 가난한 사람은 기도를 많이 합니다. - 가난한 자는 항상 구걸하기 때문입니다. 우리가 기도하지 않는 것은 심령이 가난하지 않고 무엇인가 믿는 구석이 있다는 뜻일 가능성이 높습니다. 심령이 가난하지 않은 성도는 기도하는 시간을 아까워합니다. 하지만 기도야말로 가장 효율적인 투자입니다. 회사를 경영하는 분들을 보십시오. 수천억 원을 투자하여 인기스타를 활용하여 광고합니다. 우리가 보면 이해가 되지 않지만, 그들은 그렇게 해서 수십억 원의 이익을 남깁니다. 잉글랜드의 축구 스타인 데이비드 베컴(레알 마드리드)을 미국 프로 축구 LA 갤럭시팀에서 2007년 1월에 데려갔습니다. 그에게 주는 돈은 모든 것을 합쳐 약 2,336

억 원에 달합니다. 1주일에 약 9억 원을 버는 셈입니다. 그러나 그를 데려가는 사람들은 그가 미국 축구에 새바람을 불러일으킬 것으로 기대했고, 잘생긴 그가 할리우드를 통해 또 다른 무엇을 창출해 낼 것을 기대하고 있는 것입니다. 기도에 시간을 아낌없이 투자해야 합니다.

3. 심령이 가난한 자에 대한 보상

(1) 천국이 그들의 것임이요 - 예수님은 이 선언으로 이스라엘의 통치자들로부터 가난한 민중으로 관심을 돌렸을 뿐 아니라, 자신이 '약속된 의의 왕'이심을 지적하였습니다. 마태복음 11장 5절, "가난한 자에게 복음이 전파된다고 하라." 천국이 그들의 '것임이요'는 현재형(ἐστιν 에스틴)입니다. 천국은 하나님의 통치권이 미치는 곳입니다. 천국은 현재에 이미 임한 나라이며, 심령이 가난한 자들은 이미 왕의 관심과 돌봄을 받고 있다는 뜻입니다.

또한 세상 나라가 아니라 하늘나라의 복을 선언했다는 점에서 본문을 비롯한 팔복은 세상의 가치에 대한 철저한 부정이며. 더욱 고상한 가치를 지향하는 선언임이 분명합니다. 이 세상에서 철저히 소외되고 고난 가운데 있는 사람일지라도 그리스도 안에서 지금 하늘나라의 복된 자가 될 수 있습니다. 동시에 하나님의 통치권 안에 속하면서 하나님 나라 시민의 자격으로 지고한 행복을 누릴 수 있습니다. 그리스도께서는 현재 이 땅의 모순과 슬픔이 모두 극복된 영원한 세계, 곧 천국이 심령이 가난한 자에게 임하며, 더욱이 미래가 아닌 이 땅에서부터 이미 천국 생활을 누리게 됨을 (눅 17:21) 선포하고 계십니다. 이것은 논리적인 설명이나 설득이 아닙니다. 신적 권위를 가지고 장엄하게 내뱉는 선언입니다.

(2) 왜 심령이 가난한 자가 보상을 받는가? – 땅에 재물을 쌓고자 하는 욕망을 포기할 수 있기 때문입니다. 땅 위에 있는 육체의 욕망을 억제하고 현재의 세상에서 건전하고 의롭고 경건하게 사는 것을 배울 수 있습니다. 가난이 실행해 내는 은총들, 즉 하나님의 섭리에 대한 믿음, 하나님의 풍성하심을 만족할 수 있습니다.

전능하신 하나님께서 엄청난 일을 하실 수 있는 통로가 우리의 '가난한 심령'입니다. 심령이 가난한 자가 되어 많이 기도해야 하겠습니다. 그러면 이 땅에 사는 동안에 탐욕도 포기할 수 있습니다. 현재의 삶에 충실할 수 있습니다. 하나님의 섭리에 대한 믿음으로 세상을 살아갈 수 있습니다.

애통하는 자

마 5:1-4

"애통하는 자가 복이 있다"라는 말씀은 어리석은 사람의 이상한 말 같습니다. 그것은 오늘날의 세상 흐름과는 정반대의 길이기 때문입니다. 사람이 애통하고 있다면 고통 때문입니다. 고통으로 괴로워하는 일이 어떻게 복이라고 할 수 있겠습니까? 세상은 돈과 쾌락으로 애통을 망각하고 인생을 즐기라고 소리 지르고 있습니다. 그러나 성경은 하나님 앞에서 애통하면 위로가 있고, 울어야 기쁨이 있다고 가르칩니다(눅 6:21, 25). 어떤 사람은 팔복을 '천국에 이르는 사다리'라고 말했는데 이 사다리에서 건너뛸 수 없는 것이 있는데 그것이 바로 애통의 다리입니다.

1. 본문에서 말하는 참 애통이 아닌 것들이 있습니다

(1) 세상 것을 소유하지 못한 좌절에서 오는 애통입니다. 그러한 애통은 결국 우울해하고 불평하는 것 이상도 이하도 아닙니다. 부정한 욕망을 채우지 못해서 우는 것, 참 애통이 아닙니다.

(2) 세상 근심의 차원에서 이해되는 애통입니다. 예수님은 무엇을 입을까 먹을까 염려하지 말라고 했습니다.

(3) 자기의 명성을 위하여 하는 애통입니다. 1999년에 한 여고

생이 자살했는데 그 이유가 전교 1등이었던 성적이 전교 3등이 되었다는 것이었습니다.

(4) 외식으로 나타내는 슬픔과 애통입니다.

(5) 죄의 결과로부터 오는 두려움의 애통입니다(창 4:13).

2. 복된 애통

반면 복되고 진정한 애통이 있습니다.

(1) 죄에 대한 애통입니다. 진정한 애통은 '우리 안에 있어야 할 어떤 중요한 것이 없음으로 인하여, 그리고 없어야 할 것이 우리 안에 있음으로 인하여 아파하는' 애통입니다. 마땅히 하나님의 덕을 소유해야함에도 불구하고 그 덕이 없음으로 인해 아파하는 것입니다. 반면에 없어야 할 죄가 우리 안에 있는데, 이 죄가 우리를 지배하고 있다는 사실 때문에 아파하는 것이죠.

시편 51편에서 다윗은 하나님 앞에 선 자기의 죄를 보았습니다. 그리고 하나님과 올바른 관계를 맺지 못하는 자기 모습을 보면서 아파하고 주께로 돌아가기를 열망하고 있습니다. 이것은 형벌에 대한 애통이 아니고 죄 그 자체에 대한 애통입니다. 죄는 우리 자신의 안목으로 보면 발견하기가 어렵고 또 발견하더라도 덮어주기 쉽습니다. 우리 모습을 하나님의 거룩하신 안목으로 볼 때라야 추한 모습을 발견할 수 있습니다. 바울이 하나님의 거룩하신 의에 부딪히자 상대적으로 불의한 자신을 깨닫고 하나님 앞에 엎드렸지 않습니까? "오호라, 나는 곤고한 사람이로다. 누가 나를 이 사망의 몸에서 건져내랴?"

(2) 참된 애통은 지속적입니다. 참된 애통은 죄인이 자기 죄를 회개하고 그리스도인이 되자마자 종결돼버리는 그런 성격이 아닙

니다. 우리가 성도이지만 여전히 죄악과 싸움이 진행 중입니다. 신앙이 깊어질수록 성령께서 우리 안에 죄를 더욱 민감하게 반응할 수 있도록 인도해 주십니다. 바울이 깨달은 것이 무엇입니까? 그것은 "선을 행하기 원하는 내게 악이 함께 있는 것"(롬 7:21)이라고 말하지 않았습니까. 물론 이것은 복입니다. 이렇게 마음속에 죄에 대한 심각한 도전을 받고 자극을 받는 사람은 애통하며 결국 예수 그리스도를 닮은 인격으로 성화 되어 가기 때문입니다.

(3) 예수님이 말씀하신 애통은 여기서 끝나지 않습니다. 자신의 문제로 애통해하는 것을 넘어 세상을 바라보고 아파할 때 참된 애통입니다. 진정한 애통은 우리를 이런 높은 단계로 인도합니다. 감람산에 올라가셔서 멸망할 예루살렘을 굽어보시면서 예수님은 우셨습니다. 죄 때문에 멸망할 수많은 심령을 보시면서 우셨습니다. 자기 문제로 애통해하는 것을 넘어 타인의 죄를 바라보고 애통해하는 마음을 가질 때, 우리는 선교의 자리로, 또 봉사와 구제와 장학의 자리로 나아갈 수 있습니다.

3. 애통하는 자는 위로를 받는다고 예수님은 말씀하십니다

이기심, 탐욕, 오만도 그 나름 눈물을 가지고 있습니다. 그러나 하나님께서는 겸손한 자들과 회개하는 자들의 눈물을 씻으십니다. '위로를 받을 것'이라는 헬라어 동사 '$\pi\alpha\rho\alpha\kappa\lambda\eta\theta\acute{\eta}\sigma o\nu\tau\alpha\iota$ 파라클레테손타이'는 신적 수동태로서 하나님께서 친히 위로하신다는 뜻입니다. 하나님은 가장 짠물 가운데서도 단물을 내실 수 있습니다. 벌은 가장 쓴 풀에서 가장 달콤한 꿀을 모을 수 있습니다. 새벽이 가장 가까울 때가 가장 어둡습니다. 애통의 암흑이 위로의 서광을 비출 것입니다.

(1) 예수님의 약속은 거의 현생에서 실현됩니다. - 하나님은 그들에게 위로의 하나님이시기 때문입니다. 슬픔이 눈발처럼 무수히 닥칠지라도 하나님이 위로하시면 우리는 슬픔을 이길 수 있습니다. 하나님은 슬퍼하는 자 보기를 기뻐하십니다. 왜냐하면 슬픔의 중심에서 인간은 하늘을 향해 마음 문을 열며, 하나님은 그에게 들어가 도우시기 때문입니다. 탄식, 슬픔, 마음의 고통, 애통은 사람과 하나님 사이에 있는 분리의 벽이 결코 아닙니다.

(2) 예수님의 약속은 장차 올 삶에서 완전히 성취될 것입니다. - 거룩한 애통은 영원한 기쁨의 꽃이 자라나는 씨앗입니다. 위로를 받을 것이라는 동사의 시제가 미래입니다. 헬라어에서 미래는 시간적인 미래뿐 아니라 또한 반드시 일어날 사실을 확신 있게 가리킵니다.

(3) 성령님이 함께 계셔서 임재하시는 위로를 말합니다. 성령을 통해 주님이 함께하시는 위로를 경험합니다. 이것은 우리에게 최고의 위로입니다.

어떤 분은 애통이 '자신에 대하여 깨어지는 체험'이라고 말합니다. 우리 안에 없어야 할 것이 속에 가득 채워진 그것을 하나님 앞에서 깨뜨릴 때 하나님이 우리를 사로잡고 새롭게 만들어 주실 것입니다. 현대인의 큰 실수는 근심하지 말아야 할 것을 근심하고 있다는 점입니다. 성경은 우리에게 근심하지 말고, 염려하지 말라고 말씀합니다. 오히려 죄로 인해 애통합시다. 정말 있어야 할 것이 없음에 대하여 애통합시다. 하나님은 구원, 치유, 구속, 용서, 자유, 돌봄으로 우리를 위로하실 것입니다.

온유한 자
마 5:1-5

요즘 사람들은 사촌이 땅을 사는 것은 이해하지만 사촌이 산 땅 값이 오르는 건 용납하지 못한다고 합니다. 현대는 돈을 숭배하고 힘을 숭배하는 시대입니다. 때문에 "온유한 자가 복이 있다"는 예수님의 말씀은 현대인들에게 어울리지 않는 것처럼 보입니다. 겸손하고 온유하신 예수님이 매력 없는 분으로 보일지도 모릅니다.

1. '온유하다'의 참 의미

연약하다는 뜻이 아닙니다. 줏대가 없는 것을 뜻하지도 않습니다. 온유는 연약이 아닌 참을성이 많은 것을 말하며, 줏대가 없다기보다는 부드럽고 신축성이 있는 것을 말합니다. 화낼만한 일을 당할 때도 화를 낼 수 없는 나약함에 처해 있는 것이 아니고 그 화를 부드럽게 참아내는 것을 말합니다.

본문의 배경인 시편 37편 11절이 말하는 온유는 하나님 앞에서 겸손한 태도입니다. 사람들은 자신이 원하는 때에 원하는 방식으로 결과가 나오지 않으면, 특히 악인이 더 잘되면 하나님 앞에서 온유하기 어렵습니다. 그러나 복 있는 사람은 하나님 앞에서 잠잠하고 인내합니다(시 37:7). '온유한 자'는 외부로부터 닥치는 억압과 고난을 거칠게 반발하거나 인간적인 힘으로 해결하기 위해 결사적으로 대항하지 않습니다. 오히려 상대방에 대한 미움과 복수심에서 벗어나 모든 것을 하나님께 맡기고 영적 평정을 유지하는 자입니다. 이런 자는 외형적으로는 소극적이며 무기력하게 보일 수도 있으나 내면적으로는 '만 왕의 왕'이신 하나님에 대한 굳은 신뢰가 있기 때문에 절대 요동하지 않고 심지가 굳으며 일관성이 있는 외유내강(外柔內剛)의 사람입니다. 그런 사람은 이미 천국을 소유하고 있습니다.

모세에게서 나약한 이미지를 발견할 수 있습니까? 이스라엘 백성들을 이집트 땅에서 이끌어내려고 위기에 직면하면서 파라오와 투쟁하였던 모세에게서 약자의 모습을 발견할 수 없습니다. 그런데도 성경은 모세를 가리켜 지상에서 가장 온유한 자라고 말씀합니다(민 12:3). 그러므로 온유하다는 말은 외면적 유약함이 아니라 "하나의 힘이 잘 조화되어서 그것이 인격으로 나타나는 덕성"을 가리키는 말입니다. 다르게 말하면 "힘든 경험이나 다루기 어려운 사람들에게 순응하는 법을 배운 사람이 가지고 있는 겸손한 힘"이라고 할 수 있습니다. 〈이레전자〉 정문식 사장은 너무 가난해서 돈을 좀 벌어 보려고 공수부대에 지원 입대했습니다. 신체검사에서 몸무게가 50kg이 안 되어 불합격의 처지에 놓였는데 군의관에게 사정하여 겨우 합격했고, 훈련 중에도 낙오를 자꾸 하자 교관이 퇴교시키려는 것을 사정사정해서 훈련을 이어갔습니다. 훈련을 받는 중 몸무게가 늘고 훌륭하게 훈련을 감당하게 되었고, 부대 배치를 받아서도 대통령 표창을 받을 정도로 군 복무를 잘했답니다. 제대 후에 군 생활이 그의 사업에 도움이 되었음은 말할 것도 없습니다.

어떤 사람이 "저는 천성적으로 온유하지 못합니다. 저는 원래 성을 잘 내고 성질이 급합니다."라고 말했습니다. 모세가 천성적으로 온유한 사람입니까? 그가 이집트의 왕자로 있을 때 자기 동족을 괄시하는 이집트인을 죽였습니다. 그 행동은 그가 천성적으로 온유하지 않음을 나타냅니다. 그러나 그가 광야로 도망간 후에 말 못 하는 짐승과 40년을 살면서 온유하게 변화한 것을 우리는 압니다. 바울이 원래 온유했습니까? 그는 스데반이 순교할 때 돌을 들어 스데반을 치는 사람들의 옷을 들어주며 동조했고, 예수 믿는 사람들을 잡아 가두는 일에 앞장섰던 사람입니다. 그런 그가 온유해졌습니다. 바울이 복음 전할 때 협조하지 않던 교회 지도자들이 바울이 복음전하다 감옥에 갇히자 나서서 복음을 전하기 시작했습니다. 바울의 제자들이 감옥에 와서 사정을 얘기하며 분해하자 그는 "예수 그리스도가 증거되면 되었다."고 했습니다. 그러니까 본래는 온유하지 못한 자가 주님을 만나고 훈련을 받고 그 힘이 조절되어서 덕의 인격으로 나타나는 것을 온유하다고 할 수 있습니다.

2. 어떻게 온유해질 수 있습니까

하나님은 두 가지 방법으로 우리를 온유하게 하십니다.

(1) 성령의 지배를 받을 때입니다. 어떠한 환경에서도 나의 거친 인격을 신뢰하지 말고 주님께 자신을 맡기면 성령이 지배하시므로 그리스도를 닮은 온유한 인격이 계발될 수 있습니다.

(2) 훈련을 통해서 온유하게 하십니다. 전쟁터에서 피를 흘리지 않기 위해 평소에 땀 흘리며 훈련하는 군인처럼, 하나님은 우리를

난처한 환경 속에 몰아넣고 훈련시키십니다. 천성적으로 온유하지 못한 모세에게 주변 불평꾼들을 모아 놓음으로 그의 인격을 만들어 갑니다. 어떤 사람이 여러분의 마음을 어렵게 합니까? 여러분을 훈련하시는 하나님의 손길입니다.

3. 예수님은 온유한 자에게는 땅을 기업으로 주신다고 하십니다

이 복은 결국 천국이 온유한 자들의 것임을 말하고 있지만, 어떤 의미에서는 지금 이미 그 땅을 기업으로 받은 상태에 있다 할 수 있습니다. 혹시 땅 위의 재물을 조금밖에 차지하지 못했다 하더라도 하나님의 복과 평강이 없는 부요함보다 훨씬 더 복되기 때문입니다. 자기를 부요하게 하는 데 지나친 관심을 쏟지 아니하고, 하나님과 이웃을 향한 온유한 모습으로 자기 일을 한다면 그는 이미 땅의 기업을 얻은 자입니다. 온유함은 하나님의 은혜로 다듬어진 보석입니다.

"땅을 기업으로 받을 것이다"는 표현은 가나안 땅 점령을 묘사하는 데 빈번히 사용되었습니다(레 20:24, 신 4:22). 이런 점에서 볼 때 본 절의 표현은 과거 출애굽 한 이스라엘이 가나안 땅을 점령하였던 역사적 경험과 무관하다고 할 수 없습니다. 과거 이스라엘이 하나님의 은혜로우신 배려로 인해 즉 인간의 능력이 아닌 하나님께서 기업을 주심으로 인해 가나안 땅을 분배받을 수 있었듯이, 온유한 자 역시 '만 왕의 왕'이신 하나님의 은혜로 땅을 유산으로 받는 복을 누릴 것을 보여줍니다. 그 복은 물론 현세에서 주어지는 복을 가리키는 것만은 아닙니다. 하나님은 현세적인 복을 주시기도 합니다. 신앙의 자유를 찾아 조국을 떠났던 청교도들이 풍요로운 미국을 차지하게 된 역사적 사실도 이를 실증해주고 있습니다. 그러나 신실한 하나님의 백성들이 상속받을 땅은 영원한 하나님 나라라는 사실이 신구약 성경의 일관된 사상입니다(사 57:13, 벧후 3:13, 계21:1).

여러분, 성도는 이 땅에서 그리스도를 본받아 하나님과 사람 앞에서 온유한 삶을 살아야 합니다. 이 세상에서 주어지는 작은 보상이 아니라 장차 상속받을 영원한 하나님 나라를 얻는 큰 보상을 바라보아야 합니다. 그것이 보석처럼 빛나는 삶입니다.

의에 주리고 목마른 자

마 5:1-6

'주리고 목마르다'는 말은 먹을 것과 마실 것이 풍부한 요즘 사람들에게는 별로 실감이 안 날 것 같습니다. 하지만 먹을 것과 마실 것이 귀했던 예수님 당시 팔레스타인 사람들에게는 이 말은 절실했습니다. 물론 예수님은 주림과 목마름의 대상을 바꾸셨지요. 바로 '의'에 대한 주림과 목마름이었습니다. '의'는 정의 감각이 뛰어난 사람에게만 적용되는, 직분을 맡은 자에게만 요구되는 것이 아니라 구속 받은 하나님의 백성과 모든 인간에게 절실히 요구되는 것입니다. 여기서 '의'는 하나님의 의입니다. 이것은 하나님이 옳다고 여기시는 것, 즉 하나님이 원하시는 것을 뜻합니다. 그런 의미에서 이 의는 사치품이 아니라 필수품입니다. 우리 육체의 생명이 마실 것, 먹을 것에 의존한다면 영적 생명은 의를 사모하는 것에 달려있습니다. 우리의 겉 사람은 음식과 음료를 요구하지만, 속사람은 의를 요구합니다.

1. 의에 주리고 목마름은 우리가 살아 있다는 증거입니다

죽은 사람에게는 주림과 목마름이 없습니다. 또 건강한 사람이 먹고 싶어 하고 목말라 합니다. 그리스도 안에서 새 생명을 받은 사람은 의에 대한 간절한 열망이 있습니다. 온유하고 겸손하며 영적으로 건강한 사람이 의에 주리고 목말라 합니다. 하나님의 의에 대한 갈망이 크면 클수록 영적 생명력은 더욱 왕성할 것입니다. '주리고'와 '목마르고'에 해당하는 헬라어 동사 '$\pi\epsilon\iota\nu\acute{\alpha}\omega$ 페이나오'와 '$\delta\iota\varphi\acute{\alpha}\omega$ 딮파오'는 목적어를 바로 취하는 타동사로서 대단히 적극적으로 배고파하고 목말라 하는 동작을 나타냅니다. 그러므로 의에 주리고 목마른 자는 하나님이 원하시고 옳다고 여기시는 일을 진정으로 사모하고 갈망하는 자를 지칭합니다. 마치 사슴이 시냇물을 찾기에 갈급해 하는 것 같이 하나님의 의를 찾고 갈급해 하는 자를 뜻합니다(시 42편). 식당에 고기 먹으러 가서 고기 잘 먹는 사람을 보면 우리는 대개 두 가지 반응을 보입니다. 하나는 "너 그동안 굶었니?" 또 하나는 "역시 고기도 먹어 본 사람이 잘 먹어."입니다. 고기를 먹어본 사람이 고기를 잘 먹듯이 영적으로 하나님의 의를 경험한 사람도 그렇지 않겠나 생각해 봅니다.

2. 여기서 '의'는 무엇입니까

(1) 개인적으로는 인격적인 의로움을 말하는데, 윤리가 땅에 떨어지고 불의가 가득한 세상에 회의를 느끼며 의(옳음, 윤리)를 갈망하는 것입니다. 사회적으로는 사회적 정의를 말하고, 하나님 앞에서는 하나님의 뜻을 이루려고 하는 마음일 것입니다. 악과 유혹으로 가득 찬 땅에서 하나님의 뜻을 추구하는 사람은 좁은 길로 가야 하므로 힘듭니다.

(2) 예수님께서 말씀하신 '의'는 한 걸음 더 나아가서 올바른 관계를 의미합니다. 하나님과의 관계, 이웃과의 관계, 또 자신과의 관계를 올바르게 갖는 것입니다. 의로우신 하나님과 형성된 바른

관계는 그리스도를 믿음으로 의롭게 되어 시작할 수 있습니다.

(3) 한 걸음 더 나아가서 이 의는 우리 속에 경험되고 소유되어야 합니다. 자격 없는 우리가 하나님으로부터 의롭다는 선언을 받은 후에는 우리 마음속에 정말 자격을 갖춘 사람이 되려는 의에 대한 열망이 생기게 됩니다. 그래서 의롭게 살고자 발버둥 치면서 의를 경험하게 됩니다.

많은 사람이 자기 마음속에 일어나는 의에 대한 목마름을 억제하려고 합니다. 찬송하고 싶을 때 찬송해야 합니다. 기도하고 싶을 때 기도해야 하고, 의로운 일을 하고 싶을 때 그렇게 해야 합니다. 귀찮아서 게을러서 주저앉으면 안 됩니다. 일하는 재미와 돈 버는 재미에 빠져서 그것으로 영적인 욕구를 대치해도 안 됩니다. 심령이 가난한 자로 출발합시다. 가난한 마음은 우리가 죄인임을 발견하게 합니다. 말씀과 기도로 하나님께 나아갑시다. 하나님께서는 말씀 속에서 우리에게 자신을 보여주시고, 기도할 때 만나 주십니다. 구역공과도 꼼꼼히 살피면 하나님이 만나 주십니다. 새벽에 나아와 기도할 때 하나님은 우리의 마음을 감동하실 것입니다. 하나님이 만나주시면 우리의 갈급함은 해결됩니다.

3. 주리고 목말라 하는 자에게 주님은 '배부를 것'이라고 하십니다

무엇으로 배를 채울까요? 하나님으로 충만하게 돼 배불립니다. 여기서도 '배부르다' 동사는 신적 수동태이며 미래형입니다. 이는 사람의 힘이나 우연에 의해서 배부름을 얻는 것이 아니라 하나님께서 친히 배부르게 해 주시는 것을 의미합니다. 그리고 점점 배불러진다는 의미도 있습니다. 시편 23편 1절 "여호와는 나의 목자시니 내게 부족함이 없으리로다"는 말씀은 참 공감되는 시구입니다.

조선간호대학교 민 순 교수는 하나님의 나라와 의를 이루는 것이 소원이 된 후 예수님밖에 모르고 찬송을 잘 부르는 남자와 결혼했습니다. 신혼여행 대신 결혼자금 400만 원을 중동 선교비로 보냈습니다. 교사 남편의 첫 월급은 신학생인 친구의 등록금으로 사용했습니다. 둘째 달 월급은 교회 봉고차 구입비로 헌금했습니다. 그 후 자기들은 잊어버렸는데 하나님은 남편을 대학교수로 만드셨고, 결혼 후 7년 동안 세계여행을 10회나 시켜주셨습니다. 세상적인 배부름이 없어도 하나님으로 만족함이 너무 큽니다. 필요하면 하나님은 세상의 것을 더하여 주십니다. 요한복음 6장 35절에 주님은 자신이 '생명의 빵'이라고 하시며 자신께 나아오는 자는 결코 주리지 않고 목마르지 않으리라 하십니다. 양식을 공급하시는 분이 주님이십니다. 실로 주님은 주리고 목마른 자를 만족하게 하십니다.

지혜로운 사람은 일시적인 소유보다 의를 추구합니다. 마 6:33 "그런즉 너희는 먼저 그의 나라와 그의 의를 구하라. 그리하면 이 모든 것을 너희에게 더하시리라." 그런 자는 되려 더 많은 것들을 하나님으로부터 얻게 됩니다. 우리가 진정 심령이 가난한 자라면 의에 주리고 목말라야 합니다. 멀리 바라보고 전진합시다.

긍휼히 여기는 자

마 5:1-7

일본인 작가 '시오노 나나미'가 쓴 〈로마인 이야기〉(김석희 역) 시리즈가 열다섯 번째 책을 출간하면서 끝이 났습니다. 예수님께서 팔복을 말씀하셨던 당시 유대는 로마가 강력한 정치적인 세력을 행사할 때입니다. 로마는 힘을 숭배하는 철학 위에 세워진 나라였습니다. 그 때문에 로마인들은 덕성을 얘기할 때 '지혜, 정의, 절제, 용기' 이 네 가지만 말했고, 긍휼은 포함하지 않았습니다. 그들은 무력과 용기를 존중하고 긍휼과 자비는 경멸하였습니다. 예수님은 이런 사회와 시대를 배경으로 긍휼의 덕을 말씀하십니다. 긍휼을 무시하는 사회에서 '긍휼은 복'이라고 선포하신 것입니다.

1. 예수님이 말씀하신 긍휼

긍휼을 단순한 동정과 감상적인 타협으로 이해해서는 안 됩니다. 긍휼은 의를 전제로 한 것입니다. 의에 주리고 목마른 자가 하나님으로부터 배부르게 되었을 때 베푸는 것이 긍휼입니다.

(1) 긍휼은 마땅히 비참한 상태 속에 있는 사람이지만 오히려 불쌍히 여겨서 그를 돕는 미덕입니다. 죄인에게 저주와 형벌은 마

땅한 것인데 하나님께서는 우리 인생을 불쌍히 여겨서 저주하지 않는 긍휼을 베푸셨습니다. 우리도 우리에게 잘못한 사람을 욕하고 미워해야 하지만 그렇게 하지 않는 것이 긍휼입니다. '긍휼히 여기는'에 해당하는 헬라어 단어는 '$ελεήμονες$ 엘레에모네스'인데, 동사가 아니라 형용사입니다. 따라서 이것은 불쌍한 사람들에게 긍휼을 베푸는 '행동'이 아니라 불쌍한 사람들을 긍휼히 여기는 '마음'입니다. 예수님은 외적인 행위보다는 근본적인 마음을 중시합니다. 물론 마음이 더 중요하다고 해서 행동이 불필요하다는 뜻은 아닙니다.

(2) 긍휼은 주님의 성품입니다. 자기를 십자가에 못 박으며 야유와 조소를 퍼붓는 군중을 위해 드리던 주님의 기도를 보십시오. "아버지여 저희를 사하여 주옵소서! 자기의 하는 것을 알지 못함이니이다"(눅 23:34). 이 속에서 우리는 긍휼에 가득 찬 주님의 목소리를 들을 수 있습니다.

(3) 주님으로부터 받은 긍휼을 감사한다면 우리도 남에게 베풀어야 하는 것이 긍휼입니다. 마태복음 18장에서 예수님은 이를 적절한 비유에 담아서 교훈하고 계십니다(일곱 번을 일흔 번까지 용서하라고 하신 예수님, 임금에게 빚을 탕감받은 종이 자기에게 빚진 자를 불쌍히 여기지 않은 이야기). 감사는 성도가 하는 모든 행동의 원리입니다. 주일에 식사 당번으로 섬기는 것은 주님께 받은 은혜를 생각하면서 감사로 하는 것입니다. 다만 질서를 위해서 구역별로 순서를 정해주는 것입니다. 성도는 자기의 분량대로 감사함으로 하면 됩니다. 큰일이 아니어도 괜찮습니다. 불평하며 일을 할 필요는 없습니다.

2. 누구에게 긍휼을 베풀어야 합니까

대답은 모든 사람에게 입니다. 이 긍휼은 먼저 '믿음의 가정'(갈 6:10)에 속한 사람들에게 베풀어야 하지만 그들에게 제한해서는 안 되며 모든 사람을 향해야 합니다. 심지어 우리를 박해하는 사람들에게도 베풀어야 합니다. 스데반 사건을 생각해 보십시오. 자기에게 돌을 던지는 자들을 향해 하나님께 저들을 용서해 달라고 빌고 있지 않습니까? 스데반은 누구에게 배운 것입니까? 약한 사람에게도 긍휼을 베풀어야 합니다. 로마 사람들은 이 긍휼을 약자의 미덕이라고 생각했지만, 주님은 그것이야말로 강자의 미덕이며, 강자가 약자에게 베풀어야 할 마땅한 태도라고 말씀하고 있습니다.

3. 긍휼을 베푸는 자는 '긍휼히 여김을 받을 것'입니다

이것은 세 가지 관점에서 생각해 볼 수 있습니다.

(1) 긍휼을 베풀면 자기에게 유익합니다. 이 세상에서 가장 비참한 감옥은 용서하지 못하는 증오의 마음입니다. 우리가 누군가를 용서하지 못할 때, 또 누군가를 미워할 때 가장 비참해지는 것은 우리 자신입니다. 용서하지 못하고 미움을 품고 있을 때 우리의 마음과 건강까지 상처받습니다.

(2) 이웃과 좋은 관계를 만듭니다. 우리가 이웃에게 긍휼을 베풀면 우리도 또한 이웃에게 긍휼히 여김을 받습니다. 이것은 성경의 교훈이며 역사의 교훈입니다.

(3) 하나님과 좋은 관계를 맺을 수 있습니다. 우리가 하나님을 만나면 무엇을 사정하게 되겠습니까? 먼저 과오를 많이 저질렀으

니 관대하게 대해 주시기를 구할 것입니다. 그때 하나님께서 이렇게 질문하겠죠. "그대는 세상에 살 동안 사람들에게 얼마나 관용을 베풀었는가?" 우리가 심판날 주님의 얼굴을 마주 대하는 순간 가장 필요한 것은 하나님의 긍휼입니다(마 25:39, 40). 모두가 살아가기 힘들 때 다른 사람에게 자비를 베푸는 일은 쉽지 않습니다. 상황이 어려우면 하나님도 이웃도 눈에 들어오지 않을 때가 있습니다. 그러나 이런 여건 속에서도 이웃을 위해 자비를 행할 수 있는 자체가 복입니다. 바울은 타인에게 긍휼을 베풀던 오네시보로에게 주의 긍휼을 축복합니다(딤후 1:16-18). 정말 필요한 복이기 때문입니다.

어떻게 하면 긍휼히 여기는 인격의 소유자가 될 수 있겠습니까? 대답은 하나입니다. 주님이 우리를 어떻게 여기셨는가를 생각하면 됩니다. 우리가 정말로 구원받은 사람이며 성도라면 하나님이 우리를 어떻게 대우하시고 성도가 되게 하셨는가를 기억해 보시기 바랍니다. 하나님을 사랑합시다. 예수님을 경배합시다. 그리고 닮아 갑시다. 마지막 날에 하나님의 긍휼을 입을 것입니다. 제자들은 다른 사람들을 위해서 뿐만 아니라 자신을 위해서라도 다른 사람들을 긍휼히 여겨야 합니다(약 2:13).

마음이 청결한 자

마 5:1-8

〈조스〉(1975년), 〈인디애나 존스〉(1984년), 〈주라기 공원〉(1993년), 〈쉰들러 리스트〉(1993년) 등의 영화를 만든 스티븐 스필버그는 "네 속에 어린아이를 포기하지 말라."고 말했습니다. 자기 속의 어린아이를 포기했다면 스필버그의 영화는 없었을 것입니다. 그만큼 우리 안의 순수한 동심은 미래를 창조적으로 열어가는 숨은 동력입니다. 가난하고 병든 사람들이 행복해지고 싶어서 예수님께 나아왔습니다. 아마 무언가 소유물을 얻길 기대했을지도 모릅니다. 하지만 예수님은 그들에게 '마음이 청결한 자'가 복이 있다고 말씀하셨습니다. 사람들은 그 말씀이 이해되지 않았을 것입니다. 행복은 소유가 아니라 마음의 문제라고 말씀하시니까요. 행복은 인격에 있고 존재에 있다고 하십니다.

1. 왜 우리 마음이 청결해야 합니까

(1) 우리 마음이 불결하기 때문입니다. 미가 7장 2절 "경건한 자가 세상에서 끊어졌고 정직한 자가 사람들 가운데 없도다." 우리 마음의 불결함은 로마서 앞부분에 잘 표현하고 있습니다.

(2) 하나님과 교제하기 위해서입니다. 하나님은 정결하신 분이

며, 거룩하신 분이기 때문에 그분 앞에 나아가려면 당연히 우리 마음이 청결해야 합니다. 하나님은 외모를 보시지 않고 마음을 보시는 분입니다. 또한 청결은 하나님 나라에 들어가기 위한 절대적인 조건입니다. 천국은 깨끗한 사람들이 들어가 사는 나라입니다. 더 나아가 이미 하나님의 백성이 된 사람들도 하나님 나라에 어울리는 백성이 되기 위해서 끊임없이 마음의 청결, 거룩함을 추구해야 합니다. 천국은 믿음으로 가지만 하나님께서는 우리가 믿음에서 믿음으로 나아가기를 원하십니다.

2. 청결한 마음이란 무엇을 의미합니까

(1) 나누어짐이 없는 진실한 마음을 말합니다. 예수님께서 청결한 마음을 말씀하실 때 그 중심은 무엇보다 나누어짐이 없는 한마음을 의미합니다. 이것은 전심으로 하나님을 따르는 마음이며 이것이 청결한 마음의 본질입니다. 이런 마음에는 위선이나 외식이 있을 수 없습니다. 유대인들은 의식을 통한 외적 정결을 강조했지만, 예수님은 마음의 정결이 가장 중요하다고 말씀하십니다. 유대인들은 정결 의식을 거행하면 깨끗해진다고 믿었으나, 그들의 속은 탐욕과 방탕으로 오염되어 있었습니다.

성경은 가나안 땅에 대해 거룩한 기대를 했던 여호수아와 갈렙을 가리켜 '온전히 주만을 좇는 마음을 가진 사람'이라고 말합니다. 우리의 모든 일이 항상 '주 안에서'이어야 하는 것은 당연합니다. 우리는 교회의 부흥과 하나 됨을 온전히 좇아야 합니다. 마귀는 항상 우리의 마음이 나누어지도록 유혹합니다.

(2) 죄를 미워하는 마음입니다. 시편 기자는 "주의 법도를 인하여 내가 명철케 되었으므로 모든 거짓 행위를 미워하나이다"(시

119:104)라고 말하는데 이것은 청결한 마음을 가진 사람들의 고백입니다. 다니엘은 뜻을 정하여 하나님을 섬겼다고 했습니다. 그것은 죄를 짓지 않기로 작정했다는 말입니다. 하나님을 도전하고 거스르는 풍토 속에서 하나님의 뜻을 따르고 죄를 멀리하기로 작정하는 것, 이것이 청결한 마음입니다. 요즘은 죄를 짓기로 작정하는 사람들이 많은 것 같습니다. 여러분의 가정에서 하나님의 뜻이 아닌 여러분들의 편리를 따르는 결정을 하는 일은 없습니까? 우리는 성경으로 개혁해 가야 하는데 오히려 사회를 따르는 사회로의 타협을 결정하고 있지는 않습니까?

3. 어떻게 이 청결한 마음을 얻을 수 있습니까

(1) 그리스도의 보혈로 얻을 수 있습니다. 스가랴 선지자가 '죄를 씻는 샘'이 열릴 것이라고 했는데(슥 13:1) 이 샘은 로마 군병들이 하나님의 아들 예수님의 옆구리를 찌르던 순간에 터졌습니다. '보혈의 샘'이 열린 것입니다. 주님의 보혈은 우리를 죄와 사망에서 해방시키는 하나님의 능력입니다. 우리가 보혈을 통하여 예수님을 나의 구주, 주님으로 받아들일 때 주님은 우리 속에 주님의 청결한 모습을 심어 주십니다.

(2) 말씀과 기도로 얻을 수 있습니다. 바울은 "하나님의 말씀과 기도로 거룩하여 짐이니라"(딤전 4:5) 고 말했습니다. 우리의 마음과 인격에 하나님의 말씀을 채울 때, 그리고 기도의 통로가 하나님과 우리 사이에 계속 열려 있을 때 청결하게 되는 변화가 찾아옵니다. 야곱은 간사하며, 부정했습니다. 우리 모습을 보는 것 같습니다. 그런 그가 얍복 나루를 건널 때 하나님께 간절히 기도했습니다. 하나님은 그에게 새 마음을 주시고 이름을 이스라엘로

바꾸어 주셨습니다.

4. 마음이 청결한 자는 하나님을 본다고 말씀하십니다

마음이 청결하면 영적 눈이 밝아집니다. 하나님의 영광스러운 얼굴을 볼 수 있습니다. 하나님의 영광에 참여한다는 것, 이것은 바로 우리의 평생의 소망입니다. 주님은 다시 오십니다. 그 주님 앞에 담대히 서서 뵈올 수 있는 사람은 바로 마음이 청결한 사람입니다. 박근혜 전 한나라당 대표가 LA에 갔을 때 2천여 명이 모여서 그를 보려고 밀고 당기다가 많은 사람이 넘어지기도 했습니다. 사람에 대해서도 그러한데 주님을 뵙는 것이 얼마나 영광이겠습니까? 거듭난 그리스도인은 이미 이 세상에서 하나님과 친밀한 교제를 누리며 그분의 얼굴을 보며 그분의 능력을 힘입습니다. 그런 자들은 장차 천국에서 하나님의 얼굴을 볼 것입니다(계 22:4).

믿음의 사람이라고 방심하고 있으면 안 됩니다. 그리스도의 보혈의 공로를 의지하고 말씀과 기도로 계속해서 하나님께 나아갑시다. 그러면 우리의 영적 눈이 밝아지고 점점 거룩해져 하나님의 영광을 볼 것입니다. 나아가 교회 일을 충성스럽게 감당하면서 영광스러움을 미리 맛보게 될 것입니다.

화평하게 하는 자

마 5:1-9

2007년 2월 27일 아프가니스탄에서 윤장호 병장이 폭탄 테러로 전사했음에도 불구하고, 그해 3월 1일 대한민국 장병 569명이 이라크 아르빌로 〈다산 부대〉의 여섯 번째 교대 병력으로 출정했습니다. 이들 중엔 외교관과 군 장성 간부의 아들 등 사회 지도층 자제가 다수 포함되었습니다. 군 면제를 받을 수 있는 해외 영주권자들도 줄지어 자원했습니다. 해외 유학파들도 적지 않았습니다. 이들은 외국에서 공부하면서 '노블레스 오블리주'(엘리트층의 도덕적 의무)를 배웠다고 했습니다.

예수님은 오늘 우리에게 화평하게 하는 자가 되라고 말씀하십니다. 고린도후서 5장 18절에서 하나님께서 그리스도 안에서 우리를 화목하게 하시고 또 우리에게 화목하게 하는 직책을 맡기셨다고 하십니다. 화평하게 하는 것, 평화의 직책은 하나님께서 우리에게 주신 명령입니다. 축구 경기를 할 때 주 공격수가 상대방 골대에 골을 넣으면서 '득점 메이커'가 되듯이, 우리는 이 땅을 살면서 이웃의 샬롬(화평)과 구원을 위한 '피스 메이커'가 되어야 합니다.

1. 화평하게 하는 자가 하나님과 교제할 수 있습니다

우리 하나님은 평강의 하나님이시기 때문입니다(히 13:20). 하나님의 자녀라면 당연히 가져야 할 특징이 화평입니다. 예수님을 구주로 믿고 성령을 받은 사람은 당연히 성령의 열매를 맺게 되는데 그중의 하나가 화평입니다(갈 5:22-23). 우리가 갈 천국이 화평의 나라입니다(롬 14:17 "하나님의 나라는 먹는 것과 마시는 것이 아니요 오직 성령 안에 있는 의와 평강과 희락이라"). 온 인류가 바라는 바가 화평입니다. 바울은 로마서 12장 17, 18절에서 "아무에게도 악을 악으로 갚지 말고 모든 사람 앞에서 선한 일을 도모하라 할 수 있거든 너희로서는 모든 사람과 더불어 화목하라"라고 권면하고 있습니다.

2. 누구와 화평해야 합니까

(1) 하나님과 화평해야 합니다. 예수님을 믿기 전 불화하던 우리는 예수님을 구주로 모셔 들이면서 하나님과 화목해졌습니다. 예수님이 없는 마음은 그가 무엇을 더 가졌다 할지라도 마음의 평안을 누리지 못합니다. 예수님을 영접하여 화평을 누린다고는 하지만, 종종 범죄하며 넘어지는 현실에서는 화평을 상실합니다. 그래서 우리는 죄를 지을 때마다 회개해야 합니다.

(2) 하나님과의 평화를 소유한 사람은 이웃과 화평해야 합니다. 그래야 하나님의 평화를 나눠줄 수 있습니다. 우리의 마음속에 있는 하나님과의 관계가 그대로 인간관계에서 나타나게 되어 있습니다. 가정에서 화평해야 합니다. 교회에서 화평 합시다. 다양한 사람이 모인 교회에서 우리는 평안의 매는 줄로 성령의 하나 되게 하신 것을 힘써 지켜야 마땅합니다(엡 4:3). 믿음이 돈독한 사람이 먼저 희생하며 화평을 만들어야 합니다. 힘써 지키지 않으면 화평이 사라질지도 모릅니다. 심지어 우리를 핍박하는 사람과도

화평해야 합니다(롬 12:14). 화평하게 한다는 것은 화평을 만들어 간다는 뜻입니다. 그것도 힘써서 만들어가야 합니다. 오늘도 우리가 화평을 만들어가야 하는 사람들임을 기억합시다.

3. 화평하게 하는 자에게 복을 주시는데 하나님의 아들이라 일컬음을 받는다고 합니다

성경에서 아들이란 말은 '아버지를 닮은 자'를 뜻합니다. 하나님은 우리에게 평화를 주시는 분이십니다. 그러므로 우리가 사람들 사이에서 평화를 유지하는 자가 된다면, 하나님을 닮은 자가 되어서 하나님의 아들이라 일컬음을 받을 것입니다. 쉽게 말해 하나님께서 우리를 참 아들로 인정하신다는 것입니다. 이는 하나님의 아들이신 예수님의 복을 우리도 받는다는 의미합니다. 물질, 권세, 명예는 이 땅에서 다 받지 못할 수도 있지만, 하나님의 아들이 되어 세상 나라 주관자가 감히 간섭하지 못하는 영적 복을 다 누리는 것입니다. 하나님의 아들이라 일컬음을 받는 것은 현세에서나 내세에서 최고의 복입니다. 다른 사람들이 우리를 하나님의 아들로 인정하는 복도 누립니다. 우리가 배운 대로 그들 가운데 화평하게 하는 자로 선다면 그들은 우리를 하나님의 아들로 인정할 것입니다.

4. 화평케 하는 자의 삶을 살려면

(1) 주님의 은총에 들어가야 합니다. 평강의 왕이 이 땅에 오시던 밤 천사들의 노래를 기억하십니까? "지극히 높은 곳에서는 하나님께 영광이요 땅에서는 기뻐하심을 입은 사람들 중에 평화로다"(눅 2:14). 찬송가 125장을 생각해 봅시다. "천사들의 노래가

하늘에서 들리니 산과 들이 기뻐서 메아리쳐 울린다." 주님의 은 총을 사모합시다.

(2) 욕심을 버려야 합니다. 인간의 싸움과 다툼은 욕심에서 난다고 했습니다(약 4:1). 욕심에는 여러 가지가 있습니다. 자기를 높여 달라는 명예욕이 있으며, 내가 더 가지기 원하는 물욕이 있으며, 남의 것을 빼앗고 싶은 탐욕도 있습니다. 버릴 수 있기를 소망합니다.

(3) 목적을 위해 수단 방법을 가리지 않는다는 생각을 버려야 합니다. 우리 인류나 교회가 목적을 위해 그릇된 방법을 사용했을 때 문제가 발생합니다. 아무리 목적이 좋고 말씀에 기초했다 하더라도 그것을 위해 잘못된 방법을 사용하면 상처가 생기는 것입니다. 평화를 파괴하고 맙니다. 역사적으로 〈십자군전쟁〉을 들 수 있습니다. 당시 기독교인들 모두가 흥분해 소리를 높일 때, 고요히 등불을 켜고 평화의 기도를 드린 사람이 있었습니다. 성 프란치스코였습니다. "주여 나를 평화의 도구로 써 주소서!"

오늘도 천국의 사닥다리를 하나 올라가 봅시다. 작은 것이라도 실천하면서 나아갈 때 하나님은 우리를 멋진 천국의 자녀로 만들어주실 것입니다. 이번 한 주간도 우리 덕분에 우리 주위의 사람들 가운데 평화가 이루어지도록 노력해 봅시다.

화평하게 하는 일은 결코 쉽지 않습니다. 특히 자신을 박해하는 사람을 대상으로 화평하기란 여간 어려운 일이 아닙니다. 하지만 주 예수님께서 십자가 사역으로 화평을 이루셨듯이, 우리도 주님을 본받아서 화평하게 하는 일을 감당하며 나아갑시다.

의를 위하여 박해를 받은 자

마 5:1-12

미국 민주당의 유력 대선 주자였던 버락 오바마 상원의원이 17년 전의 주차위반 범칙금을 대선 출마 선언 2주 전에 납부했다가 구설에 올랐습니다. 그가 1980년대 말 하버드대 로스쿨 재학 당시 무수한 주차위반 딱지를 떼였다는 것입니다. 요즘 고위 공직자 후보들이 국회의 청문회를 거치면서 온갖 부끄러운 일로 창피를 당하고 있습니다. 물론 그들과 오바마는 자신의 잘못 때문에 구설에 오른 것이지 의를 위하여 핍박을 받는 것은 아닙니다.

우리가 어떤 일을 잘못 처리해서 어려움이나 곤경을 당할 수가 있습니다. 그것은 핍박이 아닙니다. 처벌이지요. 직장인 성도가 평소가 동료들과 별반 다를 바 없는 모습으로 놀아놓고서는 주일만은 꼭 예배하러 가야 한다고 하다가 욕을 먹는 것을 핍박이라 할 수 없습니다. 성도들이 비상식적인 전도 방법이나 광신적인 태도 때문에 당하는 비난도 엄격하게 말해서 핍박이 아닙니다. 예수님이 제자들을 전도하러 보내실 때 "뱀같이 지혜롭고 비둘기같이 순결하라"고 말씀하셨습니다(마 10:16). 때에 따라서 정치적인 입장 때문에 받는 어려움도 핍박이라 할 수 없습니다.

예수님은 팔 복 말씀에서 역설적인 가르침을 주시는데, 여기 마지막 부분에 이르러서 정점에 이릅니다. "의를 위하여 박해를 받은 자가 복이 있다"고 선언하십니다. 이들은 믿음을 지키려다 불이익을 당하고 박해를 받은 자들인데도 말입니다.

1. 의는 곧 그리스도입니다(11절, 고전 1:30)

의를 위해 받는 핍박이란 바로 주님을 위해서 받는 핍박을 말합니다. 우리는 그리스도 안에서 경건하게 살고자 하면 핍박을 받습니다(딤후 3:12). 하나님의 자녀가 믿음을 가지고 그 믿음이 자라 이제는 교회만 다니는 겉모양뿐 아니라 속의 믿음이 꽉 차서 밖으로 드러날 정도가 되면 핍박이 일어납니다.

이집트에서 왕자로 호화롭게 살던 모세는 그의 마음속에 하나님이 주신 유대 민족을 향한 사랑 때문에 광야의 길을 택하게 됩니다. 궁중에서 고관으로 살아가던 다니엘이 우상숭배의 문제 때문에 사자 굴에 던져지는 핍박을 받습니다.

2. 박해 받는 것을 기뻐하고 즐거워하라고 하신 이유는 무엇입니까(12절)

(1) 진정한 성도의 구별 점이기 때문입니다. 가짜 성도도 예수님 따라 감람산까지는 갈 수 있습니다. 그러나 갈보리까지는 갈 수 없습니다.

(2) 그리스도인의 거룩한 성품이 완성되기 때문입니다. 핍박은 그리스도인들의 거룩한 성품을 완성하는 하나님의 방편입니다. 핍박이 올 때 그리스도인들의 인격이 단련됩니다(롬 5:3, 4 "우리가 환란 중에도 즐거워하나니 이는 환란은 인내를, 인내는 연단을 연단은, 소망을 이루는 줄 앎이로다", 벧전 1:6-7 "그러므로 너희

가 이제 여러 가지 시험으로 말미암아 잠깐 근심하게 되지 않을 수 없으나 오히려 크게 기뻐하는 도다. 너희 믿음의 확실함은 불로 연단하여도 없어질 금보다 더 귀하여 예수 그리스도께서 나타나실 때에 칭찬과 영광과 존귀를 얻게 할 것이니라").

(3) 핍박은 그리스도와 연합을 확증이기 때문입니다. 핍박은 그리스도께 속한 자가 받는 것입니다(요 15:19). 세브란스 병원을 설립한 캐나다 선교사 에비슨(Oliver R. Avison 1860-1956)은 어느 날 천민 박 씨 집에 왕진을 하러 갔습니다. 박 씨는 망건과 갓도 못 쓰는 백정이었습니다. 에비슨이 백정을 왕진했다는 소문이 나면서 그의 병원에 손님이 끊겼습니다. 그리스도와 연합한 에비슨이 백정을 차별할 수는 없었습니다. 이러한 핍박 가운데 놀랍게도 백정 목사와 의사가 나오기도 했습니다.

(4) 핍박은 주님을 체험하는 계기를 제공하기 때문입니다. 바벨론에 포로로 잡혀간 다니엘의 세 친구 사드락과 메삭과 아벳느고는 느부갓네살 왕이 내린 우상숭배 명령을 거절하자 풀무 불 속에 던져집니다. 놀랍게도 불 속으로 던져진 사람은 세 사람인데 불 속에는 네 사람이 있었습니다. 그들은 핍박의 불 속에서 주님을 체험할 수 있었습니다.

3. 박해받는 자에게 '천국이 저희 것이라'는 복을 말씀하십니다

현재적 의미로 볼 때, 성도가 고난, 박해당하면 그 현장에 하나님이 다스리시고 함께하시는 천국 복이 있습니다. 현재의 천국은 곧 주님이 함께하심을 뜻합니다. 미래적인 의미에서 보면, 하늘에서 큰 상을 받음을 뜻합니다. 바울은 현재 고난은 장차 우리에게 나타날 영광과 족히 비교할 수 없다고 말했습니다(롬 8:18). 우리가 장차 천국에 들어가서도 상을 받고, 이미 여기서도 천국을 누리는 복을 박해받는 자에게 약속하고 계십니다.

팔복의 모든 요소는 박해와 밀접한 연관이 있습니다. 그리스도인은 화평케 하는 자이면서 박해를 받는 자라는 두 가지 서로 어긋나는 신분을 동시에 지닙니다. 우리는 하나님과 이웃과 그리고 모든 사람들과 할 수 있으면 화평해야 하지만 그렇다고 타협을 전제로 하지는 않습니다. 화평케 하는 것만을 위해서 하나님의 말씀을 어기거나 사람을 좋게 하는 그런 일을 하지 않습니다. 우리는 화평케 하려고 노력하지만, 타협은 거절하기 때문에 세상이 우리에게 박해를 가하는 것입니다. 세상이 타협할 성도를 환영할 채비를 하고 있다면, 하늘나라는 의를 위해 핍박받는 성도를 모시어들일 채비를 하고 있습니다. 팔복의 모든 복은 "천국은 그들의 것이다"라는 사실을 다양한 형태와 관점으로 표현한 것입니다.

우리는 세상의 소금과 빛입니다

마 5:13-16

기독교는 두 가지 주의(ism)를 배격합니다. 하나는 '은둔주의'입니다. 그것은 세상의 길과 궤적을 달리하는 것입니다. 산속에 있는 기도원에 한 번씩 기도하러 가는 것은 괜찮지만 매일 그곳으로 간다면 기독교적이지 않습니다. 또 하나는 '세속주의'입니다. 그것은 세상이 바라는 것입니다. 공중의 권세 잡은 자가 우리를 늘 그 자리로 이끌고 싶어 합니다.

요한복음 17장에서 예수님은 제자들을 위해 중보기도하고 있습니다. 예수님은 이렇게 기도합니다. "내가 비옵는 것은 저희를 세상에서 데려가시기를 위함이 아니요 오직 악에 빠지지 않게 보전하시기를 위함이니이다"(15절). 경건하게 살려면 세상일과는 등져야 한다는 소릴 자주 듣습니다. 그러나 예수님의 생각은 위의 기도에 분명히 나타나 있습니다. 이어서 "아버지께서 나를 세상에 보내신 것같이 나도 저희를 세상에 보내었고"(18절) 라고 말씀하셨습니다. 예수님께서 나를 세상에 보내셨다면 우리가 살아가야 할 터전은 이 세상입니다. 예수님은 우리를 그런 '세상의 소금과 빛'이라고 말씀하십니다.

그동안 팔복을 말씀하실 때는 주어를 3인칭 복수로 사용하셨는데, 마지막 여덟 번째 복을 말씀하시면서부터는 2인칭 복수로 바꾸어서 말씀하십니다. 이어 천국 시민의 사회적 역할을 밝히고 있는 본문이 그 주어를 그대로 받고 있습니다. 이로 볼 때 본문의 교훈을 받는 사람은 그리스도를 인하여 박해받는 자들이며(11절), 그럼에도 불구하고 기뻐하고 즐거워하는 자들입니다(12절). 세상의 소금과 빛이 되어야 할 자는 세상으로부터 보호받고 쾌락을 누리는 자들이 아니라 오히려 그리스도로 인해 박해받는 자임을 강조하는 것입니다.

예수님은 "너희는 소금과 빛이 되어라" 하지 않고, "너희는 소금과 빛이다."라고 말씀하십니다. 지금은 아니지만 앞으로 소금과 빛이 되라는 식의 명령법을 쓰지 않습니다. 이미 하나님의 통치권 아래 놓인 천국시민은 누구든지 소금이며 빛입니다. 너무나 자연스럽고 당연하게 소금과 빛으로 사는 것이라고 강변하십니다.

1. 예수님은 우리를 '세상의 소금'이라 말씀하십니다

이 말씀은 세상의 부패를 전제하고 하시는 말씀입니다. 요즘 얼마나 세상이 부패했는지요? 그러면 옛날에는 덜 부패했을까요? 아닙니다. 도구와 방법이 다를 뿐 옛날에도 온갖 죄를 사람들이 다 저질렀습니다. 이런 세상에서 소금인 우리는 어떤 역할을 해야 합니까?

(1) 세상이 썩는 것을 방지해야 합니다. 냉장고가 없었던 예수님 당시에 소금에 절인 물고기는 잘 상하지 않는 유용한 식품이었습니다. 소금이 부패와 싸우는 것처럼 우리도 그리스도인으로서 우리에게 도전하는 도덕적, 영적 부패와 맞서 싸워야 합니다. 회개하는 성도가 세상을 향해 청렴을 외칠 수 있습니다. 성도의 모

범적인 생활과 기도가 세상의 방부제 역할을 합니다. 유대인들은 믿을만한 사람, 인격이 진실하고 하나님을 향해 충성스러운 사람을 가리켜 '소금 같은 사람'이라고 말했습니다. 또 변하지 않는 약속을 두고 '소금 언약'이라고 말했습니다. 요즘 연속극에서 나오는 '소금 공주'는 아닙니다.

(2) 맛을 내야 합니다. 내가 그리스도인이 되었다는 사실이 내 주변 사람들에게 매력을 던지고 있습니까? 내가 있는 학교, 직장, 동네에서 나를 접촉하는 사람마다 내가 사는 맛있는 생활을 보고 예수 믿는 삶이 살만한 것이라고 고백하는 역사가 일어나고 있습니까? 내가 그리스도를 받아들이고 말씀을 사랑하며 성령의 지배를 받는다는 이 사실 때문에 나의 삶을 사람들이 칭찬하고 있습니까? 아니면 내가 세상에 있는 사람들과 삶이 같지 않다는 이유 때문에 나를 박해합니까? 칭찬과 박해를 함께 받던 사도행전의 그리스도인들이 풍긴 향기와 맛이 우리의 삶 속에 나타나고 있습니까? 13절의 '맛을 잃다'로 번역한 헬라어 '$\mu\omega\rho\alpha\nu\theta\tilde{\eta}$ 모란테'의 문자적 의미는 '어리석게 되다', '무미건조하게 되다' 입니다. 어리석은 소금은 제 기능을 못 하므로 무시당할 수밖에 없습니다. 예수님의 말씀에 순종하지 않는 제자는 어리석습니다(7:26). 그런 자는 존재 의미가 없습니다.

그렇다면 이렇게 맛과 향기를 내기 위한 조건은 무엇입니까? 소금이 음식에 녹아들어 맛을 내는 것처럼 자기 자신을 녹여야 합니다. 자기 이름, 자기 견해, 자기 생각 등에 꽁꽁 묶여 있는 사람들, 고집쟁이는 세상에서 소금 맛을 내기 힘듭니다.

2. 예수님은 우리를 '세상의 빛'이라고 말씀하십니다

이 말씀은 세상의 어두움을 전제로 하시는 말씀입니다. 요즘 전기가 들어가지 않는 곳이 없는데 무슨 세상이 어둡다는 것입니까. 영적, 도덕적 어두움을 말하는 것이죠. 본문에는 두 가지 빛의 개념이 담겨 있습니다.

(1) 눈에 밝히 드러나는 것이 빛입니다(14절). 드러난다는 것은 달라야 할 것을 말합니다. 많은 주위의 사람들이 우리에게 그들과 비슷하게 어울리기를 요구합니다. 그러나 우리는 세상과 달라야 합니다. 이것이 우리 무기입니다. 다름은 세상 사람들에게 충격입니다. 다 똑같다면 우리 한 사람쯤 빠져도 상관이 없습니다. 우리나라의 국무총리는 없어도 그만인 것처럼 보입니다. 청와대가 총리 일을 다 하니까요! 그런데도 총리실에 공무원이 350명이나 근무합니다.

(2) 빛은 비추는 것입니다(16절). 15절의 '등불'($\lambda\acute{\upsilon}\chi\nu o\nu$ 뤼크논)은 당시 팔레스타인 지역에서 유일한 조명기구였습니다. 등불은 '비추다'($\lambda\acute{\upsilon}\kappa\eta$ 뤼케)라는 동사에서 왔는데, 오늘날 불의 밝기를 재는 단위인 'lux'가 여기에서 나왔습니다. '말'은 흙으로 만들어진 기구로 9L 정도의 곡식을 측정할 수 있는 용기입니다. '등경'은 등불을 놓을 수 있는 벽에 돌출된 장비입니다. '비추다'의 의미는 착한 행실을 보여주는 것입니다. 착한 행실이 사람들의 눈에 띄는 것은 예수님이 원하시는 일이지만 자신의 명예를 위해서가 아니라 하나님께 영광을 돌리기 위함입니다. 여기에는 등불의 심지처럼 자신을 태우는 그러한 희생과 어려움이 따라야 합니다.

예수님의 제자는 세상에 반드시 필요한 존재입니다. 우리가 기억해야 할 점은 신자로 부름 받은 순간부터 세상에 노출된다는 사실입니다. 하나님이 우리를 부르신 목적은 세상을 비추어 영광을 받으시기 위함입니다. 자신을 돌아볼 때는 부족한 점이 많지만, 하나님은 우리를 이미 그렇게 부르셨습니다. 그리스도를 위하여 박해를 받지만, 그분으로 인해 즐거워한다면 우리는 이미 세상의 소금과 빛입니다. 세상에 어떻게 접근할 것인가를 고민하고, 자신을 희생시키며 수고하는 착한 행실로 나아가길 소망합니다.

예수님의 율법관

마 5:17-20

새벽이나 늦은 밤 차량 통행이 뜸할 때 사거리에 있어 보면 재미있는 광경을 볼 수 있습니다. 빨간불인데 어떤 차가 우회전 하는 척하다가 재빨리 다시 돌아와 직진하는 일입니다. 빨리는 가고 싶은데 나름 교통법규는 지켜야겠고 해서 보이는 애교 있는 모습 같습니다. 하지만 엄밀히 말해 그것은 법규를 지키는 모습이 아니죠. 본문에 나오는 서기관과 바리새인들은 '율법의 수호자'로 정평이 나 있습니다. 하지만 예수님은 이들을 '외식하는 자'라고 말씀하셨습니다. 반대급부로 그들은 예수님을 '율법을 폐지하는 자'라고 말했습니다. 정말 예수님은 율법과 선지자의 권위를 손상시키는 분이실까요?

1. 본문에서 예수님이 다루고 계신 율법이란 도대체 무엇입니까

어떤 사람은 그것을 '십계명'으로 생각합니다. 또 어떤 이는 '모세오경'(토라)에 국한해 생각하기도 합니다. 물론 그것들이 율법의 중요한 부분이기는 하지만 율법의 전체가 될 수는 없습니다. 예수님은 17절에서 율법과 선지자를 함께 다루고 있는 것을 볼 수 있습니다. 그리고 마태복음 7장 12절에 보면 "그러므로 무엇이든지 남에게 대접을 받고자 하는 대로 너희도 남을 대접하라"라고 하신 뒤에 "이것이 율법이요 선지자니라"라고 말씀하시면서 "이것이 바로 하나님의 말씀이요 가르침이다"라는 뜻입니다. 그러므로 예수님이 말씀하신 율법과 선지자는 바로 구약성경 전체를 관통하고 있는 하나님의 말씀의 총화라고 결론지을 수 있습니다. 예수님은 이 구약성경을 완전케 하려고 오셨다는 것입니다.

2. 잘못된 율법관이 두 개 있습니다

(1) '율법주의'라고 부르는 입장입니다. 이것은 율법의 요구를 지킴으로써 곧 행위를 통해 구원을 받는다는 생각입니다. 그러나 로마서와 갈라디아서가 재차 강조하는 교훈은 "율법의 행위로 하나님 앞에 의롭다 함을 얻을 육체는 도무지 없다"라는 것입니다. 우리 가운데 어떤 사람이 모든 율법을 다 지킬 수 있겠습니까? 이 입장은 잘못된 것이며 우리를 구원의 길로 인도할 수 없습니다.

(2) '무(無)율법주의적' 입장입니다. 예수님을 오래 믿은 사람들과 예수님 잘 믿는 사람들이 종종 이런 입장을 취합니다. 전에 자기 행위로 구원받는다고 생각했던 사람이 예수님을 믿고 난 후 구원의 감격에 빠집니다. 그리고는 율법을 지키려고 노력했던 과거의 행위가 얼마나 어리석은 것이었던가를 생각합니다. 그러면서 하나의 극단적인 생각을 하는데 '구원받은 나에게 율법이란 아무 필요가 없는 것이다' 결론 내리는 것이죠. 마음만 지키면 된다고 생각합니다. 은혜 받고 복 받는 일에만 신경을 씁니다. 요즘의 교회들은 규칙과 율법을 지키는 일에 너무 무관심하며 너무 자유 하는 것을 보게 됩니다. 이것이 무(無)율법주의적인 입장입니다.

이 두 입장들은 모두 예수님의 가르침과 다릅니다. 우리는 믿음

으로 구원을 얻지만 또한 율법을 버리는 것을 경계해야 함을 17
절에서 19절에 말씀하고 있습니다. 우리는 구원받은 그 이후가
더 중요함을 알아야 합니다.

3. 예수님의 가르침

(1) 18절에 "천지가 없어지기 전에는 율법의 일점일획도 결코
없어지지 아니하고 다 이루리라"라고 말씀하십니다. 구약의 완전
한 권위를 인정하고 계십니다. 실상 구약의 의식들, 절기들, 희생
제사들은 그리스도의 삶과 사역을 통하여 다 이루어졌기 때문에
더는 그리스도인들의 의무사항이 아닙니다. 이것이 율법은 지금
우리에게 아무런 의미가 없으니 무시해도 된다는 뜻은 아닙니다.

(2) 예수님은 "이 계명 중에 지극히 작은 것 하나라도" 버리지
말아야 한다고 말씀하십니다(19절). 반면 유대의 랍비들은 계명
들을 작은 것들과 큰 것들로 구분하였습니다.

(3) 예수님은 우리에게 "너희 의가 서기관과 바리새인보다 더
낫지 아니하면 결단코 천국에 들어가지 못하리라"라고 하셨습니
다(20절). 구원의 조건으로 행함을 강조하는 것입니까? 아닙니다!
우리의 믿음의 기초를 다시 한번 점검해 보라는 뜻이며, 우리가
참으로 예수님의 흘리신 피로 말미암아 죄 사함 받고 하나님 앞에
의롭다 함을 받았으면, 이 은혜에 감사하며 예수 그리스도의 인격
을 추구하는 거룩한 삶이 나타날 수밖에 없다는 말씀입니다. 우리
는 의롭게 사는 데 목말라 할 수밖에 없는 사람들입니다. 율법을
지키되 자랑하는 의가 아니라 감사하는 의입니다.

그러나 나 혼자만의 힘으로 '거룩하게 살고 싶다 의롭게 살고
싶다' 한다고 해서 되는 것은 아닙니다. 중요한 답은 바울이 로마

서 8장 4절에서 말하고 있습니다. "육신을 좇지 않고 그 영을 좇아 행하는 우리에게 율법의 요구를 이루어지게 하려 하심이니라." 성령을 좇아 행할 때 거룩하게 의롭게 살 수 있습니다. 성령을 의지해 우리 생활 속에 하나님의 의와 거룩함, 그리고 하나님을 닮은 경건이 나타나도록 합시다. 이것이 율법을 온전히 지키는 자의 모습입니다.

바리새인들이 나름대로 율법을 잘 지킨다고 했지만, 그들은 사람을 의식했고 자기 자랑으로 결론을 내었습니다. 그들은 하나님 앞에서 의를 추구하는 삶을 사는 것이 아니라, 사람 앞에서 의를 추구했습니다. 이것은 이기심에 근거한 의입니다. 자기 자랑을 결과로 가져올 뿐입니다. 자기를 높이는 의가 바로 바리새인의 의입니다. 교회에서 특별히 열심히 섬기는 성도들이 바리새인의 의를 행하지 않도록 조심해야겠습니다. 자기를 높이는 의를 특별히 경계합시다.

살인하지 말라

마 5:21-26

마태복음 5장 1절에서 12절까지는 우리가 잘 아는 팔복이 기록되어 있습니다. 이 팔 복은 우리가 어떠한 존재인가를 말씀하고 있습니다. 13절 이후 오늘 본문을 포함한 말씀들은 팔복의 됨됨이(인격)를 가진 성도가 살아가야 할 윤리를 말씀하고 있습니다. 우리를 향하여 '이런 존재다, 복된 사람들이다'라고 선언하신 예수님께서 이제는 '이렇게 행하라'고 말씀하시는 것입니다. 하나님 나라의 윤리 중 오늘은 '살인하지 말라'는 말씀을 살펴봅시다. 특히 20절의 "너희 의가 서기관과 바리새인보다 더 낫지 아니하면"이란 말씀을 하셨는데, 예수님은 서기관과 바리새인보다 나은 의를 복된 우리에게 요구하고 있습니다.

1. 예수님은 서기관과 바리새인들의 설교를 문제 삼고 있습니다 (21절)

그들은 제6계명 "살인하지 말라"는 말씀에다 "누구든지 살인하면 심판을 받게 되리라"는 것을 덧붙였습니다. 물론 이 말이 6계명에 덧붙인 말이지만 그 해석상 틀린 점은 없어 보입니다. 그러나 여기서 심판은 세상 법정의 심판을 말하고 있는데, 이것은 살인에 관한 율법의 완전한 요지와 뜻을 제시하지 아니하고, 단지 살인에 대한 세상적인 경고에서 그치는 해석입니다. 바리새인들의 이유를 따르자면 감옥에 가지 않기 위해서 살인하지 말라는 이야기입니다. 이것은 확실히 하나님이 의도하신 말씀의 깊은 뜻을 아주 낮은 수준으로 끌어내린 짓입니다.

2. 예수님은 살인에 대한 경고를 넘어 살인을 낳게 한 영적 원인을 지적하고 있습니다(22절)

즉 발단을 방지하라는 말씀입니다. 예수님은 살인의 시작에 대해 세 가지 단계로 설명하고 있습니다.

(1) 형제에게 분노하는 자는 심판을 받게 된다고 하십니다. 이 심판은 이스라엘의 지방재판소의 심판입니다(신 16:18). 물론 그 정도로 지방재판소가 심판하지는 않습니다. 그러나 형제를 향해 마음속에 분노를 품기만 해도 재판소에 가서 심판받는 것이 마땅하다는 뜻입니다.

(2) 형제에게 '라가'(Ρακά 라카, 유대인의 욕설)라 하는 자는 공회에 붙잡히게 된다고 하십니다. 이것은 형제를 인격적으로 모독하는 일을 뜻합니다. 실상 이스라엘 최고 법정이 그 정도의 일로 붙잡기야 하겠습니까? 하지만 예수님은 율법은 그 정도 수위도 처벌할 만큼 높은 수준의 윤리를 요구하고 있음을 천명하신 것이죠.

(3) 미련한 놈이라고 하는 자는 지옥 불에 들어간다고 하십니다. '미련한 놈'이란 '하나님 앞에 가치 없는 놈'이란 뜻으로 그 존재 자체를 부정하는 말이며, 나아가 그 사람을 만드신 하나님을 부정하는 말입니다. 이는 영혼에 대한 살인 행위입니다. 물론 그 정도

로 심각한 죄라 할지라도 실제로 불에 태우기야 하겠습니까마는, 예수님은 외적 행위에 강조점을 두는 바리새인들과 달리 그 행위의 밑바닥에 도사리고 있는 악한 성향을 들추어내고 있는 것입니다.

내일모레면 광복절입니다. 일본의 식민 통치에서 하나님 은혜로 해방된 것을 기념하는 날입니다. 일제 강점 시절, 그들은 우리 국민을 전쟁의 총알받이 군인으로 끌고 가고, 위안부로 납치해 갔으며, 또 전쟁물자 생산을 위해 강제징용해 젊은이들을 끌고 갔습니다. 얼마 전에 친구들하고 〈군함도〉라는 영화를 봤습니다. 군함도는 일본 '규슈' 옆의 작은 섬인데 석탄을 캐는 탄광이 있었고 일제 말기에 많은 조선인들이 끌려가 착취를 당한 곳입니다. 영화를 마치고 나가려는데 우리 옆의 젊은 청년이 울고 있는 것을 보았습니다. 청년의 마음에 울분이 일어났던 것입니다. 우리는 일본을 미워하지는 말아야 하겠지만 그들이 자행한 사실을 잊지도 말아야 하겠습니다.

3. 우리는 율법의 정신을 따르고자 하는 동기에서 '살인하지 말라'는 말씀을 순종해야 합니다

'중심을 보시는 하나님 앞에서 나의 인간관계는 옳은가(눅 16:15), 어떤 마음의 태도로 다른 사람에게 접근해야 하는가?'를 심사숙고해야 합니다. 또한 하나님과 주님의 인격을 사모하는 사랑이 이 계명을 지킬 동기가 되어야 합니다. 이 계명을 지킴으로 세상 앞에서 창피와 무안을 당하지 않기 위한 목적이 아니라 하나님을 기쁘시게 하기 위해 순종하는 적극적인 자세를 가져야 한다는 것입니다.

(1) 어떤 사람 때문에 내 안에 분노가 일어날 때 그 분노를 죄로 인정하시기 바랍니다. 분노를 죄로 인정하기란 쉬운 일이 아닙니다. '그까짓 것'이라고 쉽게 생각하기 때문입니다.

(2) 그 사람과 화해의 길을 즉각적으로 모색하기 바랍니다(23절). 예배 그 자체는 물론 귀합니다. 봉사도 귀하고 기도도 귀합니다. 그러나 하나님과 나, 나와 다른 사람 사이에 화목한 올바른 관계가 없으면 모든 것은 아무 의미가 없다는 것이 우리 주님의 요지입니다.

(3) 화목은 빠를수록 좋습니다(25절). 바울 사도가 에베소 4장 26절에 "해가 지도록 분을 품지 말라"고 말씀하신 것을 기억할 수 있습니다. 그리고 "마귀로 틈을 타지 못하게 하라"고 말씀하십니다. 우리가 분을 풀지 못하고 있다면 사탄에게 정복당하고 말 것입니다. 하늘나라 자녀들은 인간적으로 보면 너무나 별것 아닌 무시와 상처들이 지옥에 가게 할 정도로 심각한, 예배보다 먼저 선 해결되어야 할 문제임을 깨닫고 화목을 실천해야 합니다.

예수님은 사람을 죽이는 것뿐 아니라 사람을 미워하는 것도 살인의 범주에 들어간다는 새로운 천국시민의 율법 규정을 말씀하고 있습니다. 지금까지 인류는 사람에게 노하고 욕하는 것은 언제든지 일어날 수 있는 인지상정으로 여겨왔습니다. 그러나 예수님은 형제를 미워하는 것 자체를 심각한 범법 행위로 규정하시면서 형제 사랑과 평화의 근본적 변화를 요청하십니다.

성도 여러분, 혹 형제가 여러분에게 잘못하였더라도 그를 용서합시다. 형제와 화목 합시다. 모든 사람을 향한 사랑의 마음이 바로 6계명을 성취하는 유일한 길입니다.

간음하지 말라

마 5:27-32

모 집사님이 운영하시는 사업장에 심방을 갔다가 차를 타고 나오는 길에 어떤 집 벽에 쓰인 놀라운 글씨를 봤습니다. "주의 땅"이라고 써 놓은 것입니다. 물론 온 땅의 주인은 우리 주님이시지만, 이렇게 공개적으로 써 놓은 집은 처음 보았습니다. 차가 앞으로 가는 동안 자세히 읽어보니, 그 뒤에 '꺼짐'이란 단어가 보였습니다. 그러니까 '주의, 땅 꺼짐'이었습니다. 그래도 그렇게 첫눈에 보이는 게 감사한 일이지요.

예수님은 이 세상에 율법을 완전케 하시려고 오셨습니다. 그런 주님이 지금 살인에 이어 간음을 말씀하고 있습니다. 이것은 인간이 범할 수 있는 보편적인 범죄입니다. 살인은 하찮게 여길 수 있지만, 살인의 뿌리가 되는 미움의 심각성을 언급하신 것이고, 간음은 겉으로 드러나지 않는 마음의 정욕을 다루신 것입니다. 오늘은 간음을 새롭게 해석해 주시는 예수님의 말씀에 귀를 기울여 봅시다.

1. 간음의 죄를 유발하는 현대의 여러 경향을 생각해 봅시다

신문, 잡지, 텔레비전, 영화, 비디오, 인터넷 등을 통해 보이고 들려오는 소리들은 하나같이 성의 환락과 쾌락을 부채질하고 있습니다. 전통적인 도덕과 윤리를 거부하고 새로운 도덕을 위해 살라고 우리를 유혹합니다. 새로운 도덕은 절대적인 가치를 거부합니다. 그래서 규범이나 규칙을, 율법을 거부합니다. 율법을 지킴으로 구원을 얻는다고 주장하는 것이 기독교는 아닙니다. 그러나 예수님의 보혈로 죄 사함 받고 구원 얻은 그리스도인들은 더 높은 차원에서 율법을 지켜야 한다고 성경은 강조하고 있습니다.

2. 바리새인들과 서기관들은 간음 행위만 없으면 '간음하지 말라'는 계명을 지킨 것으로 생각해 왔습니다

그러나 이것은 하나님께서 말씀하신 율법의 진정한 의도를 잘 모르는 것이라고 예수님은 지적하십니다(28절). "음욕을 품고"(ἐμοίχευσεν 에모이큐센)는 문자적으로 '여자를 간음할 목적으로'라는 뜻입니다. 마음은 사람의 정체성과 의지의 중심이므로 마음을 지키는 것은 대단히 중요합니다. 구약에서도 하나님은 마음의 순결을 강조하셨습니다(출 20:17). 죄는 행동에만 있는 것이 아니라 행동 이전에 숨겨져 있는 원인과 동기 속에도 있다는 사실을 주님은 보고 계신 것입니다. 그래서 7계명은 10계명(마음의 탐욕)의 말씀에 비추어 해석되어야 올바른 해석이 될 수 있습니다.

3. 음욕을 품는 마음과 몸에 대해 예수님은 단호한 조치를 취하라고 말씀합니다(29-30절)

예수님은 이 대목에서 왜 눈과 손을 말씀하십니까? 유대인의 격언에 '간음죄는 두 시녀를 거느린다. 하나는 눈이고 하나는 손이다'라는 말이 있습니다. 듣는 유대인 제자들의 이해를 돕기 위해서 이렇게 말씀하고 계십니다. 물론 이 명령을 문자적인 의미로 받아들여서는 안 됩니다. 왜냐하면 문자 그대로 오른 눈을 빼 버린다 해도 여전히 왼 눈으로 죄를 범할 수 있기 때문입니다. 문제는 결단을 내리고, 각오하고, 어떤 대가를 지불하고서라도 이 죄를 피해야겠다는 결심의 중요성입니다.

4. 이혼의 문제

간음을 말하면서 자연스럽게 이혼을 말씀하십니다. 간음한 이유 없이는 이혼은 안 된다는 것이 주님의 뜻입니다. 그러면서 적법한 이혼증서를 써 주더라도 이혼은 간음과 같다고 말씀하고 계십니다. 신명기의 이혼은 인간의 완악함 때문에 허락된 것이지 결혼제도를 만드신 창조주의 뜻과 의도는 아닙니다. 이혼은 하늘나라의 제자들이 선택할 사항이 아닙니다.

5. 예수님의 말씀을 생각하며 어떻게 7계명을 지킬 수 있을지 생각해 봅시다

(1) 영원을 생각하며 행동해야 합니다. 쾌락주의자들의 행동 맥락은 오늘입니다. 그러나 성도는 오늘만 사는 자들이 아니라 영원을 바라보고 사는 사람들이어야 합니다.

(2) 할 수 있는 대로 미리 음욕의 죄를 피해야 합니다. 성경이 음욕의 죄를 다룰 때 성도에게 강조하는 마땅한 태도의 단어가 있는데 그것은 '피하라' 입니다. 음욕의 죄는 우리가 어울려서 대결할 그런 성격의 죄가 아닙니다. 하나님의 사람 요셉이 구체적이고 확실한 본보기입니다.

(3) 피할 뿐 아니라 적극적인 신앙생활로 나아가야 합니다. 죄

는 그것 자체가 매우 큰 힘을 가졌으므로 제멋대로 하도록 방치해서는 안 됩니다. 우리는 적극적으로 죄를 죽여야 합니다. 좋지 못한 서적은 없애 버리고, 영혼을 잘못된 길로 인도하는 것들은 끊어버리고, 해로운 습관들은 교정해야 합니다. 물론 이런 몸의 행실을 끊고 죽이는 것은 의지만으로 부족합니다. 하나님의 영으로서 가능합니다(롬 8:13). 말씀과 기도로 내 영혼을 채우고 성령이 나를 다스려 주실 때 비로소 나는 죄를 극복할 수 있습니다. 우리는 성령을 좇아 살고 있습니까?

이미 이 죄를 범한 사람이 있습니까? 예수님의 피가 우리를 모든 죄에서 깨끗하게 하실 것이라 말씀합니다. 회개하고 예수님의 피로 씻음 받고, 우리 안에 거룩한 성령이 거하도록 하십시오. 그리고 성령의 주장을 따라 사시길 바랍니다. 성경을 기록하던 당시 가장 음란한 도시였던 고린도에 선포된 희망의 복음을 기억하십시오. "그런즉 누구든지 그리스도 안에 있으면 새로운 피조물이라 이전 것은 지나갔으니 보라 새 것이 되었도다"(고후 5:17). 아멘!

진실하게 말하라

마 5:33-37

여러분은 맹세를 잘하는 편입니까? 예수님 당시에는 맹세가 생활의 일부였습니다. 구약 성경에 보면 거짓으로 맹세하기 위해 하나님의 이름을 사용해서는 안 된다고 나와 있습니다(레 19:12). 맹세에 익숙한 유대인들은 '맹세의 신학'을 발전시켰습니다. 그들은 하늘과 땅, 그리고 예루살렘 등을 두고 맹세했습니다(34-35절). 예수님은 "도무지 맹세하지 말지니"(34절) 라고 말씀하시며 이 모든 것들을 일소해 버리시는 것 같습니다. 언뜻 보면 예수님은 단순히 맹세를 금하시는 것처럼 보입니다. 하지만 예수님이 의도하신 바는 단순한 맹세금지가 아닙니다.

1. 사람들이 왜 하늘과 땅, 그리고 예루살렘으로 맹세할까요

사람들은 하나님의 이름을 사용하는 것을 피하려고 이런 것들로 맹세했습니다. 그렇게 하면 그들이 한 약속을 반드시 이행해야할 의무가 없기 때문입니다. 그들의 주장은 이렇습니다. "물론 내가 하나님의 이름을 걸고 맹세를 했다면 나는 그것을 지켰을 거야. 하지만 나는 땅을 걸고 맹세했으므로 반드시 약속을 지켜야할 의무는 내게 없어." 순전히 위선입니다. 하늘은 하나님의 보좌요, 땅은 그의 발등상이며, 예루살렘은 그의 도성이요, 하나님은 우리의 머리카락 개수까지도 세시며 머리카락의 색깔까지도 결정 하시기 때문입니다. 그러니까 하나님이 계시지 않는 곳에서 약속 을 한다거나 맹세하는 일은 불가능합니다. 또한 이런 식의 맹세 는 거짓입니다. 하늘과 땅과 예루살렘을 두고 맹세하는 것은 중대 한 약속임을 속이는 행위입니다. 정직한 척 꾸미고는 실제로는 다 르게 행동하는 사람은 자신의 말이 자기를 구속하는 끈이 된다는 것을 알아야 합니다.

본문 33절의 '헛맹세'(ἐπιορκέω 에피올케오)는 '~위에', '~에 더 하여'라는 의미가 있는 전치사 'ἐπί 에피'와 '맹세'라는 의미가 있 는 'ὅρκος 홀코스'의 합성어에서 유래하였습니다. '헛맹세'는 맹세 를 변질시켜 그 위에 무엇을 더한다는 의미이며, 이는 진실에서 벗어나는 것을 의미합니다. 사람들은 자신을 과시하기 위해, 혹은 거짓을 숨기기 위하여 진실에 그 무엇을 더하는 경우가 있는데 본 문은 이를 엄격히 금하고 있는 것입니다.

2. 사람들이 헛맹세를 하도록 인도하고 유혹하는 것은 무엇입니까

우리를 유혹하는 뇌물, 경솔함, 편견, 이기심 등이 사람들로 하 여금 거짓 맹세를 하게 합니다. 선물을 받았으면 받았다고 이야기 해야 할 텐데 뇌물을 받았으니 절대 그런 것 받은 적 없다고 맹세 하는 정치인들을 볼 수 있습니다. 예수님은 우리가 솔직하지 못한 말을 하는 이유가 "우리의 마음이 악하기 때문"이라고 말씀하십 니다(37절 하). 만일 말을 분명하고 진실하게 하지 않는다면 그 말로부터 나쁜 원리나 그 밖의 것이 흘러나올 것입니다. 우리 대 화가 솔직하지 못하고 조심성이 없을 때마다 우리는 마귀의 유혹에 빠지게 되지 않을까 조심해야 합니다. 우리 마음이 악하다는 사실을 늘 인식해야 합니다.

3. 그리스도인들은 어떤 삶을 살아야 합니까

(1) 그리스도인들은 맹세해서는 안 됩니다. 그리스도인은 '옳은 일'은 '옳다'고 말하고 '그른 일'은 '그르다'고 말해야 합니다. 하나님께서 그를 살피고 계시며, 그가 말할 때 그곳에 임재 하셔서 그의 마음속을 꿰뚫어 보시므로 그는 자기 말을 입증하기 위하여 하나님께 호소할 필요가 없습니다.

(2) 그리스도인들은 자기 말의 입증을 위해 말을 중복할 필요가 없습니다. 말에 이중성 또는 애매모호함을 나타내서도 안 됩니다. 정말 자신이 결백하면 중복해서 호소할 수는 있을 것입니다. 그러나 대개 거짓이기 때문에 애매하게 말을 많이 하는 경우를 자주 봅니다.

(3) 무익한 칭찬 또는 아첨도 하지 맙시다. 자기를 칭찬하는 사람을 너무 믿지 마십시오. 칭찬과 아첨이 나와 그를 실족하게 하는 죄라는 사실을 기억합시다.

(4) 우리는 진실한 말과 삶을 살아야 합니다. '탈진실 시대'(Post-truth era)인 오늘날, 진실이 땅에 떨어졌다는 말이 공공연한 시대입니다. 그리스도인의 경우에도 그렇습니까? 우리의 '예'라는 대답이 책임성 있고 믿을만한 말입니까? 사람들이 우리를 정직의 본보기로 삼고 신뢰할 수 있습니까? 혼탁한 세상을 맑게 만들어야 할 사람은 하나님의 존재를 인식하고 경외하는 하늘 나라 백성입니다. 거짓말이 당장은 보호 장치가 될 것 같지만 진실이야말로 개인과 공동체를 보호하는 가장 큰 힘입니다. 하나님

은 거짓을 드러내고야 마는 진실의 하나님이십니다.

미국 LA의 JJ 그랜드 호텔 황영규 이사는 한국에서 무역업을 하다가 교회 집사들에게 두 번이나 돈을 떼인 적이 있습니다. 자기는 하나님을 믿지 않았지만, 하나님을 믿는 사람들을 신뢰했기에 그들과 거래에서 서류를 허술하게 작성한 것이 화근이었습니다. 그 일로 인해 사업이 망하여 미국으로 건너갔는데 그곳에서 전도를 받고 지금은 신앙인으로 잘살고 있습니다. 그의 마음에 예수쟁이에 대한 불신이 가득했지만, 전도하는 목사님이 '당신과 거래한 사람들은 거짓되지만, 하나님은 거짓이 없으시다'라는 말에 감동을 받고 믿기로 한 것입니다.

주 안에서 믿음으로 결단하고 맹세하는 일은 선합니다. 그러나 사소한 개인적인 일이나 악한 마음으로 맹세하는 것은 하나님을 모독하는 일입니다. 우리의 곁에는 언제나 하나님이 계십니다. 하나님은 우리를 감찰하시며 보고 계십니다. 우리가 하는 약속과 우리가 하는 말을 다 듣고 계신다는 말입니다. 하나님 앞에서처럼 진실하게 말하고 살아가십시오. 그의 섭리를 따르십시오. 하나님이 우리와 함께하시며 우리를 살피신다는 사실을 늘 마음에 새길 때 우리는 담대하게 책임성 있는 그리스도인으로 세상에 나아갈 수 있습니다.

원수를 사랑하는 방법

마 5:38-48

예수님 당시에 유대인들이 율법을 오해했던 대표적인 내용은 "이웃은 사랑하고 원수는 미워하라"(43절) 라는 것입니다. 사람들은 이 율법(?)을 바리새인과 서기관에게 들었습니다. 그들은 레위기 19장 18절 말씀을 해석하며 '원수는 미워하라'라고 첨가했던 것입니다. 누구에게 듣는가가 중요합니다. 뉴스도 어떤 방송국의 뉴스를 듣느냐가, 선생님도 어떤 선생님을 만나서 가르침을 받느냐가 매우 중요합니다. 좋은 선생님 예수님은 지금 율법의 진정한 의미를 좇아 '원수를 사랑하라'고 말씀하고 있습니다. 나아가 예수님은 원수를 사랑하는 방법들을 몇 가지 말씀하고 있습니다.

1. '옳고 그름의 원리'보다는 '은총의 원리'로(38절)

본문은 '정의'를 말하는데 그 자체가 결코 잘못된 것은 아닙니다. 하지만 예수님은 "우리는 이제 정의의 원리에 의해서만 살아서는 안 되고 보다 위대한 은총의 원리를 따라 살아야 한다."고 말씀하고 있습니다(39-42절). 하나님이 우리를 대하시는 원리가 은총의 원리이기 때문입니다.

워치만 니((1903-1972)의 글에 중국의 한 성도 얘기가 나옵니다. 그 성도가 가뭄 때 자기 논에 물을 많이 대 놓았는데 한 밤 지나고 나니 물이 빠져 옆의 논에 가 있었습니다. 그 논의 임자를 찾아서 따졌습니다. 그런데 다음 날 또 자기 논의 물이 빠져서 그 사람 논에 가 있었습니다. 다시 그를 찾아가 또 심하게 따졌습니다. 그것은 정당했습니다. 그런데 돌아오는 길에 자기 마음에 평안함이 없는 것입니다. 저녁에 주님께 기도했습니다. "주님, 제가 정당한 일을 했는데 왜 마음속에 평안함이 없습니까?" 주님이 마음에 답변을 주시기를 "너는 정당한 일만 하려고 하느냐? 정당한 일보다 더 위대한 일을 해보지 그러느냐?" 하셔서, 다시 그가 주님께 물었답니다. "그것이 무엇입니까?" 주께서 감동하시길 "내가 너에게 베풀어 준 것처럼 그 사람에게 하라"고 하더랍니다. 그날 밤, 이 사람은 이웃이 물을 빼내 가기 전에 미리 자기가 먼저 물을 빼내어 주고 돌아오는데 마음이 평안했다고 합니다.

2. '본능의 원리'보다는 '죽음의 원리'를 따라 살아야 한다

'눈은 눈으로 이는 이로'의 원리는 '복수의 본능'입니다. 40절은 '소유의 본능'을 말하고, 41절은 '자기중심적 본능'을 말하고 있습니다. 이처럼 각종 본능의 원리를 따라 살고자 하는 자는 '네 원수를 사랑하라'는 계명을 결코 순종할 수 없습니다. 성경은 본능이 아니라 '죽음의 원리'를 따라 살아야 한다고 우리에게 말하고 있습니다. 누가 나를 한 대 칠 때 같이 한 대 치고 싶은 것은 본능이고 꽤 행하기 쉬운 일입니다. 그러나 용서하고 이해하는 일은 자기 본능에 대해 죽은 사람이 할 수 있습니다. 내 재산을 지키고 싶은 것은 누구나 할 수 있는 일이지만, 나누는 것도 그렇습니까? 편리하게 살고 싶은 것은 누구나 원하는 바이지만 남을 배려하며 불편을 감수하는 것은 아무나 못 합니다. 자신에 대해 죽은 사람만이 할 수 있습니다.

오늘날 한국교회와 성도는 지나치게 개인적이고 개교회적 입니다. 큰 교회는 많지만, 이웃의 작은 교회를 위해 나누는 교회는 많지 않습니다. 서울 관악구 신림동의 한 교회에서 '목회와 신학'에 광고를 냈습니다. "교회 대형 버스를 돌리지 맙시다." 아직 한국교회가 인원과 재정이 있을 때 작은 교회를 살리는 운동을 벌인다면 미래를 꿈꿀 수 있을 것입니다. 한국교회가 목회자끼리 서로 나누고, 교회끼리 필요한 것들을 나누는 역사가 일어나길 소원해 봅니다.

3. 기도하라(44절)

기도의 성자 E. M. Bounds가 유명한 말을 했습니다. "기도는 상황을 변화시키기도 하지만 더 많은 경우에 기도하는 사람을 변화시킨다." 원수를 향한 미움을 해소하는 가장 실제적인 능력은 기도입니다. 내가 누군가를 위해 참으로 기도할 때 기도는 내 속에서 놀라운 변화를 일으킵니다. 당시 제자들에게 가장 큰 원수는 나라를 점령한 로마제국이었을 것입니다. 이런 원수 나라 로마제국을 위해 기도한다면 하늘 아버지의 자녀로 불릴 것입니다. 이것이 아버지 하나님의 성품이기 때문입니다. 원수를 대하는 가장 중요한 방법 혹은 태도 중 하나가 기도입니다. 내가 다루기 힘든 사람, 나에게 상처를 입힌 사람을 위해 기도를 시작합시다. 우리는 원수를 미워하고 원망하는 일만 할 줄 알았지 그들을 위해 그들의 이름을 부르며 기도하지 않았습니다.

기도하라는 이 말씀에 순종하면 그리스도인들은 가장 위대한 선교의 간증을 낳을 수 있습니다. 우리가 원수를 사랑할 때 많은 사람에게 놀라운 신앙 간증이 될 것입니다(46-47절). 하나님을 모르는 자들도 할 수 있는 것 말고 그들이 할 수 없는 것을 해야 사람들이 그리스도 안에 있는 놀라운 사랑의 비밀을 알게 되지 않을까요? 예수님은 '원수를 사랑하라'는 말씀만 하실 뿐 아니라 십자가에 오르시어 이 위대한 사랑을 증명해 보여주셨습니다. 우리도 예수님처럼 위대한 일을 해 봅시다. 아름다운 선교의 간증을 낳아봅시다.

오늘 본문 48절은 예수님 말씀에 순종하면 아버지의 온전하심과 같이 온전해진다고 합니다. 성숙해진다는 말이죠. '더 나은 의'를 드러내야 하는 이유는 하늘 아버지의 완전하심이며, 목표는 하늘 아버지를 닮아가는 것입니다. 하늘나라의 자녀로 부름을 받는 순간 이런 동기와 목표가 주어졌습니다. 더 나은 의를 이루고자 순종하며 아버지를 닮아가는 우리가 되길 소망합니다.

참된 구제

마 6:1-4

예수님은 마태복음 5장에서 서기관과 바리새인의 '가르침'에 대항한 참 신앙을 말씀하셨고, 이제 6장에서는 외식하는 자의 '행위'에 반하는 참 신앙을 말씀하십니다. 예수님은 마태복음 6장에서 성도들의 대표적인 경건 생활로 구제, 기도, 금식을 말씀하고 계십니다. 오늘은 그중에서 참된 구제를 살펴봅시다. 우리 신앙생활에 '참된'이란 말이 덧붙여지는 일은 참 중요합니다. '사람에게 보이려고'하는 신앙생활은 참되지 않습니다(1절). '사람에게 보이려고'의 헬라어 원문에 나오는 전치사 $\pi\rho\grave{o}\varsigma$ 프로스는 '~하기 위하여', '~을 목적으로'란 목적의 의미를 가집니다. 즉 다른 목적이 아니라 순전히 사람을 위하여, 사람에게만 보이려는 목적으로 의를 행하는 위선을 오늘 말씀은 선명하게 경계하고 있습니다.

1. 가난한 자를 구제하는 일은 성도의 당연한 의무입니다

구제는 하나님의 율법이 요구하고 있습니다(신 15:11, 잠 19:17). 그래서 구약시대로부터 구제는 늘 중요한 주제였습니다. 신약에 와서도 이 강조는 이어집니다(갈 2:10). 예루살렘에 흉년이 오고 기근이 들었을 때 마케도니아 교회 성도들은 예루살렘교회를 위해 헌금했습니다(고후 8장). 구제하며 나누는 것은 하나님의 성품입니다. 나누는 모습을 보며 그가 하나님을 닮아감을 느낄 수 있습니다.

2. 그런데 예수님 당시에 이 구제가 잘못 이해되고 실천된 일들이 있었습니다(2절)

우리 성도들의 행동은 하나님께 영광을 돌려야 합니다. 요한계시록 4장에 보면, 천국에서 하나님 앞에 24장로들이 흰옷과 금관을 쓰고 찬양하고 있습니다. 그런데 그들은 보좌 앞에 자기 관을 드리며 찬양합니다. 찬양의 내용은 "하나님께 영광과 존귀와 권능이 있습니다."입니다. 내가 쓴 관은 하나님의 은혜로 말미암아 된 것이란 자세죠. 우리에게 이런 자세가 있어야 정말 영광스러운 성도로 사는 것입니다.

그러나 외식(겉으로만 꾸며 체면을 닦음)하는 자의 구제는 사람에게 영광을 얻으려고 하는 것입니다. 이 때문에 당시 성전에서 '구제해 달라'고 나팔을 불면 어떤 사람은 장사하다 말고 상점 문을 닫고 뛰어가 구제했다고 합니다. '여러분 나를 좀 보시오. 나는 이제 구제하러 갑니다.' 방송을 하는 것이죠. 또 어떤 사람은 가난한 사람이 많이 모인 곳이나, 많은 무리가 볼 수 있는 거리에서 구제했습니다. 우리 말 그대로 나팔을 불어대며 구제하고 있었던 것입니다. 이런 자들을 예수님은 '미래에 받을 상이 없다'라고 경고하십니다. 이 땅에서 칭찬과 박수, 영광을 다 받았으므로 하나님 앞에서는 아무런 상급이 없습니다.

3. 참된 구제는 일상적인 삶이 돼야 합니다(3절)

남을 돕고 보살피는 일이 특별한 행위가 되어서는 안 된다는 것입니다. 어떻게 오른손이 하는 것을 왼손이 모르게 할 수 있겠습니까? 두 손은 거의 언제나 일치된 행동을 합니다. 그러므로 두 손은 서로를 철저히 알고 있는 것입니다. 그럼에도 오른손이 하는 것을 왼손이 모른다는 것은 전적으로 억지스러운 말입니다. 이 표현은 구제를 다른 사람에게뿐 아니라 자신에게조차 은밀히 행하여야 할 것을 의미합니다. 다른 말로 '구제했다는 것을 자신에게도 알리지 마라' 입니다. '다른 이에게 자랑하는 것뿐만 아니라 자신을 대견하게 여기고 칭찬하는 것까지도 주의하라'는 것이죠. 자신의 만족조차도 거절하는 구제를 원하십니다.

그런데 이런 구제가 가능합니까? 네. 하나님의 은혜가 있으면 가능합니다. 우리의 구제는 공을 쌓는 것이 아닙니다. 이것을 행해야 천국에 들어가는 것이 아닙니다. 죄용서와 천국 가는 은혜를 받았기 때문에 감사함으로 행하는 구제입니다. 많은 사람이 천국을 가고 싶어 하고, 하나님께 상을 받고 싶어 하면서도 구제의 착한 일은 아무나 하지 않습니다. 예수님을 믿음으로 하나님께 의롭다고 인정함을 받은 자가 합니다. 은혜받은 자가 정말 자연스럽게 하는 것입니다. 우리가 숨 쉬는 것을 알아차리지 못하면서도 숨을 쉬는 것처럼 말입니다. 마태복음 25장 칭찬받은 의인들은 자신들은 남을 도운 사실을 기억하질 못했습니다(37-39절).

4. 남을 구제하면 물질에 대한 탐욕을 극복할 수 있습니다

사람들이 돈을 위해 살고 죽고 몸부림칩니다. 여기에 집착하는 것은 당연한 본능입니다. 그러나 타인을 구제하는 것은 물질의 탐욕을 없애고 경건한 인격이 형성되는 좋은 일입니다. 물론 구제할 때 선전하고 알리면 물질에 대한 탐욕은 극복하지만, 또 다른 욕심인 명예에 빠져들게 됩니다. 나도 모르게 알려지는 경우도 있지만 최대한 남몰래, 자기만족조차 배제하고 구제합시다.

경건이란 의로운 삶과 하나님을 사랑하는 것입니다. 우리는 경건을 무엇을 하지 않고, 어떤 죄를 범하지 않고, 어떤 장소에 가지 않는 것으로만 생각합니다. 야고보는 이웃을 위해 구체적인 선을 행하는 것이 경건이라고 합니다(1:27). 정말로 하나님께 받은 은혜가 있다면 감사하며 구제합시다. 자연스레 일상생활에서 행할 마땅한 의무로 알고 행합시다. 우리 속에 거룩하고 경건한 인격이 형성되어갈 것입니다. 그리스도인은 이기주의가 아니라 이타주의로 살아가야만 하는 사람들입니다. 하나님께서 구제하는 자에게 복을 주실 것입니다(4절).

참된 기도

마 6:5-15

    예수님은 유대인에게 가장 중요한 세 가지 종교적 행위, 곧 구제 / 기도 / 금식이 외식으로 오염된 것을 지적하고 계십니다. 1절은 외식하지 말라는 뜻으로 이어지는 2-18절 전체의 서론입니다. 예수님은 "사람에게 보이려고", "그들 앞에서"라고 두 번이나 강조하시며 사람의 인정과 칭찬을 추구하는 외식을 경계하십니다.

    우리가 경건하다면 구제할 뿐 아니라 기도해야 합니다. 구제는 잘하는데 기도하지 않거나, 기도하는데 구제하지 않는다면 균형 잡힌 경건이 아닙니다. 기도한 만큼 구제해야 합니다. 또한 구제하는 만큼 기도해야 합니다. 한국교회 성도들은 기도한 만큼 구제하지 않는 것 같습니다. 예수님은 외식을 넘어선 수준 높은 의로서의 '참된 구제'에 이어 '참된 기도'를 말씀하고 있습니다.

1. 잘못된 기도 두 가지를 말씀하십니다

    (1) 외식하는 자의 기도입니다(5절). 여기서 중요한 것은 장소의 문제가 아닙니다. 성경은 공적인 기도, 공개된 장소에서의 기도, 성전과 거리에서의 기도 등을 정죄하지는 않습니다. 그런데 외식하는 자들은 "사람에게 보이려고" 그런 곳에서만 기도했다는

것입니다. 이것은 자신을 과시하려는 기도이며(누가복음 18장의 바리새인), 사람들에게 영광을 얻을 목적으로 하는 기도입니다. 왜 사람에게 보이려고 하는 걸까요? 하나님은 우리의 모든 것 다 아시고 채워주시니 하나님을 향해서는 기도할 필요가 없다고 생각하는 불신앙입니다. 그래서 사람들에게 자신의 기도를 들려주자고 생각하게 됩니다. 결국 소문을 내는 것이 목적입니다. 자신이 '기도파'이며 '신령파'임을 소문내는 것입니다. 물론 우리는 진정한 의미에서의 '기도파'여야 하며 '신령파'여야 합니다.

이러한 기도는 상을 얻지 못한다고 예수님은 말씀하십니다(5절 하). 성도들 가운데 자신이 기도하는 사람임을 스스로 자랑하듯 나타내는 사람들이 간혹 있습니다. 사실은 기도한 만큼 일하면 다른 사람들이 그가 기도의 사람임을 알게 될 텐데 말입니다.

(2) 이방인의 기도가 잘못된 기도라고 예수님은 말씀하십니다(7절). 이방인이 하는 중언부언은 짧은 시간에 말을 많이 반복하는 것입니다. 그들은 신은 능력이 있으나 인간사를 잘 모르고 또 잠자는 신이라고 생각했습니다. 자는 신을 깨우기 위해 말을 많이 해야 하는 줄 착각했던 것이죠. 물론 길고 반복되는 기도가 다 나쁘다는 것은 아닙니다. 기도의 동기가 말을 많이 해야 들을 줄 아는 것이 나쁜 것입니다. 이방인들은 기도를 길게 하고 크게 하면 할수록 바라는 일에 성공할 기회가 많다고 생각합니다(참조, 왕상 18:25-29). 성도들 가운데 하나님의 뜻과 상관없이 자신의 욕심을 채우기 위해 주야장천 기도하는 자들이 많습니다. 이들이 때로는 눈물로 애원하는 자세로, 혹은 논리적으로 하나님을 설득하는 자세로 미사여구를 늘어놓으며 기도하기는 하나 이는 하나님 앞

에 아무 의미 없는 말들을 많이 쏟아내는 것에 불과합니다. 이러한 기도는 결코 하나님 앞에 상달 될 수 없습니다.

전언한대로 기도의 기계적 반복을 비판하는 것이지 반복 그 자체를 비판하는 것은 아닙니다. 어떤 기도는 응답될 때까지 하고 또 해야 합니다. 마음이 실려 있지 않는 기도를 금하는 것입니다. 기도를 위한 기도를 금하는 것이죠. 믿음이 없어 두려워하는 마음으로 하는 기도를 금하십니다.

2. 상을 얻을 수 있는 참된 기도

그것은 골방에 들어가 은밀하게 기도하는 것이라고 예수님은 말씀하십니다(6절). 여기서 '골방'($\tau\alpha\mu\varepsilon\tilde{\iota}\acute{o}\nu$ 타메이온)은 독립된 기도실을 반드시 가지라는 의미가 아닙니다. 본래 '창고', '침실'이란 뜻이기는 합니다. 하지만 오늘날은 집마다 방이 많이 있지만, 예수님 당시에 대부분의 사람은 집에 방이 하나밖에 없었습니다. 만일 독립된 방이 있으면 사용하면 되겠고, 그렇지 않으면 가장 은밀한 구석을 택하여 사람들에게 드러나지 않게 기도하면 됩니다.

자기 자신을 나타내지 말라는 뜻입니다. 결국 기도하는 장소보다는 기도하는 생각과 마음 자세를 강조하는 말씀입니다. 예수님이 은밀한 장소를 언급하신 것은 경건한 자기 자신을 드러냄 없이 자신의 헌신과 간구를 가장 효과적으로 하나님께 드릴 수 있는 곳이기 때문입니다.

그렇게 기도하면 은밀한 중에 보시는 아버지께서 갚아주신다고 말씀하십니다(6절 하). 왜냐하면 하나님은 우리의 중심을 보시기 때문입니다. 사람들은 외모를 봅니다. 보통 사람들은 잘생긴 사람을 찾고, 돈 많은 사람을 찾고, 안정되고 연봉이 많은 직장을 찾습니다. 외모를 보는 사람들은 하나님께 참된 기도를 드리지 못할 가능성이 크며, 중심을 보시는 하나님으로부터 가장 훌륭한 것을 공급받을 수 없을 것입니다.

사실 하나님은 우리에게 있어야 할 것은 다 아십니다(8절). 그러면 왜 기도합니까? 어린 아이가 부모께 필요한 것을 구하는 것은 그 부모가 누구보다도 더 필요한 것을 알고 있기 때문에 얻을 줄 알고 요구하는 것입니다. 사랑하는 부모는 자녀가 구하길 원하고 있습니다. 하나님은 훨씬 더 우리에게 구하기를 요구하십니다. 우리가 불신이 아닌 믿음으로 하나님께 요구하기를 원하고 계십니다. 그러므로 기도는 하나님과의 인격적인 관계에서 하나님의 뜻을 구하고 우리 필요를 아뢰는 부자지간, 부녀지간의 대화입니다.

경건한 자가 해야 할 모범적인 기도를 예수님은 말씀하고 있습니다(9-13절). 앞부분의 세 가지 기도는 하나님의 이름, 나라, 뜻에 관한 것입니다. 그리고 사람들의 양식, 죄, 시험, 악에 관한 기도입니다. 기도의 우선순위를 하나님의 뜻에 두는 것입니다. 예수님의 겟세마네 기도를 생각나게 합니다. 우리 모두 중심을 보시는 하나님 앞에 진실하게 나아가 참된 기도를 올릴 수 있길 축복합니다.

하늘에 계신 우리 아버지

마 6:9-15

'주기도문'은 주님께서 제자들에게 가르쳐 주신 기도로서, 오히려 '제자들의 기도'라 부르는 것이 마땅합니다. 주님은 이 주기도문을 기도의 윤곽을 암시하도록, 그리고 작은 모형 집을 보는 것과 같은 방법으로 가르쳐주셨습니다. 한마디로 주기도문은 우리기도의 표본입니다. 주기도문은 철저하게 소박합니다. 간결합니다. 함축성이 있습니다. 주기도문 첫 문장에는 자녀들이 부모에게지니는 사랑과 존경이 듬뿍 담겨 있습니다.

1. 하나님이 '하늘에 계시다'는 것은 참으로 놀라운 말입니다

하늘은 그 이름이 '기묘자'인 분에게 적합한 궁정의 고유 명칭입니다. 문재인 대통령이 청와대에 있다는 것은 대통령으로서 적합한 곳에 있습니다. 물론 하나님이 하늘에 계시지만 하늘의 제약을 받으시지는 않습니다.

'하늘에 계신 하나님'은 우리가 존경해야 할 높으신 분이십니다. 하나님은 우리에게 밀착하여 계시면서도 여전히 우리보다 훨씬 높은 하늘에 계신 '신'이십니다. 그러므로 우리가 하나님 앞에직접 나아갈 수 있는 반면에 경외하며 서야 합니다. 하나님 앞에

신을 벗었던 믿음의 선조가 생각납니다.

하나님이 이런 분임을 알고 우리는 "하늘에 계신"이라고 기도해야 합니다. 어떤 사람이 큰 복지 기금을 모금하고자 유력한 분들을 찾아다닐 때, 그는 후원자가 될 사람의 재산은 어느 정도인지, 도울 의사가 있는지를 파악할 것입니다. 하나님께 나아갈 때도 적용해야 할 법칙입니다(히 11:6 "믿음이 없이는 하나님을 기쁘시게 하지 못하나니 하나님께 나아가는 자는 반드시 그가 계신 것과 또한 그가 자기를 찾는 자들에게 상 주시는 이심을 믿어야 할지니라"). 그래서 "하늘에 계신"이라고 기도하는 것입니다.

2. 하나님이 "아버지" 이십니다

하나님이 '하늘에 계시므로' 우리는 하나님께 지극히 거룩한 경외심을 가지고 나아가지만, 그분이 '아버지'시기 때문에 또한 안심하고 나아갈 수 있습니다. 하나님의 부성은 그리스도께서 주신 계시 중에 가장 중심되고 본질적인 부분입니다. 하나님을 '아버지'라고 부르며 기도하는 것은 성육신과 구속을 증거합니다. 우리가 하나님의 독생자, 예수님의 형제가 되었음을 증거하는 표현입니다. 우리는 본질상 진노의 자녀였으며 사탄의 자녀였기에 우리 죄를 회개하고 예수 그리스도를 의지할 때만이 의롭다 함을 받고 양자가 됩니다. 하나님의 자녀가 된 다음에야 비로소 하나님 아버지께 기도할 수 있습니다. 타락한 상태에서 감히 부를 수 없었던 아버지 하나님을 마음껏 부를 수 있게 되었습니다. 그러므로 우리 아버지가 하늘에 계시기 때문에 경외심을 가져야 하고, 동시에 하나님이 아버지시기 때문에 안심해도 됩니다. 쉽게 말하면 하나님이 하늘에 계시고 우리는 땅에 있기 때문에 경외심이 있고, 예수 그리스도가 우리의 구주로 오셨기 때문에 안심이 된다는 것입니다. 예수님 때문에 하나님이 우리를 돕고 싶어 하는 아버지이심을, 나아가 그 아버지가 하늘에 계신 분이기에 우리를 도울 능력이 충만함을 깨닫고 기쁘게 기도하러 나아갈 수 있습니다.

김영삼 대통령 시절 육군참모총장이었던 김진영 장군은 아버지가 만주에서 남한으로 넘어오지 못해 어머니와 단둘이 부산에서 살았습니다. 늘 아버지가 안 계신 탓에 외롭고 힘들게 살았는데, 전도를 받고 교회에 나가니 거기에 아버지가 계시더랍니다. 이후 그는 군에서 사성장군이 될 때까지 '아버지 하나님'을 의지하고 담대하게 나아갔다고 합니다.

3. 그러한 하나님이 "우리" 아버지 되심을 특별히 생각해야 합니다

'우리'라는 단어는 우리 본성에 깊이 뿌리박힌 이기심에 항거하는 의미를 지닙니다. "우리 아버지" 부르며 기도할 때 그 기도에는 이유 없이 나를 미워하는 사람들, 나와 아무 상관없이 살아가는 사람들까지 포함되는 '우리'입니다. 몸무게가 87kg 나가는 한 여고생이 할머니가 자꾸 핀잔을 줘서 다이어트를 했고 47kg까지 살을 뺐습니다. 그 일로 TV에 출연하게 되었고 인터넷에 그 기사가 나가고 그 기사 밑에 악플이 달리게 되었는데, 결국 그 여고생은 악플 스트레스 때문에 자살했습니다. 우리는 그렇게 안타깝게 자살하려는 여고생까지도 관심을 가지고 기도해야 합니다.

사람이 자기를 위해서 기도하기는 쉽습니다. 하지만 예수님은 주기도문을 통해 '우리'를 기억하며 기도하라고 가르치십니다. 따라서 주기도문은 개인적인 기도가 아니라 공동의 기도입니다. 성도들은 하나님 나라의 가족 공동체에 속해 있습니다. 성경에 공동기도회라고 해서 날짜와 시간이 분명히 제시되어 있지도 않고 또 공동기도가 유일한 방법은 아니라 할지라도 하늘에 계신 '우리' 아버지께 기도하기 위해 함께 모일 성경적 근거가 충분합니다(행 2:42).

비록 탕자라 하더라도 회개하고 아버지께 돌이키기만 하면 그분은 대단히 기뻐하시면서 우리를 영접하실 것입니다. 우리를 돕는 사람이 없어 외로운 가운데 있을지라도 하나님은 우리를 자녀로 품어 주시며 도우실 것입니다. 우리가 크나큰 어려움에 처해 있다고 할지라도 하나님은 아버지시기 때문에 우리를 불쌍히 여기실 것입니다. 우리가 수많은 적들과 대치하고 있다 해도 아버지께 피하기만 하면 하늘의 능력을 가지신 하나님은 우리의 피난처가 되실 것입니다. 나 혼자가 아니라 우리 교회 전체가 함께 기도하면 하나님은 더 관심을 가지고 우리 기도를 들으실 것입니다. 왜냐하면 그분은 "하늘에 계신 우리 아버지"이시기 때문입니다.

이름이 거룩히 여김을 받으시오며

마 6:9-10

우리가 구할 것들이 얼마나 많습니까. 그런데도 예수님은 주기도문 첫 간구를 하나님의 이름이 거룩해지도록 기도하라고 하십니다. 어떻게 보면 이 첫 번째 기도는 많은 사람에게 현실감이 없는 기도처럼 보입니다. 하지만 우리는 이 간구가 무엇을 의미하는지 더 깊이 연구할 필요가 있습니다. 왜냐하면 주님은 이 간결한 간구를 맨 앞에 두셨기 때문입니다.

1. 하나님의 이름

보통 서양 사람의 이름은 단순 호칭이지만 한국 사람의 이름은 미래의 소망을 담고 있습니다. 그런데 성경의 이름에는 그 이름 자체가 내포하는 사건이 있는 것 같습니다. 예를 들면 '아담'은 '사람, 인류'라는 뜻인데 모든 사람이 그에게서 나오기 때문입니다. '이스라엘'이란 이름은 '하나님과 겨루어 이김'이란 뜻인데 야곱이 얍복 강에서 하나님께 밤새도록 매달려 기도하여 응답받은 데서 나온 것입니다.

성경에서 이름(ὄνομά 오노마)은 중요한 신학적 의미를 가집니다. 왜냐하면 이름은 단순한 호칭을 넘어 그 존재와 인격을 나타내기 때문입니다. 하나님께서는 이름을 여러 개 갖고 계시는데 그 이름을 통해 하나님의 다양한 인격을 나타내십니다(엡 3:14-19). 그러므로 하나님께서는 자기의 이름에 합당하게 일하시며, 하나님이 지으신 모든 것들이 하나님이 어떤 분인지 성품을 담고 있습니다(시 8:1 "여호와 우리 주여, 주의 이름이 온 땅에 어찌 그리 아름다운지요"). 그러므로 우리가 하나님께서 자연과 성경에서 주신 모든 계시를 이해하면 하나님의 이름과 인격을 이해하게 됩니다.

철수라는 학생이 이순신 장군 동상 앞에 말 없는 존경심을 품고 서 있습니다. 왜냐하면 그는 역사를 공부하여 장군에 대해 많은 것을 배웠기 때문입니다. 역사를 알지 못했던 때는 이순신의 이름이 그에게 아무 의미가 없었을 것입니다. 이처럼 하나님께서 자기를 나타내시는 모든 일에 하나님에 대한 참된 지식을 받은 자들에게도 마찬가지입니다.

2. 하나님은 항상 자신의 위대하신 이름을 명예롭게 하십니다

그렇다면 우리는 기도할 때 하나님께서 가장 소중히 여기시는 것을 먼저 구해야 합니다. 여기에서 우리는 주기도문의 형식을 따른 참 기도와 거짓 기도의 근본적 차이점을 알 수 있습니다. 우리의 기도 응답은 '기도의 중심이 무엇인가'에 달려있습니다. 만약 우리의 기도가 응답되지 않았다면 이유는 한가지입니다. 우리의 요구가 하나님이 응답하고 싶지 않은 것이기 때문이죠. 그러므로 참 기도는 하나님이 소중히 여기는 것 즉, 하나님의 이름을 명예롭게 하는 것을 구하는 기도입니다. 그때 하나님의 마음이 움직이고 응답받을 것입니다. 반면 거짓 기도는 우리가 원하는 것만 구하며 하나님의 응답을 받지 못합니다. 아이들이 부모에게 요구한다고 부모가 다 들어주는 것은 아닙니다. 아이들을 망칠 수 있는 일들은 부모가 들어주지 않습니다. 우리가 하나님께 기도하는 내용이 다 응답되어야 한다고 억지를 부리지 맙시다.

성경의 위대한 기도들 속에서 발견되는 원리는 "주여 당신이 먼저 영광을 받으소서! 당신의 이름을 명예롭게 하는 것이면 무엇이든 하기를 원하나이다. 오직 어느 것이 이 목적에 맞는 것인지 구하나이다"입니다. 출애굽기 32:11-13에서 모세의 관심은 이방 가운데서 하나님의 명예(이름)였습니다. 이스라엘 백성들이 금송아지를 만들어서 하나님을 격노케 하였고, 하나님은 그들을 진멸하겠다고 했습니다. 모세는 애굽 사람들이 하나님을 향하여 악한 의도로 이스라엘 백성들을 이끌어내어 죽였다고 할 것이니 그러지 마시라고 기도합니다. 하나님의 명예를 생각한 것입니다. 창세기 18장 23-32절에서 아브라함이 하나님께 소돔 성을 멸망하시지 말라고 기도할 때도 하나님이 공의롭지 못한 일을 하실 수 없다는 확신, 그분이 자신의 명예를 더럽히는 일은 하지 않는다는 믿음에서였습니다.

3. 하나님의 이름이 우리에 의해서 거룩해질 수 있습니까

우리의 말로 하나님의 영광에 관심을 나타내야 합니다. 하나님의 이름을 함부로 사용해서는 안 됩니다. 아무렇게나 말하는 "오 마이 갓!"은 안 됩니다. 우리는 하나님의 고귀하심을 기억하고 감사를 드림으로 그 이름을 거룩하게 해야 합니다. 우리는 그분 앞에서 전적인 겸손으로 하나님의 이름을 거룩하게 해야 합니다.

물론 우리는 본질상 하나님의 위대한 이름을 거룩하게 할 능력이 없습니다. 그래서 하나님께서 해 주실 때 가능합니다. 이것이 하나님의 이름이 거룩해지도록 기도하는 이유입니다. 기도를 통해 하나님께서 해달라고 맡기는 것이죠. 우리가 말과 행동이 아름답게 열매 맺어 하나님의 영광을 나타낼 수 있기를 기도해야 합니다.

우리가 시작하는 모든 일이 하나님의 영광과 명예를 지향하고 그것을 목표로 할 수 있기를 기도합시다. 도중에 실망하여 그 목표에 도달하지 못하는 사태가 발생하지 않기를 기도합시다. 하나님께서 은혜와 섭리로 우리를 강하게 단속하셔서, 큰 이익의 유혹과 불의와 타협해 하나님의 이름을 멸시하지 않도록 기도합시다. 우리의 모든 선행을 통해서, 심지어 무심코 하는 행동을 통해서도 하나님이 영광 받으시도록 기도합시다. 하나님의 명예를 위해 기도하는 자의 삶이야말로 명예롭고 영광스럽다는 사실을 기억하십시오.

나라가 임하시오며

마 6:9-10

예수님이 가르치신 기도를 살필수록 나타나는 강조점이 있습니다. 바로 '하나님이 소중히 여기시는 것을 기도하라' 입니다. 다른 말로 표현하면 하나님이 예뻐하실 말을 기도하라는 것입니다. "하나님의 이름이 거룩하게 되며, 높임을 받으소서!"라고 기도한다든지 오늘 살필 "하나님의 나라가 내 심령 위에 그리고 우리의 모임 위에 임하소서!"라고 기도한다면 하나님이 예뻐하지 않으실 수 없을 것입니다.

본문의 나라는 하나님의 나라임이 헬라어 원문에 나타납니다. '나라가 임하시오며'는 원문에는 '$\dot{\eta}$ $\beta\alpha\sigma\iota\lambda\epsilon\acute{\iota}\alpha$ $\sigma o\upsilon$ 헤 바실레이아 수' 라고 되어 있는데, 대명사 '$\sigma o\upsilon$ 수'를 번역하지 않았습니다. '임하기를 바라는 나라는 바로 하나님 당신의 나라'라는 사실이 강조되어 있습니다.

1. 나라를 언급하는 것은 하나님이 왕이라는 사실입니다

일반적으로 왕에게는 왕권(왕의 주권)과 왕국(왕이 다스리는 지리적인 지역)이 있습니다. 우리를 다스리는 하나님에게도 왕권과 왕국이 있습니다. 하나님의 왕권은 창조 역사에서 볼 수 있으며 섭리에서 볼 수 있습니다. 곧 하나님의 우주적이고 주권적 통치입니다. 그런데 하나님의 왕국은 장소가 아니라 관계라고 말할 수 있습니다. 즉 예수 그리스도를 통한 각 개인의 구속적 관계를 말합니다. 관계가 은혜로 불리는 구속의 실체입니다. 예수님을 모든 생활의 주인으로 모셔 들이는 각 사람에게 하나님의 나라는 존재합니다.

한국의 대표적 지성인 이어령 전 문화부 장관이 20년 전 일본에서 열린 〈러브소나타〉 집회 때 세례를 받았습니다. 그때 그가 기자에게 "주님을 믿는다는 것은 지금까지 쌓아왔던 인본주의적인 모든 작업을 무로 돌리며 새롭게 하나님과의 관계를 시작하는 엄청난 변화"라고 말했습니다. 그의 마음에 하나님의 나라가 임했음을 알 수 있는 말입니다.

2. 하나님 나라는 영적인 나라입니다

하나님은 이미 사탄을 포함한 모든 만물을 다스리고 계십니다. 따라서 우리는 하나님이 만물을 지배해 주실 것을 기도하지 않습니다. 다만 우리는 은혜의 나라라고 부르는 것, 즉 하나님의 성령이 우리 마음에 역사하셔서 마음에서 원하여 하나님이 기뻐하시는 일을 행하도록 해주실 것을 기도합니다.

예수님이 오셨을 때 유대인들 중에 어떤 이들은 예수님을 통한 정치적인 나라를 꿈꾸었습니다. 이것이 그들의 비극적인 과오입니다. 그들은 예수님을 자기들 국가를 위대하게 만드실 자로 보았습니다. 예수님은 하나님 나라는 볼 수 있게 임하는 것이 아니라고 했습니다(눅 17:20). 그 나라는 하나님의 백성들 심령 속에서 하나님의 통치를 말하며 국경선이 없는 나라, 말씀과 성령이 승리하는 나라입니다. 그 나라의 특징은 의와 희락과 평강입니다(롬 14:17).

3. 하나님의 나라는 물구나무선 나라입니다

하나님의 나라는 모든 면에서 반대편에 서 있다는 뜻입니다. 하나님의 백성들은 사탄의 왕국에서 나와 예수 그리스도의 나라로 들어가야 하며, 사탄적인 모든 것에서 점차 완전히 분리되어야 합니다. 하나님의 나라가 근본적으로 사탄의 나라와 반대된다는 사실을 잊어버리면 사탄은 우리를 속여 큰 위험에 빠뜨릴 수 있습니다.

하나님의 나라는 방법에 있어서 반대입니다(고후 10:4, 5 "우리의 싸우는 무기는 육신에 속한 것이 아니요 오직 어떤 견고한 진도 무너뜨리는 하나님의 능력이라 모든 이론을 무너뜨리며, 하나님 아는 것을 대적하여 높아진 것을 다 무너뜨리고 모든 생각을 사로잡아 그리스도에게 복종하게 하니"). 이것은 교회사의 위대한 교훈 중의 하나입니다. 로마제국이 박해했을 때 성도들은 죽음으로 승리했습니다. 그러나 수 세기 뒤 교회 세력이 커졌을 때, 십자군은 세상 방법을 사용했고, 말씀의 능력으로 할 일에 칼의 능력을 사용하였습니다. 하나님 나라는 방법도 그 목적과 마찬가지로 전적으로 세상 방법과 반대인 것을 기억해야 합니다.

4. 하나님의 나라는 종말론적입니다

하나님의 나라는 예수님 안에서 이미 도래하였습니다. 그러나 하나님 나라는 아직 완전한 영광으로 임하지 않았습니다. 예수 그리스도께서 만물을 회복하려 재림하시기까지는 하나님의 나라가

종국적인 의미에서 완성되지 않았습니다. 동시에 그 나라는 현재 도래의 과정에 있고 그 나라가 임한 후에는 세세토록 왕 노릇 할 것을 기억해야 합니다(계 11:15). 그런 의미에서 하나님의 나라는 종말론적인 나라라고 할 수 있습니다.

우리는 그리스도께서 왕으로 통치하시는 능력을 이미 경험했지만, 여전히 그 나라가 완성되기를 대망하는 삶의 자세를 가져야 합니다. 우리 생활에 남아있는 죄에 대하여 싸워야 합니다. 그리스도의 남은 고난에 동참해야 하겠습니다.

하나님의 나라가 온 땅에 편만하도록 기도합시다. 우리 사회 모든 분야에서 진리와 정의가 구현되도록 기도합시다. 그리고 복음을 전합시다. 하나님의 나라는 예수님을 통해 임하며, 복음 전파를 통하여 확장되기 때문입니다.

정말 하나님의 나라가 임하기를 원한다면 매일의 작은 의무라고 할지라도, 그것이 당장은 아무런 영향력이 없어 보여도 최선을 다해 성실하게 수행합시다. 그렇게 그 나라를 효율적으로 증진시키며 나아갑시다.

뜻이 하늘에서 이루어진 것 같이

마 6:9-10

여러분! 인생의 목적이 무엇입니까? 예 '하나님을 영화롭게 하고 영원토록 그를 즐거워하는 것'이지요. 하나님께서 영광을 받으시기 위해서는 하나님이 통치하시고 하나님이 중심이 되는 나라가 있어야 합니다. 더 나아가서 하나님 나라의 중요한 부분은 하나님의 뜻이 성취되는 데 있습니다. 그러므로 주기도문의 셋째 기원인 본문은 둘째 기원(나라가 임하옵소서)의 성취 수단임을 알수 있습니다.

1. 주기도문에서 이 기도만큼 기도의 목적을 명백하게 설명하는 곳은 없습니다

기도할 때 하나님은 내 뜻을 이루어 주시는 것이 아니라 하나님의 선(line) 안으로 가져가십니다. 진지한 기도는 내 뜻대로 하는 것이 아닙니다. 나 자신을 부정함이 없이는 하나님의 뜻대로 행하기를 진지하게 구할 수 없습니다.

우리가 일반적으로 만나는 세상은 사탄이 왕노릇 하는 타락한 세상입니다. 이러한 세상에서 사탄과 세상과 모든 일에 반대하며 싸워 하나님께 영광을 돌릴 수 있도록 나 자신을 하나님께 드리는 일이 없이는 이 기도를 드릴 수 없습니다. 하늘(οὐρανός 우라노스)은 이미 하나님의 통치가 완전히 실현되는 상태를 가리키고, 땅은 하나님의 통치를 아직도 거스르는 죄악 된 상태를 암시합니다. 그래서 "뜻이 하늘에서 이루어진 것 같이 땅에서도 이루어지이다"라고 기도하라고 하신 것입니다.

2. 하나님의 뜻은 참 오묘합니다

하나님의 뜻이란 하나님의 공의로운 요구나 구원을 이루기 위한 그분의 계획을 말합니다. 하나님은 자신의 섭리를 따라 모든 것을 역사하시며 이 땅에서 일어나는 모든 일은 하나님의 계획 실현입니다. 그런데 우리가 TV나 신문을 보고 사건이나 사고를 알 수 있는 것처럼 실제로 세상일들 가운데 발생하는 것을 보기까지는 하나님의 뜻을 알기가 어렵습니다. 이런 이유에서 성경은 점술, 점성술, 복술, 손금 등과 같은 것을 강하게 책망합니다(신 18:9-14). 사람들이 미래에 무엇이 일어날 것인가를 알기 원하며 그래서 하나님의 오묘한 일을 엿보려고 애쓰지만, 이것은 하나님의 섭리에 반대되는 것입니다.

우리는 욥처럼 하나님의 뜻에 복종하도록 해 주시기를 기도해야 합니다(욥 2:9, 10 "그의 아내가 그에게 이르되 당신이 그래도 자기의 온전함을 굳게 지키느냐? 욕하고 죽으라. 그가 이르되 그대의 말이 한 어리석은 여자의 말 같도다. 우리가 하나님께 복을 받았은즉 화도 받지 아니하겠느냐 하고 이 모든 일에 욥이 입술로 범죄하지 아니하니라").

3. 하나님의 뜻은 사람이 행해야 할 유일한 규칙입니다

하나님을 기쁘시게 하기 위해 무엇을 할지 알 수 있도록 성경은 이미 많은 준비를 하고 있습니다. 그러므로 하나님의 뜻을 분별하고자 한다면 율법과 증거의 성경 말씀으로 나아가야 합니다.

이삭은 자신을 제물로 드리려는 아브라함에게 순종했습니다. 이는 하나님의 말씀에 순종한 것입니다. 요셉은 보디발 아내의 유혹이 하나님의 뜻(계명)이 아님을 알았으므로 면전에서 도망할 수 있었습니다.

4. 하나님 뜻의 양면성(오묘한 뜻과 나타나는 뜻)을 생각하고 구분해야 하지만 분리해서는 안 됩니다

하나님의 나타난(드러난) 뜻의 교훈을 취하여 변하는 현실 상황에서 적용해야 합니다. 한국 교회는 오래전에 〈전두환 장군을 위한 조찬 기도회〉를 열었던 부끄러운 경험이 있습니다. 그런데 요즘 한국 교회는 현직 대통령은 반대하고 차기 대통령을 마음에 드는 사람으로 뽑으려고 공개적으로 나서고 있습니다. 교회는 정치적으로 힘을 발휘하는 모임이 아님을 역사적 교훈을 통해 알아야 하는데도 어리석게도 하나님의 뜻보다 사람의 뜻을 관찰시키려고 하고 있습니다.

그러면 현실 상황에서 하나님이 원하시는 것을 어떻게 알 수 있습니까? 그것은 무엇이 다른 것인가를 아는 우리의 통찰력과 충고를 주는 하나님의 말씀과 우리 양심에 주의를 기울임으로 알 수 있습니다(요 7:17). 우리가 하나님께 마음의 문을 열면 하나님께서 인도자로 우리 속에 들어오셔서 하나님의 뜻을 행하게 하실 것입니다.

　하나님의 뜻이 불분명할 때는 할 수 있는 한 기다려야 합니다. 행동할 때는 최선의 결정을 생각해야 합니다. 만약 그것이 바른길이 아니라면 하나님이 알 수 있도록 가르쳐주실 것입니다. 우리는 로마서 12장 1, 2절 말씀처럼 하나님의 선하시고 기뻐하시고 온전하신 뜻이 무엇인지 알기 위해 기도와 노력이 수반되어야 함을 알고 힘써야 합니다. 그때 우리는 하나님의 뜻을 이 땅에 이루어가는 하나님의 일꾼이 되며, 그 기쁨을 맛보며 살게 될 것입니다.

　예수님께서 제자들에게 하나님의 뜻이 이루어지도록 기도하라고 가르치실 때, 이 기도가 그리스도인 삶의 지배적이고 주도적인 원리가 되기를 바라셨음은 의심의 여지가 없습니다. 주님을 따르는 자들은 기도한 대로 동시에 행동해야 합니다. 기도가 행동지침이 되어야 하고, 우리가 바라는 목표가 되어야 합니다. 하나님의 뜻만이 온전히 의로움을 믿고 기도합시다. 이 세상에 하나님의 뜻이 이루어지는 것이 불가능한 것처럼 보일 때가 많지만 가능성을 믿고 기도해야 합니다. 이미 하늘에서 이루어진 것을 보면서 말입니다. 하나님을 향한, 그리고 하나님을 위한 우리의 의지가 얼마나 예민한지 이 기도를 통해 나타내십시오.

일용할 양식

마 6:9-11

하나님께 드리는 기도가 고상해야 합니까? 맞습니다. 그래서 하나님의 이름, 나라, 뜻을 먼저 구하도록 하십니다. 그러나 기도가 '우리는 영혼뿐만 아니라 육신도 소유한 인간'이라는 사실을 망각할 정도로 고상할 필요는 없습니다.

먹고 사는 문제(양식)를 구하는 것이 기도를 격하하는 일일까요? 아닙니다. 이제부터가 실제적인 기도의 진행입니다. 성도들 가운데 신앙심이 깊을수록 인간적인 것을 포기하는 사람이 있는데 잘못된 것입니다. 인간은 전인(全人)으로 지어졌기 때문입니다. 처음 세 가지 간구를 진실히 올리는 사람은 전적으로 하나님을 위한 삶에 자신을 맡기는 자입니다. 이런 하나님의 영광을 위한 삶을 살 수 있도록 에너지, 양식을 구하는 것은 자연적이며 필수적인 일입니다.

기도는 하나님께 간구하는 것만 아니라 우리 주변의 모든 것들과 바른 관계를 맺는 과정입니다. 기도를 대화라고 할 때 하나님과 대화를 하면 하나님과의 관계가 아름답게 될 것이고, 일용할 양식을 위해 기도하면 하나님의 선물인 세상과 바른 관계를 맺을 수 있을 것입니다.

1. 일용할 양식을 구할 때 범할 수 있는 오류 네 가지

(1) 양식을 얻는 데 있어 게으름입니다. 인간의 본성을 생각해 볼 때 게으름이 사라지는 일은 결코 없을 것입니다. 많은 부분에서 우리가 게으르기 때문에 부족하고 결핍을 느낍니다. 하늘의 것에만 심취하여 지상에서의 의무를 소홀히 하는 사람은 하나님 나라 도래에 있어 장애가 될 뿐입니다. 그분의 이름을 거룩하게 하는 것 못지않게 일용할 양식을 구해야 합니다. 이는 기도와 함께 일해야 한다는 뜻입니다. 마태복음 6장 27절에 공중 나는 새가 먹이를 위해 "부지런히 활동하고 있다"라는 표현은 없어도 우리는 상식적으로 알 수 있습니다. 들의 백합화도 땅속 깊이 뿌리를 박고 영양분을 흡수하기 위해 열심히 생체작용하고 있음을 압니다.

(2) 양식에 관한 염려입니다. 우리는 먹는 것과 입는 것을 자주 염려합니다. 나라가 부강해진 요즘도 그렇습니다. 그러나 예수님은 염려하지 말라고 하십니다(마 6:25). 물론 기도를 금한 것은 아닙니다. 우리는 염려하지 말고 기도하며 얻어야 합니다. 물론 기도할 뿐 아니라 일해야 하겠죠.

(3) 양식의 과한 소유로 인한 교만입니다. 사람들이 재산이 많으면 아무것도 필요하지 않다고 말합니다. 그렇지만 우리는 일용할 양식을 위하여 아버지의 집 곳간을 두드려야 합니다. 그가 주시는 햇빛과 비가 우리를 풍성하게 해야 합니다. 그렇지 않으면 굶주립니다. 실상 우리가 얻는 곡식은 많은 사람의 수고의 결실입니다. 교만할 이유가 없습니다.

(4) 양식과 관련한 욕심입니다. 우리는 어지간해서는 만족하지 않습니다. TV나 잡지 광고는 '즐거운 생활'이 우리가 가진 소유의

풍부함에 있는 것처럼 부단히 소개하고 있습니다. 또한 연봉이나 재산 등을 조건으로 사람의 가치를 평가하려 듭니다. 덕분에 모두가 욕심을 많이 부립니다. 하지만 예수님은 사람의 생명이 소유의 넉넉함에 있지 않다고 말씀하셨습니다(눅 12:15). 나아가 "먼저 그의 나라와 그의 의를 구하면 그 외의 모든 것들을 더하신다."고 하셨습니다(마 6:33). 바울 역시 "우리가 먹을 것과 입을 것이 있은 즉 족한 줄로 알 것이니라"(딤전 6:8) 라고 교훈합니다.

물론 양식 기도를 바르게 드린다면 이러한 오류에서 벗어날 수 있을 것입니다.

2. 양식 기도가 암시하는 것들

(1) 우리는 일용할 양식은커녕 아무것도 받을 만한 자격이 없다는 사실을 알아야 합니다. 우리는 본질상 타락한 죄인들이며, 하나님의 진노와 저주를 받아야 마땅한 자들입니다. 그저 전적으로 하나님의 은혜로 파멸에서 구원받은 자임을(엡 2:8-9) 잘 잊어버리고 권리가 많은 사람으로 착각하며 살아갑니다. 교만을 버려야 합니다.

(2) 전적으로 하나님께 의존된 존재임을 알아야 합니다. 일용할 양식이란 우리가 날마다 순간마다 하나님이 주시는 양식 없으면 못산다는 뜻입니다. 즉 하나님만 의지해야 하는 존재가 우리들입니다. 현대 생활양식이 이 점에서 우리의 감수성을 무디게 합니다. 예전에는 비를 위하여, 풍요한 결실을 위하여 하나님께 직접 의존하는 훌륭한 감성이 있었습니다. 그러나 오늘날에는 어떤 결핍이 있으면 하나님보다 사람(정부 또는 산업)에게서 해결책을 찾으려 합니다. 덕분에 찬송이 줄어들고, 기도가 힘을 잃었습니다.

날마다 필요한 것을 위해 기도하되 열심히 일합시다. 기도에 응답해 하나님이 주시면 한량없는 은혜인 줄 알고 감사하며 삽시다. 오늘 본문에서부터 '우리'라는 1인칭 복수 대명사가 여섯 번째 간구까지 이어집니다. 한글 성경은 "오늘 우리에게 일용할 양식을 주시옵고"라고 되어 있지만, 헬라어 원문은 "오늘 우리에게 우리의(ἡμῶν 헤몬) 일용할 양식을 주시옵고"입니다. 그래서 여기서부터 세 간구를 소위 '우리 청원'이라 합니다. 나 자신만을 위한 기도를 드리지 않고 이웃과 나누기(구제와 선교) 위한 책임감을 느끼고 '우리의' 일용한 양식을 달라고 기도해야 합니다. 기독교는 자신의 이익을 위해 타인을 희생시키는 종교가 아니라 이웃의 일용할 양식까지 고민하며 기도하는 이타적인 종교임을 잊지 맙시다.

우리 죄를 사하여 주시옵고

마 6:9-12

아프가니스탄에 의료선교를 갔던 분당샘물교회 선교팀 23명이 탈레반에게 납치되었습니다. 그들은 위험한 지역임에도 불구하고 갔고, 많은 사람이 몰려다녔으며, 좋은 버스를 타고 이동했다는 지적을 받았습니다. 기독교계 안에서도 선교 방법론을 향한 비판의 목소리가 나왔습니다. 그렇지만 그곳이 위험한 곳이기에 의사가 필요했고, 약이 필요했으며, 어린이 교육이 필요했습니다. 그래서 갔던 것입니다. 휴가를 내면서까지 그들은 아프가니스탄 사람들의 상처를 감싸고자 갔던 것입니다. 탈레반이 가진 미군에 의한 반감도 이해합니다. 그러나 우리도 일제 치하를 겪었고, 한국전쟁으로 수많은 동포가 죽었습니다. 미, 소 강대국의 힘겨루기로 인하여 남북이 분단되는 아픔을 겪었습니다. 누구보다 그 민족의 아픔을 공감하기에 갔던 것입니다. 그러므로 우리는 그들을 용납하고 이해해야 합니다.

1. 죄의 용서가 일용할 양식에 뒤이어 나오는 까닭

(1) 사람이 떡으로만 살 수 없기 때문입니다. 사람에게는 육체의 허기짐 못지않게 용서만이 가져다줄 수 있는 영혼의 갈급함이

있습니다. 육신이 떡 없이 살 수 없는 것처럼 우리 영혼은 용서 없이는 살 수 없습니다. 세상이 우리에게 줄 수 있는 최상의 것도 우리가 용서받지 못한 상태에 있다면 아무것도 아닙니다. 만약 여러분에게 영혼의 갈급함이 사라졌다면 그저 많은 떡으로 풍족하고 만족한다면 영혼의 세속화를 의심해봐야 합니다.

(2) 일용할 양식과 용서는 결합하여야 하기 때문입니다. 우리가 양식이 반드시 매일 필요한 만큼 용서도 자주 필요합니다. 양식만큼이나 용서도 절박합니다. 사람의 용서도 일정 부분 만족이 있을진대, 하나님의 용서는 더욱 풍성하며 아낌이 없으시다는 점을 기억합시다.

2. 이 기도를 할 필요가 없다는 사람들

어떤 사람들은 우리 기독교인들은 예수 그리스도를 믿고 의롭다 함을 받았기 때문에 용서를 구할 필요가 없다고 말합니다. 하지만 우리는 매일 죄를 짓고 살아갑니다. 시간의 사용, 말, 정욕, 성격 등으로 자신에게 죄를 짓고, 시기, 미움, 질투 그리고 불친절 등으로 다른 사람에게 죄를 짓기도 합니다. 더 나아가 하나님께 지은 죄는 더 많습니다. 인간에게는 자기 죄를 스스로 씻을 수 있는 다른 방법이 없는데, 이 기도를 하지 않는다면 어떻게 될까요.

3. 지불해야 할 죗값

죄는 부채, 빚과 비슷합니다. 죄를 빚이라고 말할 때 얻는 교훈이 있습니다. 첫째로, 빚을 갚지 않으면 처벌을 받게 된다는 점입니다. 둘째로, 빚을 갚기 전에는 평안함이 없다는 사실이죠.

우리의 죄 하나하나에는 지불해야 할 빚이 있습니다. "죄의 삯은 사망"이라고 성경은 말합니다(롬 6:23). 이 말은 하나님의 율법을 범하고도 만사를 탈 없이 지나갈 수 있는 자는 아무도 없다는 뜻입니다. 죄는 지불완료 될 때까지 끈질기게 남아 있기 때문에 '죄'라는 말을 사용하는 것이 중요합니다. 최종 표준은 하나님의 율법임을 확실하게 깨달읍시다.

우리는 죄의 실체를 바로 알아야 합니다. 이스라엘 백성들은 매년 대속죄일을 거행하였습니다(레 16:11-22). 대제사장만이 지성소에 들어갈 수 있었고, 속죄소 위에서 하나님은 자신을 나타내셨습니다. 희생 제물을 죽여 그 피가 지성소 안 속죄소에 뿌려질 때 죄 사함이 있었습니다. 이로 볼 때, 죄의 근본 문제는 사람이 있는 뜰이나 뜰 주위, 즉 지성소 밖에 있는 것이 아니라 하나님의 거룩한 율법을 주시하고 있는 '지성소 안'에 있습니다. 죄의 문제는 사람 안에서 해결되는 것이 아니라 하나님의 면전에서 해결되어야 함을 말씀드리는 것입니다. 대제사장이 죄를 하나님과 화해한 뒤에야 밖으로 나가서 백성의 모든 죄가 사하여졌음을 선포할 수 있습니다. 하나님의 '거룩'에 대한 요구가 온전히 충족될 때만 온전한 죄 사함을 받을 수 있었던 것입니다.

4. 우리에게 죄지은 자를 사하여 준 것 같이

(1) '같이'라는 말은 "뜻이 하늘에서 이룬 것 같이 땅에서도 이루어지이다"를 생각할 수 있는데, 여기서는 반대로 '땅에서도 이룬 것 같이 하늘에서도 이루어지이다'라는 의미를 나타내고 있습니다. 하나님은 땅에서 우리가 다른 사람을 용서할 때 하늘에서 우리를 용서하십니다.

(2) 우리 자신이 먼저 용서받았기 때문에 용서해야 합니다(요일

4:19). 물론 우리가 행하는 어떤 것도 하나님이 원하시는 충분한 표준에 이르기에 흡족한 것은 없습니다(요일 1:8). 그러나 마태복음 18장에서 용서할 줄 모르는 종의 비유에서 배울 수 있는 것처럼, 많은 빚이 탕감되고 자유롭게 된 자는 '내 빚이 청산되고 풀려났으니 놀랍고 기이한 일이구나'라고 하며 감사하며 타인을 용서해야 마땅합니다.

(3) 다른 사람을 대하는 우리의 태도는 우리를 대하는 하나님의 태도를 반영하는 것입니다. 우리는 예수 그리스도의 공로 덕분에 죄 사함 받았습니다. 하나님의 은혜, 긍휼, 자비가 그 속에 녹아 있습니다. 우리도 하나님이 우리에게 하신 것처럼 다른 사람을 용서하는 것은 필연적인 결과입니다.

(4) 그러면 용서의 표준은 무엇입니까? 타인에 대한 우리의 용서에 하나님의 한량없으신 은혜를 반영해야 합니다(마 18:21, 22). 비록 아주 소량일지라도 말입니다. 우리가 평생 말과 생각과 행위로 짓는 죄는 억만 가지도 넘을 것입니다(시 40:12). 그런 죄를 완전히 용서받을 때, 하나님의 은혜는 헤아릴 수 없구나 깨닫게 됩니다. 다른 사람을 용서할 때 우리는 그 놀라운 사실을 깨닫고 있음을 반영하고 표현해야 합니다.

용서는 복음이요, 기적입니다. 하나님의 용서가 우리를 살렸습니다. 우리의 용서가 다른 사람을 살릴 수 있습니다. 서로 용서합시다. 이것은 하나님의 명령입니다. 예수님이 직접 모범을 보여주신 용서는 우리 마음과 생각에 평안을 주며(빌 4:7, 8), 더 나아가서는 하나님을 영화롭게 할 것입니다(고전 10:31).

우리를 보호하소서

마 6:9-13

우리에게 기본적으로 필요한 세 가지는 일용할 양식, 용서, 그리고 보호("우리를 시험에 들게 하지 마옵시고, 다만 악에서 구하옵소서")입니다. 사실 일반적으로 우리가 원하는 것들과는 차원이 좀 다릅니다. 그렇지만 영적 생활에 꼭 필요하고 중요한 것이며, 주님은 이것들을 구하라고 말씀하고 계십니다.

1. 용서 뒤에 하나님의 보호를 요청하는 기도가 나오는 이유

(1) 죄 사함 이후가 성도에게는 대단히 중요하기 때문입니다. 우리는 죄를 자백함으로써 주님의 용서를 확신하며 감격과 기쁨을 누리지만, 거기서 기도가 끝난다면 사탄은 다시 우리를 죄의 사슬로 묶어버리고 말 것입니다. 예수님께서 간음하다 잡힌 여자에게 죄를 용서하신 후 다시는 죄를 범하지 말라고 말씀하신 것을 기억해보십시오. 용서 후 범죄 하지 않도록 도우시는 하나님의 보호가 필요합니다.

(2) 병에서 회복된 사람이 투병하지 않기를 기대하는 마음처럼 참으로 죄 사함을 받은 사람은 다시는 죄를 범하지 않겠다는 열망이 생깁니다. 그러나 다시 질병이 재발하지 않으리라는 낙관은 하

나의 방심이며 불행을 초래할 수 있습니다. 다시는 죄를 짓지 않겠지 하는 믿음이 아니라 죄를 짓지 않겠다는 열망을 가지고 하나님의 보호를 요청하는 기도를 드리지 않을 수 없습니다.

2. 하나의 사상

인생이란 위험이 가득한 '영적 지뢰 지대'입니다. 그 속에서 '아버지여 우리를 지켜주소서'라는 호소는 시편의 사상과 연결되어 있습니다. 주기도문의 이 여섯 번째 기원은 둘로 나누어져 있지만 결국 하나의 사상을 표현하고 있습니다.

앞부분인 "시험에 들게 하지 마시옵고"는 소극적인 차원입니다. 이는 앞으로 만날 시험을 미리 대비하는 것이며 또한 시험을 의식하지 못할 때를 대비하는 기도입니다. 뒷부분인 "악에서 구하옵소서"는 적극적으로 악에 승리하기를 구하는 기도입니다. 이것은 받을 시험을 대비하되 우리 자신이 시험을 의식했을 때 하는 기도입니다.

종합적으로 여섯 번째 기원은 시험에 빠지지 않도록 도와주실 뿐만 아니라 사탄의 유혹에 빠져 실패하지 않도록 구하는 기도입니다. 소극적이기보다는 적극적으로 거기서 붙잡고 이끌어내어 안전한 지대로 인도하여 주시기를 원하는 기도, 즉 그 악한 세력으로부터 승리하게 해달라는 간구입니다.

주기도문 가운데 이 간구만이 부정적 문장으로 미래 보호를 요청합니다. 믿음으로 구원받은 우리는 이제 매일 성화의 길을 걸어가야 합니다. 앞으로 끊임없이 죄에 대하여 경계해야 하고 악과 싸워나가야만 하는 성도가 올릴 기도입니다.

3. 시험

(1) 시험은 두 가지가 있습니다.

1) '교육적 시험'입니다. 하나님이 자기의 영광과 우리의 유익을 위하여 작성하신 시험(test)입니다. 따라서 이것은 주로부터 오는 것입니다(창 22:1, 고전 10:13). 이런 시험은 때론 주님을 향한 참 사랑과 신앙이 없음을 밝히려는 목적으로 주시는 경우도 있습니다(가룟 유다의 경우). 또 어떨 때는 하나님의 참된 종들이 자기가 얼마나 연약하고 죄 많은 사람인가를 깨닫게 하려는 목적도 있습니다(베드로의 경우). 이런 시험을 우리는 기뻐해야 합니다(약 1:2).

2) 반면 '파괴적인 시험'이 있습니다. 사탄이 우리를 그릇되게 인도하기 위한 것으로 유혹(temptation)이라 부를 수도 있습니다. 하나님이 우리 유익을 위해 시험할 때에 사탄은 우리의 파멸을 위해 그 상황을 이기적으로 이용하기도 합니다. 그러한 때에 넘어지면 범죄하는 것입니다.

(2) 어떻게 어디서 찾아오는가?

1) 시험은 하찮은 것에서부터 오는 경우가 많습니다. 청소년 중에 흡연하고 음주하는 청소년이 그렇지 않은 청소년보다 성 경험이 7배나 높다는 결과가 나왔습니다. 술 마시고 담배 피우는 것이 별것 아닌 것 같고, 요즘 아이들 다 그런다고 생각하지만 작은 것에서부터 큰일 들이 일어나는 것입니다. 우리 자녀들을 키울 때 다시 한번 생각해야 하는 문제입니다.

2) 시험은 연약할 때 찾아오기도 합니다. 사탄은 우리에게 '때마침'의 기회를 잘 마련해 놓고 우리를 유도합니다. 하나님의 명

령을 받고 니느웨로 가야 하는 요나는 자기의 생각대로 배 타는 곳에서 '때마침' 다시스로 가는 배를 만나게 됩니다. 우리의 심사가 뒤틀려 있을 때 때마침 우리의 감정을 건드리는 일들이 기다리고 있을 수 있습니다. 사탄은 우리의 약점과 장점을 잘 알고 공격합니다. 사람마다 약한 부분이 있습니다. 어떤 사람은 잠에 약하며, 어떤 사람은 게으름에 속수무책입니다. 우리가 강해 보여도 영적인 면에서는 약점이 있기 때문에 자랑하거나 방심하지 맙시다.

4. 악

악은 사탄을 말하기도 하고 악한 세력을 말하기도 합니다. 비록 사탄이 굉장한 능력을 가졌다고는 하지만 하나의 피조물일 뿐이며 사탄을 포함한 모든 피조물은 하나님이 부과하신 그 한계 속에 존재합니다. 고통이 악은 아닙니다. 고통 때문에 불평하는 것이 악입니다. 그래서 불평하지 않도록 도와달라고 하나님께 기도해야 합니다.

주님은 기도에 실패하지 않으셨기에 시험에도 실패하지 않으셨습니다. 우리도 정말 이 기원을 진정으로 올린다면 시험과 악에 대해 이미 절반은 이긴 것입니다. 자기 자신을 의지하지 않고 하나님의 주권을 믿으며, 모든 일이 하나님의 뜻에 따라 이뤄짐을 신뢰하고, 피할 길 주실 줄을 믿으시기 바랍니다(고전 10:13).

아버지께 찬양과 감사

마 6:9-13

필리핀 마닐라에 단기선교를 하러 갔다가 의료선교 사역을 하는 김 선교사를 만났습니다. 그는 경기도 안산에서 치과 병원을 운영하던 의사였는데 필리핀 한 선교사로부터 '이곳에 하나님이 당신을 필요로 하신다.'라는 말을 듣고는 그곳에 갔답니다. 이후 한센병에 걸린 가난한 필리핀 사람들을 위해 진료하는 의료선교를 하고 있습니다. 한국에서 치과를 운영하면 막대한 수입을 기대할 수 있겠지만 모든 것을 뒤로하고 선교에 뛰어든 그분이 참 대단하다고 생각합니다. 물론 한국에서도 하나님 영광을 위해 살 수 있습니다. '어디에서'는 그리 중요한 문제는 아니라고 생각합니다.

'인생의 제일 되는 목적이 무엇인가?'를 아는 성도가 인생을 멋있고 올바르게 살아갈 수 있습니다. 오직 하나님을 영화롭게 하고 영원토록 그를 즐거워하는 삶을 알아야 합니다. 로마서 11장 36절의 말씀대로 우리는 주님에게서 왔고, 주로 말미암아 살다가, 결국은 주님께로 돌아가기 때문입니다.

1. 하나님 중심

주기도문의 마지막 부분에서 우리는 모든 것이 하나님에게서 시작되고 있는 것처럼 모든 것이 하나님에게서 끝나고 있음을 봅니다. 우리의 신앙이 무엇보다도 하나님 중심의 신앙이기에 이 사상으로 돌아가는 것이 합당합니다. 그리고 하나님의 영광을 위하여 아버지께 찬양하는 행위는 성경을 통하여 언제나 보여주는 진리임을 알 수 있습니다. 감사와 찬양은 우리 기도가 하늘을 향해 날아오르게 만드는 날개입니다. 그런 기도는 하나님 보좌 앞으로 돌진합니다. 기도에 있어서 가장 큰 아름다움은 찬양으로 끝맺는 것입니다. 우리가 아무리 무거운 짐을 지고 있고 어두운 마음으로 그분께 나아갈지라도 기도 후에는 그를 찬양하며 일어날 수 있으면 좋겠습니다. 하나님은 우리에게 후하게 응답하시고 역사하실 분이기 때문입니다(엡 3:20). 기도 후에는 우리의 입에서 감사가 터져 나와야 합니다. 지금까지 후하게 해주신 하나님, 앞으로 응답하실 하나님을 생각하며 주님을 찬양합시다.

2. 단어들

(1) '대개'라는 말은 '왜냐하면'이란 뜻입니다. 오늘 한글 성경에는 없지만, 원문의 '주기도문'에는 있는 말인데 너무 좋습니다. '왜 우리가 이렇게 기도하는가 하면, 모든 나라와 권세와 영광이 아버지께 있기 때문입니다'라고 번역 할 수 있습니다.

(2) '나라'는 시편 103편 19절의 모든 것을 포괄하는 하나님의 통어력(統御力)을 말합니다. 그 말에는 '다스린다'라는 뜻이 있습니다. 미국은 대통령이 다스리는 곳까지가 미국입니다. 마찬가지로 나라(하나님의 나라, 천국)의 가장 핵심적인 뜻은 왕 되시는 우리 주님이 다스리는 곳입니다. 문제는 내가 얼마나 주님의 다스림을 받고 있느냐 하는 것이죠. 그분이 내 마음을 다스릴 때 내 마음

이 천국 기쁨을 얻습니다. 주님께서 우리 가정을 다스리면 우리 가정이 천국의 감격을 누립니다. 이런 하나님의 나라가 온 땅에 이루어지도록 복음을 전해야 합니다.

(3) '권세'가 나라와 같이 쓰이고 있습니다. 하나님의 나라와 그분의 통치를 보여주는 실제적인 능력이 권세입니다. 하나님의 나라는 은혜와 사랑을 목적으로 하는 참된 권세입니다. 이 권세는 시험과 악으로부터 해방하는 능력을 의미합니다. 그리스도인들의 모든 삶의 능력이 여기서 나옵니다. 빌립보서 4장 13절에 사도 바울이 누구의 능력으로 산다고 말합니까? 요한복음 15장 15절은 주님의 능력 안에서 열매를 맺는다고 하셨습니다.

(4) 하나님의 힘(권세)으로 통치되는 나라에 반드시 나타나는 결과가 하나님의 '영광'입니다(요 1:14). 아무도 어떤 때라도 오직 주께 있는 권세와 영광을 빼앗을 수 없습니다. 하나님의 영광은 사람들이 감히 쳐다볼 수 없는 것입니다. 하나님을 보여주면 믿겠다는 사람들이 있습니다. 하나님께서 만드신 피조물 가운데 태양조차 똑바로 쳐다볼 수 없다면 하물며 하나님의 영광이겠습니까?

하나님의 영광이 인생들에게 나타나면 우리는 찬송을 부릅니다. 하나님의 영광은 모든 사람의 심령을 거룩함으로 이끌며 참다운 지식을 가져다줍니다. 아무도 그 앞에서 교만을 떨 수 없으며 한순간이 아니라 영원히 주님께만 있는 것입니다. 죄의 근본적인 원리는 영광이 하나님의 것이 아니라 나의 것이라고 하는 데 있습니다(시 115:11).

(5) '아멘'은 남용해서도 안 되지만 인색해서도 안 됩니다. 아멘의 뜻은 '예, 진실로 그러합니다.'입니다. 하나님의 뜻에 대한 확

인이며 진실이며 맹세이며 기원임과 동시에 꼭 그렇게 되기를 바란다는 우리의 소망과 나아가 충성, 헌신도 포함되어 있습니다. 요한계시록 3장 14절에서 주님은 '아멘'의 주인 곧 약속하면 이루어 주시는 주님이라 했는데, 하나님의 약속대로 성취될 것을 믿고 '아멘'한 뒤에는 생활 속에서 하나님께 영광 돌리는 사건이 일어나는 것입니다.

전에는 주기도문을 외울 때 '대개'라는 말을 사용했습니다. 그것은 헬라어 본문에 'ὅτι 호티'(왜냐하면)가 있기 때문이라 생각합니다. 앞서 말씀드린 대로 '왜냐하면 나라와 권세와 영광이 영원히 당신께 있기 때문입니다. 아멘'으로 번역할 수 있습니다. 그러나 '호티'가 있다고 해서 본문이 단순히 앞의 서술한 내용의 이유만을 밝히는 문장이라고 볼 필요는 없습니다. 즉, 본문은 표면적으로는 이유를 밝히지만, 내면적으로는 앞선 모든 간구를 마감하면서 우리의 모든 것이 나라와 권세와 영광을 영원히 지니신 하나님 아버지로부터 비롯되었다는 것을 최종적으로 신앙고백 하는, 더 깊은 의미로 나아갑니다. 이는 주기도문의 첫 문장인 "하늘에 계신 우리 아버지여"란 신앙고백적 호칭과 절묘하게 조화를 이룹니다.

하나님 중심으로 기도하며 하나님 아버지께 감사와 찬양을 드리는 기도가 되길 소망합니다. 전체 주기도문을 생각하며 이제는 우리의 기도의 수준을 높이고 예수님께서 가르치신 대로 기도하며 응답받는 우리가 되길 바랍니다.

용서해야 합니다

마 6:14-15

주기도문은 끝났습니다. 하지만 예수님은 주기도문의 다섯 번째 간구인 "우리가 우리에게 죄지은 자를 사하여 준 것 같이 우리 죄를 사하여 주옵시고"에 설명을 덧붙일 필요가 있어서 오늘 말씀을 하십니다. 예수님은 우리가 하나님께 기도하기 전에 이웃과 형제들 간에 관계적인 이상이 없는지를 살펴볼 것을 교훈하고 있습니다.

왜냐하면 죄 많은 우리가 거룩하신 하나님께 기도할 수 있는 건 오직 그리스도의 용서하심, 곧 중재적 대속의 은총 덕분이기 때문입니다. 실로 타인의 잘못을 용서하는 것은 자신의 죄악에 대한 하나님의 용서를 구하는 행위이며 참된 회개 열매입니다. 서로 용서하는 일은 하나님께 죄용서 받기 위해 갖추어야 공적이 아닙니다. 단지 하나님의 용서를 받기 원하는 자가 타인을 용서하는 것이 당연하다는 사실을 강조한 것뿐입니다. 예수님을 주로 모신 사람들의 특징이 서로 사랑하고 용서하는 것임에는 틀림없습니다.

1. 용서한다고 무조건 손해 본다고 생각하지는 마십시오

이 말씀은 가해를 권장하려는 것이 아니라 방지하기 위하여 의

도된 말씀입니다. 최선을 다해 할 수 있는 한 사소한 상해들을 많이 묵인하십시오. 법과 공권력에 호소하기 전에 타협과 절충의 모든 우호적인 방법들을 동원하십시오. 만약 법적 소송을 제기하더라도 다투는 상대 혹은 형제에 대하여 악의를 품지 말아야 합니다.

2. 가해자에게 어떤 보상을 바라지 말고 실제로 용서합시다

악의가 아니라 무지, 실수, 오해에서 비롯된 모든 잘못들을 용서하십시오. 성격과 영향에 있어서 보잘것없는 잘못들은 더 빨리 용서하십시오. 권위, 관습, 또는 일반적 편견에 휩싸여 이루어진 잘못들을 용서하십시오. 많은 사람들이 공통으로 저지르는 많은 잘못들을 용서하십시오. 잘못을 고백하고 용서를 구하는 길 이외에는 달리 보상할 방법이 없는 잘못들을 용서하십시오. 타인의 잘못을 용서하는 이 의무는 우리가 대적에게 자비롭기를 종용하고 있습니다. 원수에게 악의나 증오심을 품지 말아야 한다고 강변합니다.

3. 다른 사람의 잘못을 용서하는 일이야말로 하나님을 가장 잘 닮아갈 수 있는 방법입니다

인간이란 전능하신 하나님의 자비를 반드시 필요로 하는 죄인에 지나지 않는 점을 생각할 때, 용서만큼 더 인간다워지는 다른 덕은 없습니다. 이 자비로운 행위에는 그리스도인의 덕목 가운데 으뜸 되는 덕목들이 포함되어 있습니다. 겸손은 용서의 기초가 되는 덕입니다. 자기부인이 있어야 용서가 됩니다. 마음속에 하나님과 형제에 대한 사랑이 지배하고 있어야 용서할 수 있습니다. 사랑과 박애는 모든 논쟁과 불화의 일상적 계기들을 방지합니다. 사랑은 우리 이웃의 모든 행동을 가장 공정하고 자애롭게 해석하게 만듭니다. 이 덕은 혀를 제어하여 남을 해치는 말을 삼가게 합니다. 이 모든 덕이 용서와 연결되어 있습니다. 용서하는 자는 이 모든 덕을 소유한, 누구보다 하나님을 닮은 자입니다.

4. 예수님은 용서할 줄 모르는 성품에 대한 경고를 빠뜨리지 않고 있습니다

우리 안에 교만과 분노와 증오가 있으면 누군가를 용서하기 어렵습니다. 무법자 정신과 훌륭한 질서, 평화, 규율에 대한 경멸은 우리를 용서할 수 없는 사람으로 만듭니다. 그리스도의 가르침과 모본에 명백히 위배되는 이런 일들을 본문은 엄중히 경고합니다. 하늘 아버지께서 용서할 줄 모르는 사람들을 용서하지 않으실 것입니다.

예수님의 '탕감 비유'를 떠올려봅시다(마 18:23-35). 어떤 사람이 일만 달란트를 빚졌는데 갚을 것이 없음으로 주인이 빚을 다 탕감해 주었습니다. 여기서 달란트는 헬라 화폐의 단위로 약 5, 6천 데나리온의 가치를 가졌습니다. 한 데나리온은 노동자의 하루 품삯에 해당합니다. 하루 품삯을 오늘날 돈으로 10만 원으로 계산하면 일만 달란트는 단순 계산으로만 5조 원이 넘는 상상할 수 없는 금액이 됩니다. 그런데 이 주인은 자비로운 분이셔서 그 사람의 딱한 형편을 생각해 전액을 탕감해 주었습니다. 그러나 이 탕감 받은 사람은 자기에게 일백 데나리온(약 천만 원) 빚진 동료를 불쌍히 여기지 않고 매정하게 그를 고발해 감옥에 가두어버렸습니다. 이 소식을 들은 주인은 노발대발하며 일만 달란트 빚졌던 종을 감옥에 넣어 버렸다고 합니다. 이 비유에서 '일만 달란트'라는 말도 안 되는 빚을 진 사람은 바로 우리입니다. 우리가 갚을 길 없는 죄의 빚을 진 자들입니다. 하지만 긍휼에 풍성하신 하나님이 우리의 죄를 다 탕감해 주셨습니다. 이런 은혜를 받았으니 우리도 감사하며 기꺼이 다른 사람의 작은 빚을 탕감해 줄 수 있어야 하지 않겠습니까.

가만히 있으면 저절로 되는 일이 용서가 아닙니다. 우리 안에 예수님을 닮은 덕을 갖추도록 노력합시다. 마음이 온유하고 겸손하신 예수님을 배우도록 힘씁시다. 우리야말로 하나님께 용서받을 죄가 많은 죄인임을 깨달읍시다. 타인을 용서하는 긍휼의 성도가 됩시다.

올바른 금식

마 6:16-18

금식은 종교적 훈련으로서 스스로 음식을 절제하는 일입니다. 금식은 성경이 부과한 의무라기보다 특정한 신앙 감정과 열망에 대한 표현입니다. 하나님의 특별한 은혜를 입기 위해 인간의 기본적 욕구를 끊고 절제하는 것이며, 전적으로 하나님께 매달리며 그분의 긍휼을 호소하는 행위입니다. 따라서 금식에는 반드시 기도가 병행되어야 합니다. 자기 자신을 살피며 죄에서 돌이키는 회개가 뒤따라야 합니다. 금식은 수련이나 병 치료를 위해서 하는 단식과는 다릅니다.

1. 율법은 일 년에 한 번 속죄일에 금식할 것을 제시합니다 (레 16:28-34)

그러나 시간이 지남에 따라 금식의 빈도는 늘어났고 다양한 때에 금식한 것을 성경에서 읽을 수 있습니다. 죄를 슬퍼하고, 죄를 고백할 때 금식했습니다. 주 앞에서 더욱 겸비해지기 위해 금식했습니다. 전쟁에 패했을 때, 사별했을 때, 전염병에 걸렸을 때, 위협이 되는 불길한 일들에 대한 애통의 표현으로 금식했음을 볼 수 있습니다. 모두 하나님께 간절히 호소하기 위함이었습니다. 때때로 선교사 파송이나 일꾼 임명과 같은 중요한 과업에 전념하기 위하여 금식하기도 했습니다.

2. 신약시대에는 금식보다는 먹고 마시는 일이 더 강조되었습니다

예수님께서는 제자들에게 애통의 표현인 금식을 그다지 장려하지 않으셨습니다. 반대로 예수님과 함께 있는 그 시간을 기뻐하길 원하셨습니다(마 9:14-17). 맞는 말씀입니다. 우리 주님과 함께하는 것이야말로 우리에게 가장 복된 일이지 않습니까? 즐기고 기뻐해야 마땅합니다.

예수님은 자주 식사 초대를 받으시고 사람들과 음식을 나누셨습니다. 이를 두고 어떤 이는 예수님은 '먹기를 탐하는 사람'이라고 비방했습니다(마 11:19). 그러나 예수님은 신부 교회는 신랑되신 예수님께서 함께 계시므로 기뻐하고 즐거워해야 한다고 말씀하셨습니다. 하나님의 아들이 세상에 오셔서 죄인들을 구원하시는 은혜의 역사가 진행되는데 어찌 애통할 수 있습니까. 신약교회의 특징은 '기쁨'입니다. 기독교는 '초상집 종교'가 아니라 '잔칫집 종교'입니다.

3. 예수님은 잘못된 금식을 꼬집습니다

'외식하는 자들'은 '사람에게 보이려고' 금식한다고 말씀합니다. 예수님 당시 서기관과 바리새인들은 대략 월요일과 목요일에 두 번 정기적으로 금식했습니다. 그들은 금식을 티내고 칭찬받으려고 세수나 빗질을 하지 않았고, 심지어 굶어서 창백한 것처럼 보이기 위해 얼굴에 횟가루를 바르는 자들도 있었습니다. 그들은 사람들에게 "야, 저들은 죄를 저렇게 사죄하는구나. 대단한 경건이다!" 감탄과 칭송을 듣고 싶었습니다. 이것이 "사람들에게 보이려고" 금식하는 모습입니다. 예수님은 그런 그들이 "자기 상을 이미 받았느니라."하십니다. 하나님이 주시는 참된 상급을 내팽개치고 땅의 칭찬으로 만족하다니 우스운 일입니다.

4. 예수님은 금식을 종용하진 않으셨지만, 그들이 금식을 원할 때 금하지도 않으셨습니다

예수님께서는 특별한 경우 금식하는 것을 아주 합당하게 보셨습니다. 다만 예수님의 강조는 제자들이 금식해야할 때, 머리에 기름을 바르고 얼굴을 씻으며 가능한 한 사람들의 주의를 끌지 않는 겸손한 경건이 되어야 한다고 교훈하셨습니다.

이것은 기독교의 특별한 가치관입니다. 사실 우리는 사람들의 주의를 끄는 데 관심이 많습니다. 사람들이 몰라줘도 묵묵히 경건과 거룩을 행하는 일이 얼마나 어려운지 모릅니다. 이 교훈은 구제(마 6:2-4)와 기도(마 6:5, 6)에 관한 교훈에도 유효합니다. 모든 경건한 행위들은 '은밀한 중에' 즉 사람들의 눈에서 멀리 떨어져서 실시되어야 하며 오직 하나님께만 헌신하는 신실한 행위가 되어야 한다는 것입니다.

금식은 하나님과의 관계 재정립을 위한 하나의 방편에 불과합니다. 그럼에도 금식 그 자체를 목적으로 삼고 자기 경건의 허상을 내세우는 어리석은 자들이 많습니다. 금식은 인간의 가장 기본적인 욕구조차 배제하고 오직 하나님만 대면해 삶의 근본 문제에 대한 해답을 얻으려는 노력인데, 하나님이 아니라 도리어 인간을 향해 금식하며 하나님을 모독하는 불상사가 없어야 하겠습니다.

본질을 유지한 금식은 유익이 많습니다. 욕망을 제어하는 데 유용합니다. 정열을 주체하지 못하는 몸으로부터 기운을 소진시켜 부정한 죄를 이기게 합니다. 회개를 돕습니다. 그리고 금식은 하나님의 일을 묵상하는 데 대단히 도움이 됩니다. 하나님은 금식할 때 큰 은혜를 내려 주시며, 때때로 능력을 행하시기도 합니다. 겸손한 금식과 간절한 기도가 함께 갈 때 역사가 일어납니다.

육체적 본능을 거스르며 행하는 이 어려운 금식을 어리석게 행하지 맙시다. 주님이 가르쳐주신 올바른 금식을 통하여 우리 신앙 생활에 큰 유익이 있기를 소망합니다.

보물을 하늘에 쌓아두라

마 6:19-21

여러분은 은행 통장을 몇 개나 가지고 있습니까? 부동산은 얼마나 가지고 있습니까? 법정 스님은 극단적으로 '무소유'를 주장했습니다. 그는 사람들을 얽매는 모든 것들을 '버리라'고 말합니다. 예수님께서는 부를 비난하진 않으십니다. 제자들이 재물을 가지는 것을 금하지 않습니다. 자본과 재화는 사회발전, 문명, 복음전도, 인류의 안녕을 위한 복지에 꼭 필요합니다. 다만 예수님은 그것들을 쓸데없이 축적하고 신으로 삼는 행태를 비난하십니다. 소득을 탐하는 데만 정신이 팔린 자들의 세속적 성향을 책망하십니다.

본문에 언급된 보물은 두 종류입니다

즉 '땅에 쌓은 보물'과 '하늘에 쌓은 보물'입니다. '보물'($\theta\eta\sigma\alpha\nu\rho\acute{o}\varsigma$ 테사우로스)이라는 말을 우리가 가장 소중하게 여기는 것을 뜻합니다. 우리가 보물을 둘 곳은 두 군데밖에 없습니다.

(1) 땅 위의 보물은 세상적일 뿐 아니라 흙으로 이루어져 있습니다. 그것들은 땅 위에만 쌓을 수 있을 뿐입니다. 은행이 발달하지 않은 예수님 당시에 팔레스타인 사람들은 자기 소중한 물품을 땅에 감추는 전통이 있었습니다. 그에 따라서 예수님은 지금 땅에

쌓은 보물을 말씀하고 계십니다. 땅에 보물을 쌓는다는 것은 부자가 되기 위하여 물질에 지나치게 집착하는 것을 의미합니다. 세상의 보물을 얻기 위하여 인격과 거룩한 권리들을 팔아버리는 것을 말합니다. 수단 방법을 가리지 않고 불법과 부정도 돈이 된다면 얼마든지 저지를 수 있는 상태입니다.

(2) 하늘에 있는 보물은 그 성향이 전혀 다릅니다. 21절에 "네 보물이 있는 그곳에는 네 마음도 있느니라"고 했습니다. 재물과 마음 사이의 '상관성'을 말씀하는 것인데, 우리가 재물을 땅이 아니라 하늘에 쌓아두어야 할 가장 중요한 이유입니다. 바늘이 자석에 끌려가고 해바라기가 태양을 향하듯이 우리 마음은 보물을 따라갑니다. 마음이 있는 그곳에 그 사람의 인격과 삶이 있습니다. 도박꾼의 마음은 도박장에 있습니다. 부인을 속여서라도 도박장에 가고야 맙니다.

그런데 만일 보물이 하늘에 있다면 어떨까요? 보물이 있는 하늘에 우리 마음이 있게 되고 하늘의 성품을 갈망하며 마음과 생활이 변화하게 됩니다. 하늘의 성품이 내 생각과 말, 행동을 지배합니다. 결국 돈 버는 자세도, 쓰는 자세도 달라집니다. 보물을 하늘에 쌓는 것은 모든 물질을 교회에 헌금하라는 뜻이 아닙니다. 물론 헌금도 사람들을 위해 쓰는 것도 맞습니다. 어쨌든 보물을 하늘에 쌓는 건 돈을 벌 때 정직하게 벌고, 돈을 쓸 때 하나님의 영광과 이웃의 구원과 평화를 위해 쓰는 것입니다. 그리고 자기 가정의 행복을 위해서 쓰는 것입니다.

2. 이 보물들이 쌓인 장소의 성격이 다릅니다

'땅'과 '하늘' 어느 곳이 보물을 쌓기에 더 적합한 장소일까요? 땅은 위험한 곳입니다. '좀과 동록이 해하는 곳'입니다(19절). 땅에 쌓아둔 보물은 질이 저하되기 때문에(좀과 동록이 해함), 혹은 돌발사태 때문에(도둑이 구멍을 뚫고 도둑질함) 손상될 우려가 있습니다. 남태평양 적도 부근의 '투발루'라는 나라가 있습니다. 9개의 섬으로 이루어진 나라로 인구는 11,000명 정도입니다. 그런데 지금은 2개의 섬이 바닷물에 가라앉았습니다. 나머지 섬사람들은 다른 나라로 이민을 준비하고 있습니다. 이유는 '지구온난화' 때문입니다. 지금도 해마다 0.5cm씩 섬이 물에 잠기고 있답니다. 땅은 위험과 돌발 상황이 있는 곳입니다. 그러나 하늘은 안전합니다. 풍부한 은혜, 영원한 평화와 행복이 있는 곳이 하늘입니다. 그리고 하늘에는 그리스도가 계신 곳입니다. 그런 곳의 보물을 상하게 할 자는 없습니다.

3. "보물을 땅에 쌓아두지 말라"고 하신 예수님은 "오직 너희를 위하여 보물을 하늘에 쌓아두라"(20절) 고 하셨습니다

우리는 본성적으로 쌓아두기를 좋아합니다만, 재물은 하나님께서 우리에게 '사용'하라고 주신 것이지 '축적'하라고 주신 것이 아닙니다. 재물을 땅에다 축적하는 것은 탐심에서 비롯된 것입니다. 한편 그리스도인들이 그렇게 탐욕스럽지는 않다고 하더라도 종종 인색한 경우를 봅니다. 탐심과 인색은 서로 친구입니다. 탐욕으로 쌓지 않는다 하더라도 베풀기에 인색하다면 문제가 아닐 수 없습니다. 주께서 '쌓지 말라'는 금지의 말씀을 주신 것은 인간의 끝장

본성을 아시기 때문입니다. 우리는 많이 얻고 소유했는데도 더 원하게 되고 더 욕망합니다. 마침내 재물에 완전히 함몰되어서 숭배하는 자리에까지 나가 끝장을 보는 존재입니다. 재물에 대한 갈증은 그칠 줄 모릅니다.

우리는 영원을 위해 보물을 쌓아야 합니다. 정말 성실하고 정직하게 물질과 지식과 인격을 쌓으십시오. 그리고 여러분의 시간, 재능, 금전, 생명을 위대하고 영광스러운 목적을 위해 사용하십시오. 그것이 하늘에 쌓은 보물이 될 것입니다. 하나님은 우리가 그런 아름다운 목표를 향해 전진하기를 원하고 계십니다.

진정으로 마음을 하늘에 두고 있는 사람은 하늘의 성품을 땅으로 가져와 이 땅에서 진짜 거룩한 삶을 사는 사람입니다. 여러분의 보물은 어디에 있습니까? 여러분은 어떤 삶을 정말로 중요하게 여깁니까? 여러분은 무엇을 꿈꾸고 있습니까? 이것이야말로 여러분이 보물을 실제로 어디에 있는지를 가장 잘 나타내주는 지표일 것입니다. 여러분의 마음을 차지하고 있는 것은 무엇입니까? 옳지 못한 생각으로 가득 차 있으면 근심이 떠날 날이 없습니다.

눈은 몸의 등불

마 6:22-23

여러분은 시력검사를 받아본 적이 있으시지요? 우리 앞에 커다란 글자판이 놓입니다. 판에 새겨진 글자를 읽어 내려갈 때 글씨는 점점 작아집니다. 점점 작아지다 급기야 ㅁ을 ㅂ자와는 구별하기 어려운 지점에 도달합니다. 산상수훈은 우리의 영적 시력을 재는 훌륭한 검사 판입니다. 여러분은 산상수훈의 어디까지 읽고 이해하고 살아낼 수 있습니까?

'눈은 몸의 등불'이란 말은 문자 그대로만 보면 그 뜻이 정확하지 않습니다. 눈은 등불이 아니고 육체에 빛을 받아들이는 창문이기 때문입니다. 하지만 눈을 통해 몸이 갈 길을 찾고 행동을 결정할 수 있다는 점에서 '눈은 몸의 등불'입니다. 따라서 이 본문은 앞의 본문과 연결해서 이해해야 합니다. 우리가 보물을 하늘에 쌓아두려면 우리의 눈이 열려서 하늘을 볼 수 있어야 하기 때문입니다. 눈이 어두워서 이 세상밖에 보이지 않는다면 아무리 애써도 하늘에 보물을 쌓아둘 수가 없습니다. 우리의 세계관, 가치관이 바로 서야 세상의 재물에 대한 집착에서 벗어날 수 있다는 점을 말씀하는 본문입니다.

1. 눈의 다양한 이름

(1) 사람들은 눈을 '지성'이라 부릅니다. 지성을 사용해 원인과 결과를 발견하고 인과관계의 논리적 연결성을, 그리고 과정과 결과를 추적합니다.

(2) 어떤 사람은 눈이 '양심'이라고 말합니다. 양심을 통해 보이지 않는 것들에 대한 지식, 즉 하나님, 도덕적 진리, 영적인 힘에 대한 개념을 파악하게 됩니다. 이를 통해서 우리는 행동의 옳고 그름을 판단하고, 도덕법의 실체를 발견하게 되며, 그 법에 따라 우리의 성품을 구축합니다.

(3) 눈은 성경이 자주 '마음'으로 표현하는 '불가분의 영성'입니다. 육체의 눈이 보는 바는 마음이 보는 바와 거의 일치합니다. 만약 육체의 눈이 세상의 것에 심취한다면 마음 역시 퇴락의 늪에 빠져들어 있을 것이며, 반면 육체의 눈이 하늘의 것을 응시한다면 그 마음은 신령한 것으로 채워질 것입니다.

2. 눈의 상태

(1) "네 눈이 성하면"의 '성하다'($\dot{\alpha}\pi\lambda o\tilde{v}\varsigma$ 아프루스)라는 말은 원래 '주름이 없는'이며, 일차적으로는 '건강한', 이차적으로는 '진실한', '단일한', '관대한' 등의 복합적 의미를 가집니다. 결국 육체와 마음에 유익할 정도로 '건전하다'라는 의미로 이해할 수 있습니다. 두 개의 물체(땅의 보물과 하늘의 보물)를 동시에 바라보는 혼란한 난시 상태가 아니라 오직 한 방향으로 '단일한' 관심을 집중시킬 수 있는 진실하고 성실한 상태를 일컫습니다.

(2) "네 눈이 나쁘면"의 '나쁘다'($\pi o\nu\eta\rho\dot{o}\varsigma$ 포네로스)는 '성하면'

과 대조되는 표현으로 흔히 '악하다'는 뜻을 가집니다. 유대인의 관용적 표현에서 '악한 눈'은 이기적이고 인색하다는 의미입니다. 어떤 사람이 말하기를 '인간이 저지르는 단 하나의 죄는 이기주의'라고 했는데 맞는 것 같습니다. 이기심에서 모든 악한 것이 나오기 때문입니다. 이런 의미에서 '눈이 나쁘다'라는 어구는 문맥상 하나님과 재물 양자에 다 관심을 가져서 하나님의 뜻과 영적인 세계 둘 다를 제대로 보지 못한다는 뜻입니다. 이기심으로 나빠진 눈은 도덕적 통찰력에 둔감합니다.

3. 도덕적 통찰력을 희미하게 하는 많은 일이 있습니다

만일 성한 눈을 잘못 사용하여 손상되면, 즉 만약 하나님이 주신 영적 지각을 묵상과 기도와 신앙적인 생각을 따라 사용하지 않는다면 그 지각은 분명히 약화될 것입니다. 세상적인 삶이 우리 안에 스며들어 통찰력을 어둡게 합니다. 한 주간의 삶을 주와 동행하지 않고 너무 고단하게 살지 마십시오. 많은 염려가 영적 통찰력을 어둡게 할 것입니다. 더욱 위험한 것은 고의적인 불신앙이나 강한 편견이 영적 통찰력을 흐릿하게 만든다는 점입니다. 만약 우리 교회 성도들 간에 오해와 편견이 없다면 얼마나 은혜롭고 천국 같을지 모릅니다. 성도들 간에도 너무나 많은 오해와 편견이 있습니다. 우리에게 죄가 있으면 우리 눈에도 주름이 잡혀 영적, 도덕적 통찰력이 흐려집니다. 죄를 회개한다면 하나님 앞에서 자신의 모습을 또렷하게 발견하고 바른길로 나아갈 수 있습니다.

분단 독일 시대에 베를린에 브란덴부르크 문을 중심으로 베를린 장벽이 40km나 펼쳐져 있었습니다. 동독 사람들이 자유를 찾아 이 장벽을 넘다가 900명이나 죽었습니다. 요즘 관광객들이 이 무너진 장벽을 찾아오는데 그 옆에 역사박물관이 있습니다. 거기에는 나치 시대의 잔혹한 참상을 그대로 보여주는 내용물들이 있습니다. 꼭 남의 나라 얘기처럼 비판적으로 보여주고 있습니다. 지금 독일은 유럽의 지도국으로서 굳건하게 서 있지요. 반면 일본은 과거 이웃 나라를 괴롭힌 역사를 인정하기는커녕 왜곡하고 도리어 비난합니다. 현재 그 나라가 경제 대국인지는 몰라도 세계 질서의 중심에 서지 못하고 있습니다. 깨끗한 시야, 올바른 통찰력을 갖고 보는 일이 나라의 국운까지 좌지우지 하는 것을 봅니다.

우리의 육안이 밝아야 사물을 밝히 볼 수 있는 것과 마찬가지로 영안이 밝아야 영적 진리를 밝히 볼 수 있습니다. 우리의 영안이 어두워지면 모든 생각이 어두워지고 이 세상이 전부 다인 줄 알고, 어떻게든 재물을 땅에 쌓아 놓으려고 애쓰는 땅의 삶을 살게 됩니다. 영안이 성하도록 늘 말씀 가운데 거하고 기도합시다. 보이는 것보다 보이지 않는 더 좋은 것들을 볼 수 있도록 우리의 마음을 순수하게 만듭시다. 우리 눈의 상태에 따라서 보이지 않는 하늘의 세계를 더 많이 볼 수 있고, 더 풍성한 삶을 살 수 있습니다.

천국의 유일한 주인

마 6:24

몸이 아파서 병원에 가면 의사는 여러분의 상태를 진단하기 위해 몇 가지 질문을 할 것입니다. 천국의 주인이신 예수님도 우리의 영적 상태를 진단하기 위해 몇 가지 질문을 하십니다. "네 보물이 어디에 있느냐? 네 영적인 눈이 어디를 바라보느냐? 네 주인이 누구냐?" 우리가 어떻게 대답하느냐에 따라 영적인 상태가 진단될 것입니다.

1. 사람들은 하나님과 재물을 동시에 섬기고자 합니다

영국의 홀 목사님이 조그마한 종이쪽지 위에 '하나님'(God)이라고 쓰고서 친구에게 보여주며 "읽을 수 있는가?"라고 물었습니다. 그 친구는 "읽을 수 있네."라고 답하였습니다. 다시 홀 목사님은 동전으로 글자를 가리고 "자네 이 글을 읽을 수 있나?"라고 물었습니다. 그러자 그 친구는 "읽을 수 없네." 대답했습니다. 무슨 의미일까요? 홀 목사님은 세상이 얼마나 쉽게 하나님을 보지 못하고, 하나님을 의식하지 못하게 하는가를 보여주기 위해 질문을 던진 것입니다. 사람들은 세상의 물질이나 권력에 눈이 가려져 주인이신 하나님을 보지 못할 때가 많습니다.

하나님도 섬기고 재물도 섬기는 것은 마치 꿩 먹고 알 먹고 하는 것처럼 여겨질지 모르지만 이것은 불가능합니다. 우리나라 성도들 중에는 하나님도 잘 섬기고 재물도 잘 섬기려는 사람들이 많은 것 같습니다. 주일에는 열심히 교회에 다니고 봉사도 잘하다가 월요일부터는 세상 따라 살고 세상의 부정한 방법으로 돈을 버는 사람들이 많습니다. 어떻게 생각하면 일석이조 같고 자본주의 세상에서 제법 현명한 처세술같이 보입니다. 그러나 이것은 불가능한 일입니다.

존 번연의 〈천로역정〉에 나오는 '양 갈래 길에 선 사람'을 생각해 봅시다. 그는 한 눈은 하늘을 향하고 있고 한 눈은 땅을 향해 있습니다. 진심으로 이것을 고백하고는 진심으로 저것을 행하는, 너무나 비현실적이어서 모순을 보지도 느끼지도 못합니다. 세상의 모든 사람 가운데 이런 사람이 가장 희망 없는 사람입니다. 오늘날 이런 사람들이 놀라울 정도로 증가하고 있습니다. 복음의 교훈을 배웠기에 복음이 소망이라고 어느 정도 고백하지만 모순된 삶을 거리낌 없이 삽니다. 이런 부류의 사람들, 즉 '불성실한 신앙 고백자들'이 가장 다루기 어려운 사람들입니다. 사마리아 사람들, 라오디게아 사람들, 예수님께 치명적인 거절을 행사하였던 부자 청년 같은 사람들입니다. 이러한 불성실한 신앙인의 내면에는 선과 악이 어깨를 맞대고 있으며, 서로 다투어야 할 화해할 수 없는 두 영역이 오히려 손을 맞잡고 기운 없이 걸어가고 있습니다. 불성실한 신앙의 영역, 즉 중간상태에 있는 사람들은 힘이 없고 능력이 없습니다.

2. 사람들이 중간 상태에 있는 이유는

(1) 불신앙 때문입니다. 하나님에 대한 확신이 없으면 하나님만이 천국의 유일한 주인이라고 고백할 수 없는 노릇입니다.

(2) 탐욕 때문입니다. 세상의 물질과 쾌락이 얼마나 매력 있습니까? 1988년 미국 경제잡지 포브스가 선정한 미국 부자 순위 23위에 올랐던 '찰스 피니'는 지금까지 40억 달러(약 4조 원)를 자선재단에 내놓았습니다. 그는 기부 이유를 "내게 필요한 것보다 많은 돈이 생겼기 때문이다."라고 밝힌 뒤 "돈은 매력적이지만 그 누구도 한꺼번에 두 켤레의 신발을 신을 수는 없다."고 답했습니다.

(3) 또 하나의 이유는 죄입니다. 누군가를 시기하고 증오하고, 용서하기를 거부합니다. 우리 속에서 끊임없이 고통을 주는 죄가 있기 때문에 우리는 정말 어중간한 상태에 있습니다.

3. 사람이 중간 상태에 있겠다는 것은 어리석은 행위입니다

믿음이 제대로 사람의 마음에 심기고 굳세어지면 중간 상태에 있을 수가 없습니다. 실제로 신앙은 영적인 일이지 않습니까? 신앙은 유일한 지고의 대상을 요구하지 않습니까? '하나님만 섬기라'고 하는데 신앙인이 제대로 믿음에 굳게 섰다면 중간 상태에 있을 수 있겠습니까?

신앙은 마음을 전부 바칠 것을 요구합니다. 신앙은 선택을 의미합니다. '하나님과 재물, 어느 쪽을 선택할 것인가?'에 직면할 수밖에 없습니다. 또 신앙은 즉각적인 용기 있는 결심을 가르치고 요구합니다. 우리는 결심에 따라 행동합니다. 알렉산더 대왕이 '세상을 어떻게 정복했느냐?'라는 질문을 받았을 때 '지체하지 않음으로써'라고 대답하였답니다.

4. 재물을 선한 일을 위한 도구로

본문이 말하고자 하는 것은 '하나님'과'재물' 사이의 대립 관계가 아니라 '하나님을 섬기는 것'과 '재물을 섬기는 것' 사이의 대립 관계입니다. 그러므로 하나님을 주인으로 섬긴다고 하는 것이 재물을 포기하는 것이 아님을 알아야 합니다. 하나님을 잘 섬기기 위해 '무소유'가 되라는 뜻이 아닙니다.

예수님은 재물을 '섬겨서는' 안 된다는 말씀을 하고 싶으신 것입니다. 재물은 '섬기라'고 주신 것이 아니라, 하나님을 섬길 때 '사용하라'고 주신 것입니다. 재물뿐만 아니라 재능과 건강, 그리고 주신 모든 것을 하나님을 섬기는 도구로 사용해야 합니다. 하나님 나라를 위한 도구로 재물을 사용할 때 재물은 더는 걸림돌이 아니라 우리에게 큰 유익이 됩니다. 잘 벌어서 잘 쓰면 됩니다.

"선을 행하고, 선한 사업을 많이 하고, 나누어 주기를 좋아하며, 너그러운 자가 되게 하라. 이것이 장래에 자기를 위하여 좋은 터를 쌓아 참된 생명을 위하는 것이니라"(딤전 6:18, 19).

우리가 가장 사랑하는 것이 우리를 지배합니다. 아이작 뉴턴이 중력의 법칙을 발견하는 일에 너무나 몰두한(사랑한) 나머지 그는 자기 환경에 대해서는 전혀 알지 못했다고 합니다. 어느 날 그가 큰불 앞에서 불을 쬐고 있을 때 너무 뜨거워지자 그는 하인을 불러 그 불을 뒤로 옮기라고 하였습니다. 그러자 하인은 "주인님! 의자를 뒤로 옮기면 됩니다."라고 했고, 그는 "아, 그래. 내가 미처 그 생각을 못했군."하고 대답했답니다. 중력의 법칙을 연구하는 일이 뉴턴의 모든 생각을 지배하고 있었습니다.

사람은 하나님께 마음을 바칠 수 있기 전에는, 또는 세상에 마음을 다 쏟아붓기 전에는 모두 두 마음, 두 영혼, 두 자아를 지니고 있습니다. 하나님께 마음을 쏟기 시작하면 우리는 천국의 유일한 주인이 하나님인 줄 알고, 그분만을 사랑하고, 그분의 말씀만 순종합니다.

염려하지 말라

마 6:25-34

먹고 마시는 문제는 인생의 중요한 부분입니다. 옛날부터 왕들은 '경제문제'를 해결하는 것이 나랏일의 핵심으로 생각하고, 농업의 근간인 '치산치수'에 주력했습니다. 그런데 예수님은 이런 일반적인 생각과는 전혀 다른 말씀을 하고 계십니다. 먹고 마시는 문제를 "염려하지 말라"고 하십니다. 예수님은 본문에서 '경제문제'에 관한 일가견을 가지고 일종의 '경제철학'을 전개하고 계십니다. 예수님께서는 왜 우리가 염려하지 말아야 한다고 말씀하실까요?

1. 목숨이 음식보다 중요하기 때문입니다

예수님은 염려하지 말아야 할 이유로 "목숨이 음식보다 중요하지 아니하며, 몸이 의복보다 중요하지 아니하냐?"라고 말씀하십니다(25절). 세상 사람들에는 '음식'이 중요하고 '의복'이 중요합니다. 그것들을 서로 차지하려고 치열한 생존경쟁을 벌입니다. 하지만 생각해보면 그것들은 목숨을 위한 수단이며 몸을 위한 도구에 불과합니다. 우리 하나님은 자녀의 목숨과 몸을 그냥 내버려두는 분이 아닙니다. 자기 자녀를 아끼고 돌보지 않는 부모가 없듯이, 하늘에 계신 우리 아버지께서도 우리 목숨과 몸을 위해 필요한 것들을 주고 돌보실 것입니다. 그런데도 우리가 무엇을 먹을까 무엇을 입을까 염려한다면, 수단에 불과한 음식과 의복 때문에 우리 마음과 영혼이 찌들어 고생하게 됩니다.

예수님은 자연계의 예를 들어 설명하십니다. 먼저 공중에 날아다니는 새입니다(26절). 공중의 새가 제멋대로 날아다니는 것처럼 보이지만 '하늘 아버지'께서 기르십니다. 하나님은 공중의 새도 먹이시고 기르시거든, 이것들보다 몇억 배 귀한 사람들, 자녀들을 어찌 돌보지 않겠습니까?

또한 예수님은 염려의 무익성을 말씀하십니다. "너희 중에 누가 염려함으로 그 키를 한 자나 더할 수 있느냐?"(27절) 염려해서 사태가 진전되는 일은 없습니다. 염려만 해대는 일은 무익하고 소용없는 일입니다.

'들의 백합화'도 예로 드십니다(28절). 들의 백합화 한 송이도 저절로 자라지 않습니다. 하나님께서 알맞은 햇볕과 수분, 또 공기를 주셔서 광합성 하게 하십니다. 그러면 잎이 나고 꽃이 핍니다. 다 하나님이 돌보고 계십니다. 그런 하나님을 의지하지 않고 염려하는 자들에게 믿음이 적은 자들이라고 꾸짖으십니다(30절). 결국 경제문제로 염려하고 불안해하는 것은 하나님께서 우리를 먹이시고 입히시는 것에 대한 믿음이 적은 까닭입니다.

먹고 마시는 문제로 염려하는 자들의 특징 중의 하나가 조급함입니다. 먹고 마시는 문제로 얼마나 조급해하는지, 쓸데없이 바쁜지 확인해 보십시오. 요즘은 우리나라에 공연장이 많은데 클래식 음악공연을 기획할 때 대부분의 기획사가 대중에게 친숙한 유명한 곡이나 빠른 악장만 선별한답니다. 청중들이 조급해서 느긋하게 수준 있는 음악을 듣지 않으려 하기 때문입니다.

2. 내일 일에 대한 염려

결론적으로 예수님은 내일 일을 위하여 염려하지 말라고 말씀하십니다(34절). 사실 우리 염려의 대부분은 '내일'에 대한 것입니다. 오늘 당장 먹을 것, 입을 것이 없어서 염려하는 사람은 요즘 시대에 많이 없습니다. 만약에 그런 사람이 있다면 마땅히 교회가 그들을 도와야 합니다.

(1) 내일은 하나님의 손에 - 예수님은 "내일 일을 위하여 염려하지 말라"고 하십니다. 이유는 "내일 일은 내일이 염려할 것"이기 때문입니다. 내일에 가 보면 '내가' 아니라 '내일이' 내일 일을 염려한다는 뜻입니다. 내일 일을 염려할 주체는 '내'가 아니라 '내일'입니다. 이는 하나님이 내일 일을 친히 염려하신다는 뜻이 숨겨져 있습니다. 내일은 하나님의 손에 있기 때문입니다. 물론 오늘도 하나님의 손에 있지만, 오늘은 그래도 내가 무엇을 행하고 이룰 수 있는 날입니다. 그러나 내일은 완전히 나의 손에서 벗어난 시간입니다. 전적으로 하나님 손에 달려있습니다. 그뿐만 아니라 우리에게 내일이 올지 안 올지 장담할 수 없습니다. 제가 고등학교 다닐 때 학교 옆 분식집에 가면 주인아주머니가 벽에 이렇게 써 놓았습니다. "오늘은 현금, 내일은 외상." 언제나 그 분식집에 가면 오늘인 것입니다. 한 번도 외상을 할 수가 없었습니다. 오늘과 내일을 주관하시는 하나님을 신뢰하고 기뻐합시다. 성도에게는 내일을 책임지시는 아버지를 신뢰하는 믿음이 요구됩니다.

(2) 한 날의 괴로움 - 예수님은 "한 날의 괴로움은 그날에 족하

다"고 덧붙이셨습니다. 오늘 하루 동안 당하는 괴로움도 적지 않은데, 어찌 우리 소관도 아닌 내일 일을 염려하느냐는 말씀입니다. 하나님께서 허락하신 오늘 내게 주어진 사명을 잘 감당하는 일이 더 중요합니다.

사실 내일은 우리에게 영원히 오지 않습니다. 어거스틴은 "과거는 우리의 기억 속에 존재하고, 미래는 우리의 기대 속에 존재한다."라고 했습니다. 실존하는 것은 현재뿐입니다. 우리가 하나님을 만나는 시간도 현재이고, 하나님의 뜻을 이루는 시간도 현재입니다.

그러므로 염려를 내어 맡기고 허락된 하루하루를 알차게, 보람되게 보내기 위해 최선을 다해야 합니다. 자고 일어나면 먼저 오늘을 허락하신 하나님께 감사드립시다. 오늘 하루 동안 어떻게 하나님을 섬길 것인가 생각합시다. 그리고 오늘 과업을 최선을 다해 이루도록 합시다. 과거의 허물은 예수 그리스도의 보혈에 묻어버리고, 미래에 대한 염려는 사랑하시는 아버지의 손에 맡겨버리고, 오직 오늘이라 일컫는 하루 동안 기쁘게 하나님을 섬기도록 합시다.

거룩한 교회, 거룩한 성도

마 6:31-33

누가 거룩한 성도이며, 어떤 교회가 거룩한 교회입니까? 저는 생각할 때 세상 사람들과 구별된 성경적 가치관으로 살아가는 성도가 거룩한 성도라고 생각합니다. 세상의 흐름과 다르게 하나님의 말씀대로 운영되는 교회가 거룩한 교회라고 생각합니다. 결국 거룩은 세상이 아니라 하나님을 닮는 것입니다. 올 한 해 이 주제를 가지고 하나님의 말씀을 계속 살펴봅시다.

1. 예수님은 우리에게 "염려하지 말라"고 말씀하십니다

하나님께서 우리 필요를 다 아시기 때문입니다(32절). 부모는 자식에게 필요한 게 무엇인지 알고 있습니다. 그런데도 초등학생이 앉아서는 '무엇을 먹을까, 무엇을 마실까?'를 걱정하고 있으면 어떻겠습니까? 우리 중에 어떤 성도가 예배당에 와서도 생활 염려에서 벗어나지 못하고 물질만 생각한다면 신앙을 고백한 것과 다르게 온전히 믿지 못하기 때문입니다.

하나님께서 우리 형편을 다 알고 계심을 믿어야 합니다. 하나님이 설마 나를 굶기시기야 하시겠는가? 하는 배짱이 있어야 합니다. 어쩌면 참된 믿음은 배짱에서 나옵니다. 하나님께서는 나에게 먹을 것과 마실 것, 입을 것을 주실 것입니다. 그것으로 만족해야 합니다. 돈이 많아야 만족하는 것이 아니라 먹을 것, 입을 것이 있으면 만족해야 합니다(딤전 6:8). 이로 말미암아 우리는 항상 기뻐하며 밝고 명랑하게 살아야 합니다. 무엇이 많아서 기뻐하는 것이 아니라 현재의 상태에 만족함으로 기뻐하는 것입니다.

무엇을 먹을까, 마실까, 입을까 염려하는 것은 '이방인들이 구하는 것이다'라고 말씀하십니다. 곧 세상 사람들의 위시리스트입니다. 옛날 부모님들은 앉아도 돈 걱정, 서도 돈 걱정이었습니다. 반면 살기가 괜찮아진 요즘도 별로 달라진 게 없습니다.

하나님의 자녀들은 이런 세상 사람과 차별화가 필요합니다. 하늘에 계신 아버지를 믿는 자녀답게 삽시다. 하나님을 믿는 사람들은 경제 문제에 있어서 확실히 다르구나 하는 무언가를 보여줍시다. 경제문제를 염려하지 않는다면 그는 거룩한 성도입니다.

2. 오히려 "그의 나라와 그의 의를 구하라"고 말씀하십니다

(1) 더 높은 목표 - 물질이 우리의 목표가 되어서는 안 됩니다. 우리는 그보다 훨씬 더 높은 목표를 위해 살아야 합니다. 그때 하나님께서 우리에게 필요한 모든 것들을 공급해 주시며, 그보다 더 많은 것들을 채워주십니다. 솔로몬은 왕이 되었을 때 장수도 구하지 아니하고 부귀도 구하지 아니하고, 오직 이스라엘 백성을 잘 다스릴 수 있도록 지혜를 구하였습니다. 그러자 이것이 하나님 마음에 합하여 지혜뿐만 아니라 구하지 아니한 부와 영광까지 덤으로 주셨습니다(왕상 3:4-15). 교회도 '은혜중심', '영혼 제일주의'로 나가야 합니다. 그러다 보면 은혜도 있고, 영혼도 얻고, 재정은 하나님께서 덧붙여서 필요에 따라 넉넉히 채워 주실 것입니다.

(2) 하나님의 나라와 그의 의 - 그러므로 우리가 먼저 구할 것은 '그의 나라' 곧 '하나님의 나라'입니다. 하나님의 나라는 하나님이 다스리는 나라인데 세상 나라와 구별됩니다. 세상 나라의 특징은 '먹고 마시는' 것입니다. 경제문제입니다. 그러나 하나님의 나라는 "성령 안에서 의와 평강과 희락"입니다(롬 14:17). 즉, 하나님 나라의 주요 성격은 영적인 것으로 우리가 성령 안에 있을 때, 곧 성령의 지배를 받을 때 그 나라는 이루어집니다. '그의 의'를 구하는 것은 받은 은혜와 복을 더 낮은 곳으로 흘려보내라는 뜻입니다(암 5:24 "오직 공법을 물같이, 정의를 하수같이 흘릴 지로다"). 우리를 성도로 부르신 목적이 여기 있습니다.

(3) 여기서 '구한다'(ζητεῖτε 제테이테)는 말은 기도하거나 요구하는 의미가 아닌 '추구한다'는 의미입니다. 하나님의 나라를 삶의 목표로 삼고 모든 힘을 다해 노력한다는 뜻이 담겨있습니다. 하나님 나라는 추구해야 하지만 먹고 마시는 문제를 추구하는 것은 이방인들의 행위입니다. 다만 경제 문제에 있어서 '기도'는 할 수 있습니다. 아니 오히려 주기도문에서 가르쳐 주신 것처럼 그런 일상적인 문제까지도 하나님을 신뢰하고 기도할 때에 세상 염려에서 벗어날 수 있을 것입니다. 기도는 성도가 경제 문제에 관한 일상적인 무기이면서 또한 비장의 무기입니다. 이 무기를 가지고 성도는 비록 경제적으로 어려움에 처해도 낙심치 않고 하나님의 나라를 추구하며 살 수 있습니다.

(4) 중요한 것은 우리가 "먼저" 하나님의 나라를 구하는 것입니다. '먼저'(πρῶτον 프로톤)라는 건 단지 시간상 문제를 말하지 않습니다. 비중을 표현하는 말입니다. 우리 삶의 목표와 가치에 있

어 다른 무엇보다 하나님 나라가 가장 비중 있어야 합니다. 다른 것들은 그분의 나라를 위한 수단에 불과합니다. 종종 경제 문제를 먼저 생각하고 그것만 해결되면 하나님을 잘 섬기겠다는 분들을 봅니다. 우선순위가 잘못되었죠. 자칫하면 하나님의 나라를 얻지 못할 뿐 아니라 그가 원하는 경제도 놓치게 됩니다. 세상에서 가장 지혜로운 처세술은 먼저 하나님의 나라와 그의 의를 추구하라는 주님의 가르침입니다.

경제문제를 염려하지 말고 현재 주신 것에 만족합시다. 오히려 하나님의 나라와 그의 의를 추구합시다. 세상 사람들은 이것을 이해하지 못하겠지만 거룩한 교회와 성도가 걸어야 할 길입니다. 경제적으로 부족하다면 기도합시다. 우리는 더 높은 목표를 추구합시다. 올 한해 우리 교회는 이 목표, 하나님 나라와 그의 의를 향해서 전진하면 좋겠습니다.

비판하지 말라

마 7:1-6

앞선 6장이 주로 그리스도의 제자들이 일상생활 가운데서 추구해야 하는 내면적 규례를 다루었다면, 본 단락은 타인과의 관계에 적용되는 대인 관계에 관한 규례를 다루고 있습니다. 그 첫마디는 "비판하지 말라"입니다. 누군가를 진심 어리게 비판하는 건 어쩌면 사랑일지도 모릅니다. 사랑하고 관심이 있어서 비판한다고 말할 수 있지요. 그러나 사랑한다는 이유로 무슨 일이든 다 허용되는 것은 아닙니다. 비판이 바로 그렇습니다.

1. 우리는 본능적으로 이웃들에게 신실하고 또한 솔직해야 합니다

이것은 옛 율법에도 규정되어 있습니다(레 19:17). 이웃이 파멸하는 것을 막을 수 있음에도 불구하고 그대로 내버려 두는 것은 결코 신실한 태도라 할 수 없습니다. 하지만 그들의 파멸을 막으려는 시도가 도리어 그들에게 유익하지 못할 때가 있는데 이러한 경우 중 한 가지가 바로 비판입니다(1절).

예수님은 올바르고 의로운 판단을 금하지 않습니다. 사실에 대한 올바른 '분석'이나 진리에 대한 '분별'은 장려할 만한 일입니다. 덕을 세우는 범위 내에서는 얼마든지 가능하며 또 필요합니다. 나아가 때에 따라서는 형제를 바른길로 인도하기 위해 권면이나 훈계도 필요합니다. 우리는 본성적으로 판단하는 성향이 있기 때문에 결코 판단하는 일을 피할 수는 없습니다. 재판관이나 설교자나 선생이나 부모들은 그릇된 것을 정죄하고 공적으로 억제해야 하는 사람들입니다.

하지만 오늘 본문의 주님이 금하신 비판은 적대적인 마음으로, 즉 인색하고 편협하며 무자비한 마음으로 판단하는 것을 뜻합니다. 이런 비판은 상대방이 자신의 죄와 비참함을 깨닫게 하기보다 오히려 말하는 자를 향한 반감을 갖게 할 뿐입니다. 그들은 비판을 통해 자기를 되돌아보기는커녕 도리어 우리를 비판하게 될 것이며(1, 2절), 그들이 죄를 더욱 탐닉하는 결과를 낳을 뿐입니다.

2. 뿌린 대로 거둘 수밖에 없습니다

하만은 자신이 세운 교수대에 매달려 죽었습니다. 이스라엘이 바벨론에 포로로 잡혀갔을 때 에스더가 아하수에로 왕의 왕비가 되고 모르드개가 상을 받는 상황에서 대적 하만이 모르드개와 같은 민족인 유대인들을 죽이려고 모함했습니다. 그러나 하만의 음모는 곧 탄로 나고 결국 모르드개를 위한 나무에 자기가 달려 죽은 것입니다.

친절은 친절을 낳는 반면에 비판은 비판을 낳습니다. 내 비판이 결국 나를 정죄합니다(3절). 다른 사람에 대한 비판적인 태도는 우리 자신의 위선과 악을 증거할 뿐입니다. 이웃의 과오와 잘못을 비판하기 좋아하는 자는 자신의 과오와 잘못을 깨닫지 못하는 자이며, 이웃의 '티'를 크게 생각하는 것은 곧 우리 자신의 '들보'를 너무 작게 생각하는 반증입니다.

다윗은 나단이 말한 사람을 얼마나 혹독하게 비판하였습니까 (삼하12:1-15)? 하지만 그가 그렇게 혹독하게 비판한 사람이 정작 누구였습니까? 다윗 자신이었습니다. 그러므로 이러한 과오를 범하지 않도록 우리 자신을 잘 돌아보아야 합니다(4, 5절). 우리 자신의 들보를 먼저 교정하는 것이 이웃의 티를 효과적으로 교정할 최선의 방책입니다.

3. 합당한 분별력이 필요합니다

비록 우리가 타인을 비판해선 안 되지만 옳은 것과 그릇된 것을 분별할 수는 있어야 합니다. 친절과 사랑에도 예외가 있습니다. 하나님 나라의 거룩함을 잘 보존해야 합니다(6절). 세상에는 개처럼 자기 더러움과 부도덕함으로 끊임없이 되돌아가는 자들이 많습니다. 그들에게는 거룩한 것을 줘봤자 다시 더럽힐 뿐입니다. 또한 세상에는 돼지처럼 고귀한 것의 가치를 인식할 수 없는 자들도 있습니다. 그런 자들에게 귀중한 것을 던지는 건 단지 그들의 죄과를 가중시킬 뿐입니다. 무조건하고 비판은 버리고 세상에 복음을 내던지는 방식으로 사랑을 낭비하지 말아야 합니다.

우리는 사람들의 신앙고백의 실제성과 그들의 영적인 경험의 진실성을 분명하게 판별해야 합니다. 무분별한 연합운동은 하나님의 거룩성과 복음의 순수성을 손상할지도 모릅니다. 도리어 복음에 해가 될 수도 있다는 것입니다. 또한 하나님의 거룩한 이름에 손상을 끼쳐가면서까지 "제발 믿어주세요."라고 애걸할 필요는 없습니다. 하나님의 이름을 위해 어떤 때는 분명하게 죄를 지적하고 책망해야만 합니다.

'비판하지 말라'는 예수님의 말씀 앞에 먼저 우리 자신의 잘못을 엄격하게 비판합시다. 우리는 다른 사람에겐 엄격하면서 자신에 대해서는 관대할 때가 너무 많습니다. 요즘 사회와 정치권에 '내로남불'이 얼마나 많습니까? 행악하는 자들을 책망해야 한다면 부모와 설교자의 심정으로 자애심을 갖고 합시다. 이웃의 잘못을 비판하며 여러 사람에게 떠벌리지 말고 직접 그들을 온유하게 권면합시다. 그들이 나의 권면을 기꺼이 받아들이고, 그 권면을 잘 활용할 마음을 갖고 있을 때 신중하게 그들을 포용합시다. 이것이 진정 그들을 사랑하는 모습이지 않겠습니까?

기도하라

마 7:7-11

"비판하지 말라"고 하신 예수님, 그리고 "네 눈의 들보를 빼라"고 하신 예수님께서 갑자기 말머리를 돌려 구하고 찾고 두드리라 말씀하고 있습니다. 많은 사람들이 이 구절과 앞 문맥의 연결이 조금 어색하다고 말합니다. 왜 예수님은 비판과 식별의 주제를 다루다가 갑자기 기도로 주제를 돌렸을까요?

1. 영적 빈털터리

산상수훈의 보배로운 말씀들을 읽어내려 오는 중, 자기의 부족을 깨닫지 못하고 오늘 이 본문까지 읽어 내려갈 수 있는 사람은 잘 없습니다. 마태복음 5장에서부터 7장까지 내용을 한 번 생각해 보십시오. 우리는 하나님 보시기에 '영적 빈털터리'입니다. 우리는 영적인 안목이 흐릿하고, 분별력이 없습니다. 여전히 우리는 주 예수 그리스도를 섬기기에 합당한 됨됨이를 갖추지 못하고 있습니다. 우리는 하나님께 드릴 것이 아무것도 없습니다. 그렇다면 지금 여기서 예수님은 '빈털터리 논리'를 가르치고 계신 셈입니다. 우리는 하나님께 드릴 것이 아무것도 없으니 더욱 하나님의 은혜를 구해야 한다는 말씀이죠.

기도가 무엇입니까? 어린이들에게 '기도는 하나님과 이야기하는 것'이라고 가르치곤 합니다. 이런 설명은 우리와 함께하시며 우리를 친근히 대하시는 하나님을 강조하는 장점이 있습니다. 그러나 다른 한편, 이것은 우리 위에 계신 존귀하신 하나님 앞에 나아가서 겸비하게 엎드려 간구하는 측면을 소홀히 하는 단점도 있습니다. 기도란 무엇보다도 비천한 인생이 높은 보좌에 앉으신 하나님 앞에 나아가 은혜를 구하는 행위입니다.

구하고, 찾고, 두드리는 것은 하나님께서 요구하시는 큰 의무들을 충분히 수행할 수 있도록 자비와 은혜를 구하는 것입니다. 은혜는 하나님의 손안에 있는 보화입니다. 그것은 땅을 파서 얻을 수 있는 금이나 은 같은 성격이 결코 아닙니다. 하나님께 기도와 간구를 드릴 때만 얻을 수 있는 것입니다. 하나님께서는 우리가 간구하는 것보다 더 많은 것을 우리에게 주고자 하십니다(11절). 그래서 예수님은 우리에게 "기도하라"고 말씀하고 있습니다.

2. 계속하여 기도하라

예수님께서는 하나님의 도우심과 은혜를 간구하는 일을 구하고, 찾고, 두드리는 일로 설명하고 계십니다. 하나님의 은혜는 단 한 번만 구하고 그치는 것으로는 충분치 못합니다. 계속해서 반복적으로 은혜를 구해야 한다고 오늘 말씀이 이야기합니다. 은혜를 얻을 수 있는 가장 쉬운 방법은 끊임없이 구하는 것입니다.

'구하라'는 말은 열심의 필요성을 나타냅니다. 우리 힘으로 어떤 일을 수행할 수 없을 때, 모든 열심을 다해 하나님의 은혜와 도우심을 구해야 합니다. '찾으라'는 말은 우리의 기도가 명확해야 함을 뜻합니다. 애매한 기도는 응답받을 수 없습니다. 성경에 나오는 인물들은 하나님께 명확히 기도했습니다. '두드리라'는 말은 더욱 큰 인내의 필요성을 나타냅니다. 우리의 앞길에 많은 장애물과 어려움이 있을 수 있고, 심지어 통로가 닫혀 있다는 점, 그럼에도 불구하고 인내를 가지고 끈질긴 마음으로 기도하며 우리 갈 길을 가야 한다는 점을 암시해 주고 있습니다.

3. 행해야 한다

구하고, 찾고, 두드리는 기도는 우리가 할 수 있는 한 모든 노력을 기울여야 함도 포함하고 있습니다. 100년 전 영국의 한 소년은 아버지가 가난한 사람들에게 먹을 것을 주십사고 하나님께 기도하는 소리를 들었는데, 소년은 아버지의 기도가 끝난 후 아버지에게 이렇게 말했습니다. "아버지, 제가 아버지의 기도를 들어 드릴 수 있습니다. 저에게 곡식 창고의 열쇠를 주십시오." 우리가 전도 대상자의 구원을 위해 기도한다면, 기도하면서 동시에 예수 그리스도의 복음도 전해야 합니다. 기도하고 행할 때 역사가 일어납니다.

4. 믿어야 한다

예수님은 기도가 반드시 응답될 것을 믿어야 한다고 말씀하십니다. 일본에서 은퇴하는 원로 의사들을 상대로 설문조사를 했습니다. "당신들은 어떤 의사가 좋은 의사라고 생각하십니까?" 평생 환자를 진료했던 그들의 대답은 의외였습니다. 실력이 있는 의사, 친절한 의사, 우리가 흔히 생각할 수 있는 이런 대답을 누르고 당당히 1등을 차지한 답은 바로 '큰 병을 앓아본 의사'였습니다. 환자는 동병상련의 아픔을 가진 의사를 더욱 신뢰하기 때문입니다.

자신을 신뢰하는 환자를 만나면 의사는 저절로 명의가 된다는 것이죠. 우리 마음을 아시고 더 주기를 원하시는 하나님을 신뢰하며 기도할 때 응답을 기대할 수 있습니다.

예수님은 이 기도의 명령에 약속을 연이어 말씀하십니다. "구하라" 다음에 "그러면 너희에게 주실 것이요" 하셨고, "찾으라" 다음에는 "그러면 찾을 것이요" 하셨으며, "문을 두드리라" 하신 후엔 "그러면 너희에게 열릴 것이니"라고 약속하셨습니다. 기도는 무거운 짐이라기보다 하나님의 자녀만이 누릴 수 있는 특권입니다. 예수님은 성도가 이 특권을 사용하도록 유도하기 위해 기도하는 자가 받을 수 있음을 신뢰하도록 거듭해서 말씀하십니다(8절).

예수님은 안타까운 마음으로 다시 한번 기도하면 하나님이 주신다는 사실을 일상적인 예를 들어서 설명하고 계십니다(9-11절). 기도에 있어서 중요한 지점은 믿음으로 신뢰하며 기도하는 것입니다.

예수님이 말씀하신 산상수훈을 읽고, 들으면서 우리의 부족함을 깨달을 수 있다면 그것 자체가 은혜입니다. 그렇다면 하나님의 은혜를 구하고, 찾고, 두드립시다. 하나님은 자녀를 향한 지상의 부모가 지닌 사랑보다 더 큰 사랑을 베푸시며 우리 기도에 응답하실 것입니다.

하나님 나라의 황금률

마 7:12

전남 고흥반도 끝자락에는 작은 사슴 같은 형상의 아름다운 섬이 있는데, 642명의 한센인들이 모여 사는 〈소록도〉입니다. 이곳에 있는 국립병원은 지난 8개월 동안 병원장이 공석이었습니다. 한센병에 대한 편견과 열악한 환경 탓에 희망자가 없었기 때문입니다. 지난 2007년 2월 보건복지부는 의사 면허를 가진 고위 공무원을 대상으로 내부 공모를 했지만, 지원자가 없어 할 수 없이 외부 공모를 했습니다. 결국 8개월 공백 끝에 마침내 28대 '소록도 병원장'이 탄생했는데 그가 바로 박형철 원장입니다. 박 원장은 외부 공모에 기꺼이 자원했습니다. 사람들이 왜 자원했냐고 물을 때 한 마디로 이렇게 대답했습니다. "의사는 필요한 곳에 당연히 가야죠." 의사가 된 것은 공부를 잘했기 때문이고, 의사가 되고 나서는 좋은 명예를 얻었으니 이제는 기꺼이 필요한 곳에 가야 한다는 논리였습니다.

1. '그러므로'의 삶

12절의 "그러므로"(οὖν 운)라는 접속사에는 하나님께서 선한 아버지가 되시고 좋은 것을 주셨으니 '그러므로' 예수님의 제자들은 감사하며 이 규율에 따라 살아야 한다는 뜻이 내포되어 있습니다. 성도는 자기가 하나님께 아무것도 드릴 것이 없는 빈털터리라고 여기면서도 하나님의 은혜의 상속자라는 사실을 알고 있는 사람입니다. 그래서 성도는 이기심을 버리고 남을 먼저 생각할 줄 알며 자기가 받고 싶은 것을 남에게 베풀 줄 아는 사람이 될 수 있는 것입니다.

2. 황금률

"대접을 받고자 하는 대로 남을 대접하라"라는 이 구절은 소위 '황금률'(the Golden Rule)로 알려져 있습니다. 이 황금률은 다른 사람들(공자로부터 임마누엘 칸트에 이르기까지)의 가르침에도 나오지만, 그들은 대개 이것을 부정적으로 진술했습니다. 힐렐(Hillel)이라는 랍비는 "남이 당신에게 행하기를 원치 않는 일을 당신도 남에게 하지 말라."고 했고, 토비아스라는 사람은 "네가 미워하는 것을 남에게도 하지 말라."고 했습니다. 대체로 모두 비슷한 얘기들입니다. 하지만 이런 격언들은 부정적인 측면을 넘어서지 못하고 있습니다. 물론 일부 윤리적 교훈을 담고 있는 것은 사실이지만 이웃을 대하는 태도를 적극적으로 가르치고 긍정적인 면으로 전환한 분은 예수님뿐입니다.

3. 이웃의 입장에서

"대접을 받고자 하는 대로"란 말은 정확히 주고 정확히 받자는, 즉 매우 타산적으로 선행하라는 말씀이 아닙니다. 이는 본질적으로 이기적인 존재인 사람은, 자기가 타인에게 기대한 만큼 타인도 자기에게 기대하고 있음을 각성시키는 말입니다. 자신을 이웃의

입장으로 바꾸어 놓고 판단해보라는 것이죠. 무슨 일을 하든지 입
장을 바꿔 놓고 생각하면 유익이 따릅니다.

"남을 대접하라"는 말씀은 서로 자기 권리만 내세우지 말고 겸
손하게 먼저 사랑을 행하라는 뜻입니다. 이것이 예수님이 말씀하
시고픈 주된 내용입니다. 자기 권리와 주장만을 내세우지 않기 위
해서는 다른 사람들도 자신과 동일한 권리를 지니고 있음을 알아
야 합니다. 혹 자기보다 학벌과 재력과 지위가 못하다고 해서 그
사람을 하대하거나 불공평하게 대할 하등의 이유가 없습니다. 하
나님께서 그러하시듯 우리도 사람을 외모로 취하지 말고 기꺼이
대접해야 마땅합니다. 나도 자격 없지만 하나님께 은혜와 사랑을
받았으니 그 사랑에 보답해 남을 대접하는 것입니다. 이렇듯 희생
적, 능동적, 적극적 사랑을 먼저 시작한다면 이 사회의 미움과 차
별의 악순환을 끊은 출발점이 될 것입니다.

오늘 말씀은 "너희 원수를 사랑하라"(마 5:44), "네 이웃을 네
몸과 같이 사랑하라"(마 22:39) 라는 말씀과 사실상 일맥상통합
니다. 하나님의 은혜를 사모하고 남들에게 받는 칭찬과 대접을 기
뻐하는 만큼 우리도 남에게 은혜를 베풀고 대접해야 마땅합니다.
"사랑하는 자들아, 하나님이 이같이 우리를 사랑하셨은즉 우리도
서로 사랑하는 것이 마땅하도다"(요일 4:11). 요한의 말은 진리입
니다.

4. 복음적인 규범

예수님은 황금률을 '율법과 선지자'에 기록된 진리와 연관을 맺
고 있습니다. 한글 성경에는 없지만 원문에 있는 'γάρ 갈'를 넣어
번역하면 보다 의미가 명확해집니다. "왜냐하면 이것이 율법이요

선지자이기 때문이다." 즉 황금률은 도덕적인 규범을 초월한 성경적, 복음적인 규범입니다. 따라서 이 구절은 '정직은 대가를 지불한다.'라는 따위의 공리주의적 금언 정도로 이해해서는 안 됩니다. 우리가 남을 대접하는 건 똑같이 되돌려 받기를 기대해서가 아니라 율법과 선지자들이 가르치는 바이자 하나님의 금령(金令)이기 때문입니다.

우리 인생의 황금기는 언제입니까? 돈이 많을 때입니까? 높은 자리에 있을 때입니까? 예수님이 말씀하신 '황금률'을 따를 때 삶의 황금기를 맞이할 줄 믿습니다. 돈이 많든 적든 남을 대접하는 사람이 인생의 황금기를 살아갈 수 있습니다. 만약 대접할 돈이 없으면 기도하면 됩니다. 축복하면 됩니다. 얼굴에 미소를 띠고 사람을 대하면 됩니다. 사실 '대접하라'(ποιεῖτε 포이에이테)의 원래 뜻은 '행하라' 입니다. 이것은 하나님 나라에 가서 드러날 의입니다. 황금률을 행하며 이 땅에 사는 동안에 진정한 인생의 황금기를 맞이하길 축복합니다.

좁은 문, 좁은 길

마 7:13-14

몽골의 이용규 선교사님의 간증 중에 나오는 이야기입니다. 몽골 '베르흐' 지역 교회에서 예배를 드리려고 하는데 '벌러르'라는 자매가 땀으로 뒤범벅이 돼 교회에 들어왔습니다. 몇 시간 전에 잃어버린 소를 찾으러 뛰어다니다가 예배 시간이 임박한 것을 알고 소는 포기한 채 들판을 가로질러 달려왔다는 것입니다. 그때 선교사님은 소 대신 예배를 선택한 이 자매의 결단을 부끄럽게 하지 말아 달라고 하나님께 간절히 기도했습니다. 그런데 예배를 마치자마자 밖에서 소 울음소리가 들리는 것 아닙니까. 소 대신 예배를 선택한 이 소녀는 예배와 소, 두 가지를 함께 얻었습니다.

1. 두 가지 길

예수님은 따르는 무리들에게 두 길을 비유로 들면서 '좁은 문, 좁은 길'을 선택하라고 말씀하십니다. 모든 시대를 통틀어 인간의 삶은 '여정'에 비유되어 왔습니다. 초기 기독교는 그리스도인의 삶을 예수님의 길, 십자가의 길로 표현했습니다. 사람들이 걷는 두 길에 대한 비유는 성경에 자주 등장합니다(잠 15:19, 시 1:1-6). 예수님은 대조법을 사용해서 이 비유를 발전시키고 있습니다.

ㄱ. 출입구의 선택 : 넓은 문으로 들어가려고 합니까? 좁은 문으로 들어가려고 합니까?

ㄴ. 길의 선택 : 넓은 길로 가시겠습니까? 좁은 길로 가시겠습니까?

ㄷ. 동료의 선택 : 많은 사람과 같이 가겠습니까? 소수라도 옳은 편에 가담할 각오가 되어 있습니까?

ㄹ. 운명의 선택 : 생명을 택할 것입니까? 죽음을 택할 것입니까?

우리는 둘 중 오직 한 가지 길을 택할 수밖에 없습니다. 예수님은 이 두 가지 길의 함축적인 의미를 말씀하고 계십니다. 우리가 당면한 이 선택은 우리 삶 전체 및 영원과 관계된 문제입니다.

2. 넓은 문, 넓은 길

많은 사람이 넓은 문을 통과한 후 넓은 길로 갑니다. 그들이 그렇게 하는 데에는 여러 가지 이유가 있습니다.

(1) 넓은 길에는 사람이 많습니다. 그래서 안전하다 믿고 그 길에 합류합니다. 요즘은 교회도 큰 교회가 안전하다고 믿는지 큰 교회만 성장 일색입니다. 넓은 길은 안락해 보이고, 호화로운 저택이나 즐거움의 장소로 인도해 줄 것 같은 기대감이 줍니다. 사람들이 얼마나 편하고 호화로운 것을 좋아하는지 모릅니다. 길이 넓기 때문에 긴장하지 않아도 되고 힘들이지 않아도 됩니다. 이런 길은 그저 본능의 욕구를 따라 움직이는 길에 가깝습니다. 13절에 '멸망'이란 단어 외에는 모든 단어가 사람들이 본능적으로 좋아하는 단어들입니다. 성도들이 이사를 하거나 해서 교회를 옮겨

야 할 때, 다니던 교회보다 더 작은 교회로 옮긴다면 한국교회의 아름다운 변화가 더 빨리 이뤄질 것입니다.

(2) 어쩌면 예수 그리스도의 도덕적인 요구들을 무시하고 싶어서 넓은 길로 가는지 모릅니다. 넓은 문 위에는 우리 영혼의 적들이 달아둔 "당신 뜻대로 하라"는 간판이 있습니다. 사람들은 내 자존심, 내 감정, 내 고집을 건드리지 말라고 소리칩니다. 넓은 길은 그런 심리를 존중하고 네 맘대로 살라고 하는 길입니다. 죄악된 삶으로 인도하는 길은 매우 넓습니다.

3. 좁은 문, 좁은 길

예수님은 산에 앉아 귀를 기울이고 있는 사람들에게 좁은 문으로 들어가야 한다고 말씀하셨습니다.

(1) 좁은 문은 하늘나라를 향한 바른 문과 거의 동의어입니다. 따라서 좁은 문은 예수님을 의미합니다. 예수님은 우리에게 "나는 문이다, 나는 길이다." 라고 말씀하셨습니다.

(2) 그 문이 그토록 좁은 이유는 하나님과 다른 사람을 위해 자기 뜻을 포기하는 길이기 때문입니다. 자기 뜻을 포기하기란 여간 어려운 일이 아닙니다. 예수님은 하나님의 뜻에 복종하는 것이 매우 좁고 협착한 길임을 아셨습니다. 그래서 땀이 피가 되도록 아버지의 뜻이 이뤄지게 해달라고 겟세마네에서 기도하셨지요. 하나님 나라 신앙생활의 입구는 매우 좁습니다. 14절에 '생명'이란 단어 외에는 모든 단어가 사람들이 싫어하는 단어들입니다. 내 것을 포기하는 길, 싫은 길이 좁은 문입니다.

(3) 좁은 문을 통과하기가 어려울 뿐 아니라 길이 매우 거칠기 때문입니다. 그 길에는 환난과 시련이 있고 주위 사람들의 시기와

조롱이 있습니다. '협착하여'($\theta\lambda i\beta\omega$ 틀리보)라는 뜻은 '우겨 싸다', '고난받다'라는 뜻이 있습니다. 그뿐만 아니라 그 길은 가난한 자들의 오두막이나 짐승들의 우리처럼 볼품없기 때문에 주저합니다. 주님의 말씀을 믿는 자는 이 좁은 문 위에 달린 "왕의 궁전으로 가는 길"이라는 현판을 볼 수 있으나 부주의한 사람들은 간과하고 말 것입니다.

이상의 이유로 생명으로 인도하는 문은 찾는 이가 적습니다. 생명이 귀한 줄 알면서도 막상 생명을 얻기 위해 좁은 문으로 들어가는 사람은 적을 수밖에 없습니다. 누가 힘들고 어려운 길을 일부러 선택하겠습니까. 오늘날도 많은 사람이 복 받기를 원하지만 정작 주일에 복이 선포되는 교회로 나아오는 사람들은 많지 않습니다. 성도들도 비슷한 오류에 빠집니다. 하나님의 칭찬과 상급을 받고 싶지만, 열심히 충성하지는 않습니다.

여러분은 예수 그리스도 안에서 영생을 발견했습니까? 그렇다면 여러분은 쉽게 넓은 문과 넓은 길을 가지 않을 것입니다. 또한 사람의 수효나 현상에 현혹되지 않을 것입니다. 실제와 현상이 늘 일치하는 것은 아닙니다. 겉으로 드러나는 것이 사실일 수는 있지만, 실상을 완전히 보여주는 것은 아닙니다. 그리스도인의 삶의 겉모습은 좁고 협착한 문을 통과해 힘겨운 길을 걷는 것처럼 보일 수 있지만, 그 길이야말로 복으로 가득 차 있습니다. 천국은 좁은 문으로 들어간 우리의 것이며, 하나님은 좁은 길 가는 우리와 동행하십니다. 좁은 문, 좁은 길로 갑시다!

거짓 선지자들을 삼가라

마 7:15-23

좁은 길 가는 데 방해되는 것들이 많습니다. 특히 거짓 선지자들의 유혹이 심합니다. 거짓 선지자들은 넓은 길이 천국 길이라고 소개하거나, 다른 이상한 길을 바른 가는 길이라고 선전하여 많은 사람들을 멸망으로 인도하고 있습니다.

여러분 중에 가짜 다이아몬드를 가진 분이 있습니까? 왜 가짜 다이아몬드가 팔리는지 아십니까? 진짜 다이아몬드가 가치 있기 때문입니다. 위조지폐도 진짜 지폐가 통용될 때 만들어집니다. 모든 시대를 통틀어 참된 것들 뒤에는 거짓된 것들이 따릅니다. 우리 신앙생활도 비슷합니다. '그리스도 예수 안에서 모든 신령한 복'을 받은 사람들은 '하늘에 속한'이 복들을 경험합니다. 그러나 우리는 동시에 '하늘에 있는 악의 영들'과 싸우게 되었습니다. 진짜가 가짜와 싸우듯이 복의 영역은 싸움의 영역이기도 합니다. 악의 영들은 다시 성도를 붙잡으려고 하고, 성도가 영적으로 성장하는 것을 방해해 그리스도의 사역을 무너뜨리려 하고 있습니다. 사탄은 '거짓 선지자들'의 영향력을 동원해서 이런 일을 합니다. 거짓 선지자들을 삼가라고 하십니다. '삼가라'($\pi\rho o\sigma\acute{e}\chi\epsilon\tau\epsilon$ 프로세케테)는 말은 '~로부터 멀리하라', '경계하라'는 뜻입니다.

1. 거짓 선지자

선지자는 하나님의 말씀을 전하는 사람이었습니다. 오늘날은 목사가 선지자이기도 하겠고 구역장이나 회장도 그러합니다. 성도 앞에 서서 하나님의 말씀을 전하거나 예수님이 가신 길을 따라 가자고 외치며 앞장서서 가는 사람들이기 때문입니다.

'거짓 선지자'는 하나님의 말씀을 변조하는 자입니다. 공공연히 하나님의 말씀을 반박하거나 혹은 그 의미를 왜곡시키는 일을 합니다. 거짓 선지자의 무기는 '거짓'입니다. 그는 거짓말로 사람들을 미혹하고 거짓을 믿게 합니다(요 8:44). 거짓 선지자의 또 다른 무기는 '이적'입니다. 그는 마귀에게서 받은 능력으로 이적을 행하며 수많은 사람을 미혹하고 마귀를 따르게 합니다. 그렇게 사람들이 하나님을 믿지 못하게 하고 그 영혼을 멸망시키려 합니다.

2. 겉과 속이 다른 거짓 선지자

예수님은 거짓 선지자를 식별해 내기가 그렇게 쉬운 것만은 아니라고 말씀하십니다. 왜냐하면 그들은 '양의 옷'을 입고 나타나는 경우가 많기 때문입니다(15절). 대개 사람들은 거짓 선지자라 하면 무섭고 포악한 인상을 하고 있으리라 생각합니다만 그들은 자기도 선한 목자를 따라다니는 주님의 양인 것처럼 모습과 목소리를 꾸미고 있습니다. 화를 내고 큰소리를 칠 것이라 예단하지 마십시오. 때때로 지극히 온유하게, 때로는 겸손하게, 심지어는 솔직하고 깨끗하게 사과하고 용서를 구하는 나이스한 모습으로 나타날 수도 있습니다.

'사탄의 깊은 것을 알지 못하는'(계 2:24) 많은 어린 성도들이 이런 모습에 속아 넘어갑니다. "사탄도 자기를 '광명의 천사'로 가장한다."라고 하지 않았습니까(고후 11:13). 그러나 그 속은 '노략질하는 이리'입니다. 그들이 오는 것은 결국 사람들을 해치고 죽이고 멸망시키려는 목적뿐입니다(요 10:10) 거짓 선지자들의 행동 결과가 그들의 정체를 폭로하고 있습니다.

우리는 사람의 겉모양이나 입술의 말을 너무 믿으면 안 됩니다. 속을 보아야 합니다. '속'이란 '내면적으로'라기 보다는 '사실적으로', '실제로'의 뜻에 가깝습니다. 어떤 선지자가 정말 주님을 사랑하고 교회를 사랑한다면 그는 참된 선지자일 것입니다. 그러나 다른 선지자가 말도 잘하고 일도 잘하지만, 그 속에 주님을 향한 사랑과 교회를 위한 애정이 없다면 일단 의심해 봐야 할 것입니다.

3. 열매로 거짓 선지자를 식별할 수 있습니다

나무의 본질적인 특성은 그 열매를 통해 나타납니다(16절). '열매'란 차차 열리는 결과를 말합니다. 모든 식물의 외관은 우리를 속일 수도 있습니다. 예수님이 언급하신 가시나무는 포도송이와 매우 흡사한 작고 검은 열매를 내며, 엉겅퀴는 무화과나무의 꽃과 매우 흡사한 꽃을 피우는데, 이러한 점에 있어서 가시나무는 포도나무로 여겨질 수 있으며 엉겅퀴는 무화과나무로 오인될 수 있습니다. 하지만 모든 식물의 본질은 맺은 열매를 보면 분명히 알 수 있습니다.

이와 마찬가지로 거짓 선지자들은 참된 선지자들과 분명하게 구분될 수 있습니다. 그들이 열매 맺을 때까지 시간이 걸릴 수는 있겠지요. 그래도 신중히 그들의 '말'이 아니라 '열매'를 보아야 합니다. 시간이 가면서 그들이 정말 주님의 영광을 드러내는지,

교회에 덕을 세우는지, 다른 사람을 유익하게 하는지를 자세히 살펴보면 정체를 파악할 수 있습니다. 의심스러운 존재가 이리라면 그는 조만간에 본성을 드러내어 양을 잡아먹을 것입니다.

예수님은 거짓 선지자들을 경계하라고 말씀하십니다. 기다리며 살펴보는 지혜가 필요합니다. 무슨 놀라운 것이 있고, 무슨 좋은 것이 있다고 섣불리 뒤따르면 위험합니다. 예수님이 말씀하신 생명의 좁은 길을 가기 위해 거짓 선지자를 구별할 수 있는 지혜가 필요합니다. 복잡한 것을 잘 모르는 성도에게 가장 안전한 방법은 무슨 문제나 논란이 있는 모임에는 가지 않는 것입니다. 또 신뢰할 만한 목사님에게 물어보는 것이 안전합니다. 이리를 잘 분별하는 주님의 선한 양 떼가 되길 소망합니다.

누가 천국에 들어갈 것인가?

마 7:21-23

예수님은 갈릴리 호수 옆 작은 언덕에 모여든 사람들에게 천국 복음을 교훈하기 시작하셨는데, 이제 그 보화 같은 말씀(산상보훈)을 마치시며 다시 천국을 언급하십니다. 예수님은 이 땅에 기적을 베풀러 오신 분이 아니고 우리를 천국으로 인도하러 오셨습니다. '누가 천국에 들어갈 것인가?'를 말씀하십니다. 본문에 소개된 사람들을 봅시다.

1. 주여, 주여 하는 자

여기서 "주여, 주여"($K\acute{v}\rho\iota\epsilon$ $\kappa\acute{v}\rho\iota\epsilon$ 큐리에 큐리에) 하는 것은 예수님을 참된 구주로 고백해서 내뱉는 주님(고전 12:3, 빌 2:11)을 뜻하지 않습니다. 그저 입으로만 나불대는 형식적인 신앙을 뜻합니다. 따라서 여기 "주여, 주여 하는 자"는 입으로는 주님을 부르는 것 같지만 마음에 참 신앙이 없는 자, 그래서 말씀을 따르는 참된 순종이 없는 자를 가리킵니다. 거짓 선지자들이 그 대표적인 예이며, 외식하는 서기관과 바리새인들이 또한 그러합니다. 이들은 결코 천국에 들어가지 못합니다.

2. 아버지의 뜻대로 행하는 자

그러면 누가 천국에 들어가게 됩니까? 다만 "하늘에 계신 내 아버지의 뜻대로 행하는 자"가 천국에 들어갈 수 있다고 예수님은 말씀하십니다. 물론 이 말은 행위로 천국에 들어간다는 뜻이 아닙니다. 여기서는 믿음과 행함이 대비되는 것이 아니라 '형식적인 믿음'과 '참 믿음'이 대비되고 있습니다. '참 믿음'에는 주님의 이름을 부르는 신앙의 형식도 필요하지만, 무엇보다도 '하나님 아버지의 뜻대로 행하는 것'이 뒤따라야 합니다. 야고보의 표현을 빌리자면, '행함이 있는 믿음', 곧 '산 믿음'을 가진 자라야 천국에 들어갈 수 있는 것입니다(약 2:14-26). 참 믿음은 실제적이며, 실천적이라는 뜻이죠. 하나님의 뜻대로 행한다는 말은 하나님께 대한 복종을 의미합니다. 하나님께 대한 복종은 믿음의 핵심이며, 사랑의 시금석입니다. 하나님 아버지의 뜻대로 행하는 것을 최우선으로 삼는지를 보면 참된 선지자와 거짓 선지자를 식별할 수 있습니다. 로마서 12장 2절에 구원받은 자들은 하나님의 선하시고 기뻐하시고 온전하신 뜻이 무엇인지 분별하여 행동하라고 말씀하십니다. 우리는 행동하되 하나님의 뜻에 맞아야 합니다.

반면 거짓 선지자들은 '주여, 주여' 하는 형식은 있지만 '참된 행함'이 없습니다. 그들은 심지어 "주의 이름으로 선지자 노릇 하며 주의 이름으로 귀신을 쫓아내며 주의 이름으로 많은 권능을 행하기도"(22절) 합니다. 참된 믿음은 성공과 지위를 차지하는 것이 아니라고 말씀하십니다(22-23절). 거짓 선지자는 하나님께 순종하기 전에 성공을 만끽했습니다(22절). 그들은 하나님을 섬기기 전에 지위부터 차지했습니다. 그들은 은혜를 출세로 대신했음이 분명합니다. 참된 믿음이 없이도 놀라운 행위와 이적과 권능을 행할 수 있음을 봅니다. 이런 열매는 하나님이 '기뻐하시는' 행함이 아닙니다.

이스라엘에 여호와의 이름으로 거짓 예언을 행한 많은 선지자가 있었습니다(왕상 22:6, 겔 13:2-7). 사마리아의 시몬은 마술을 하여 사람들을 놀라게 했습니다(행 8:9). 요한계시록에 보면, 심지어 사람들 앞에서 불이 하늘로부터 땅에 내려오게 한다고 했습니다(계 13:13). 물론 오늘날에도 많은 신령하다는 종들이 여호와의 이름으로 거짓 예언을 하고 있습니다. 그러나 아무리 주의 이름으로 예언을 하고 이적을 행할지라도, 아버지의 뜻대로 하지 않는 자는 천국에 들어가지 못합니다.

3. 불법을 행하는 자

그래서 예수님은 그들을 향하여 이렇게 말씀하십니다. "내가 너희를 도무지 알지 못하니 불법을 행하는 자들아, 내게서 떠나가라"(23절). 먼저 "도무지 알지 못하니"라는 말은 원어 상으로 과거형입니다. 즉 이것은 '한 번도 안 적이 없다'라는 뜻입니다. 그들은 한 번도 예수님을 믿은 적이 없었습니다. 우리 눈에는 그들이 처음에는 예수님을 믿다가 타락한 것처럼 보일지 몰라도 예수님은 그들을 한 번도, 한순간도 하나님의 자녀로 여긴 적이 없다는 뜻입니다. 영적인 은사를 행사하면서도 하나님의 구원과 은혜에 대하여 문외한일 수 있습니다. 누군가 공개적으로 놀라운 일을 행했다고 해서 그가 개인적으로 하나님의 심판을 면했다고 확신할 수 없습니다.

또한 예수님은 '불법을 행하는 자들'이라고 부르셨습니다. 이것이 바로 거짓 선지자의 정체입니다. 그들은 하나님의 법을 지키지 않는 악한 자들입니다. 이에 반해 참된 믿음이 있는 사람은 하나님의 법을 준수합니다(요 14:21 "나의 계명을 지키는 자라야 나를 사랑하는 자니"). 비록 다 완벽하게 지키지는 못한다고 할지라도 지키려고 애를 쓰며 심지어 불신자에 비해서는 상당히 지키게 됩니다(요일 3:6). 하나님께서 우리를 부르신 목적도 "선한 일에 열심히 하는 친 백성"이 되도록 하기 위해서였습니다(딛 2:14).

4. 내게서 떠나가라

예수님은 불법을 행하는 자들을 향해 "내게서 떠나가라" 말씀하십니다. 이것은 준엄한 심판입니다. 예수님을 떠나는 것이야말로 무서운 형벌이요 사망입니다. 생명의 주님을 떠나가면 거기에는 영원한 죽음과 불 못이 기다리고 있습니다. 모든 복과 은혜에서 배제됩니다. 거짓 선지자와 온갖 악을 행하는 자들은 결국 이런 비참한 결말을 맞이하게 될 것입니다.

누가 천국에 들어갈 것인가 생각해 봅시다. 우리는 주님이 이 땅에 계실 당시 사람들처럼 신비한 능력을 지닌 사람들에게 쉽게 매료당합니다.·예수님은 기적을 베푸는 사람이 아니라 구세주이십니다. 예수님은 우리를 죄에서 건져내어 도덕적으로 자신과 비슷한 모습으로 우리를 변화시킵니다. 이것이 하나님의 참된 선지자가 맺는 열매입니다. 참된 선지자는 자신과 그가 섬기는 사람들의 삶에서 은사를 넘어 은혜에 더 관심이 많습니다. 예수님과의 관계에 더 관심을 가집니다. 그런 사람들을 따라갑시다. 천국으로!

듣고 행하는 자가 됩시다

마 7:24-29

산상수훈은 우리가 천국 백성으로서 갖추어야 하는 필수적인 모든 것들이 담겨있는 가르침입니다. 예수님의 가르침은 이론적이거나 실행하기 어려운 것이 아니고 지극히 실천적이며 충분히 실행할 수 있는 것입니다. 예수님 가르침의 가장 큰 목적과 의도는 하나님의 영광과 우리 이웃의 구원과 복지, 그리고 우리 자신의 유익을 증진하는 것입니다. 이제 예수님은 그의 가르침을 마무리하시면서, 청중들에게 단순히 가르침을 이해하고 존중하는 것으로 할 일 다 했다고 생각하지 않도록 경고하고 있습니다.

우리는 앞선 본문에서 율법에 대한 진실한 복종 없이 자기 지식이나 믿음이나 신앙고백이나 은사나 세상에서 얻은 명성 등에 소망을 두는 자들이 얼마나 어리석은 자들인지 분명하게 인식할 수 있었습니다. 이 권면은 당시 갈릴리에 위치한 산에 오른 무리들뿐만 아니라 그분의 말씀을 읽는 오늘날의 모든 성도에게도 적용되고 있습니다.

1. 집을 짓는 사람들

한 사람이 바위가 나올 때까지 흙을 파 내려갑니다. 설계도가 요구하는 기초를 갖추기 위함입니다. 그 위에 건조물을 이어 맞출 예정입니다. 그런데 그의 이웃은 훨씬 더 진취적인 것처럼 보입니다. 그는 '기초에 무슨 시간을 그리 들이냐' 묻습니다. 앞 사람은 여전히 흙을 파는 동안 이웃은 벌써 철골을 세우고 집을 완공했습니다. 그는 설계도대로 기초를 다지고 행하는 이웃을 어리석은 사람으로 여겼습니다. 사실 집을 지을 때 가장 큰 유혹거리는 '건축 비용 절감'과 '공기 단축'입니다. 그렇게 할 수만 있다면 설계도를 무시하고 불법, 편법을 눈감기도 합니다. 그러나 집을 제대로 잘 짓는 것은 설계사가 그려준 대로 실행하는 데 달려있습니다. 설계 도대로 건물을 지으려면 재료도 많이 들어가고 시간도 오래 걸리지만 그래야 제대로 된 건축물이 됩니다. 교회도 마찬가집니다. 교회 구령의 사업과 하나님 나라 건설을 위해 일할 때 하나님이 말씀하신 대로 행해야 합니다. 그렇지 않고 남보다 많은 사람을 빨리 모으고 규모를 키우는 데만 급급해 성경의 교훈에서 벗어나면 건강한 교회가 될 수 없습니다.

2. 완성된 두 집

두 집이 완성되었습니다. 겉으로 둘은 비슷해 보입니다. 둘 다 튼튼한 외형을 갖고 있습니다. 그렇지만 잘 살펴보아야 합니다. 비가 오고 홍수가 나고 바람이 불고 풍랑이 일기 시작할 때 모래 위에 지은 집은 무너집니다. 기초가 약하기 때문입니다. 이는 예수님의 말씀을 듣고도 행치 않는 믿음을 비유하신 겁니다. 이런 믿음은 환난이 닥치면 무너지고 맙니다.

그렇다면 집을 지을 튼튼한 기초는 무엇일까요? 오늘 말씀은

반석 위에 짓는 것이라 말합니다. 여기서 '반석'은 어떠한 환난에
도 넘어지지 않게 하는 든든한 기초를 말합니다. 이 반석은 하나
님의 말씀을 경청하고 듣고 잘 이해하고 동의하는 것 이상을 의미
합니다. 예수님의 말씀을 듣고 행하는 것이 바로 반석 위에 집을
짓는 행위입니다. 그리스도의 말씀에 순종하느냐 여부가 어리석
은 사람과 현명한 사람, 모래와 반석의 차이입니다.

거짓 선지자와 참된 선지자의 차이가 무엇이었습니까? '하늘에
계신 아버지의 뜻대로 행함'에 있다고 했습니다. 마찬가지로 거짓
그리스도인과 참된 그리스도인의 차이도 주님이신 그리스도께서
하시는 말씀을 듣고 그 말씀을 따라 사느냐 그렇지 않으냐에 달려
있습니다.

3. 믿음의 뿌리

누가 든든한 믿음이 있는지 평소에는 잘 모릅니다. 믿음의 기초
가 모래인데도 오히려 더 열심 있고 더 은혜로운 것처럼 보일 수
있습니다. 그러나 환난이 닥쳐오면 수준이 분명히 드러납니다. 믿
음의 뿌리가 없이 겉으로만 떠들던 사람은 주님을 배반하고 교회
를 떠납니다. 그러나 믿음의 뿌리가 견고해 반석위에 세워진 사람
은 환난 가운데서도 주님을 부인하지 않고 끝까지 인내하며 승리
합니다. 따라서 어떤 일이 있어도 '주님을 부인하지 않는 것'과
'끝까지 인내하는 것'이 중요합니다. 이런 점에서 주기철 목사님
과 손양원 목사님의 신앙은 귀한 모범이 됩니다. 주 목사님은 일
제 치하 모진 핍박과 고문 중에도 주님을 부인하지 않고 끝까지
믿음을 지켰습니다. 손 목사님은 가정이 뿔뿔이 흩어지고 고아가

되어 거지가 되는 지경에 이르렀지만, 끝까지 믿음을 지켰습니다. 공산당이 쳐들어왔을 때도 끝까지 믿음을 지키다가 아들들의 순교 이후 자신도 순교했습니다.

중요한 것은 예수님의 말씀을 '듣고 행하는 것'입니다. '행하는'($\pi o\iota\epsilon\hat{\iota}$ 포이에이)이란 자기 자신의 힘이나 노력으로 이루는 '율법적 행위'가 아니라, 예수님의 말씀을 듣고서 행하는 '믿음의 행함'입니다. 이것을 바울은 '믿음의 순종'(롬 1:5)이라 하였습니다. 참된 믿음은 참된 행함을 초래합니다. 물론 참된 믿음이 있는 성도라고 100% 온전한 행위만 하는 건 아닙니다. 이 땅에서는 여전히 연약함과 부족함이 우리를 휩싸고 있으며 죄의 유혹이 괴롭히고 있습니다. 그럼에도 불구하고 참된 그리스도인은 하나님 앞에서 진실하려고 애쓰며 하나님의 말씀을 따르고자 몸부림칩니다. 최소한 거짓말을 밥 먹듯이 일삼을 수 없으며, 계획적으로 악을 도모하거나 남을 괴롭힐 수는 없습니다.

4. 사람들의 반응

사람들은 주님의 가르침에 놀랐습니다(28절). 특히 그 권세에 감동하였습니다(29절). 우리는 설교를 듣고 감격하고 놀라는 사람들을 칭찬하곤 합니다. 물론 칭찬할 만한 일이지만 거기에는 불충분한 점도 있습니다. 마태는 백성들이 주님의 설교에 '순종했다' 말하기를 주저하고 있음이 분명합니다.

그들은 이전에 이런 훌륭한 설교를 들어본 적이 없다고 생각했을 것입니다. 그러나 예수님은 설교학적으로 칭찬을 듣기 위해 산상수훈을 전하신 게 아닙니다. 예수님은 사람들의 순종을 기대하고 설교하셨습니다. 예수님은 사람들이 설교 속에 나타난 권세를 깨닫고 말씀을 실천하게 하려고 이제껏 교훈하셨습니다. 여러분은 설교에서 주님의 뜻을 깨달았을 때 어떻게 반응합니까? 설교를 따라 살겠다고 다짐하십니까? 말씀을 잘 들읍시다. 그리고 행동합시다.

III

천국의 사명

두 번째 내러티브(8:1-9:38)

산상수훈의 속편

마 8:1-4

예수님은 사람들을 가르치시기 위해 산에 오르셨는데(5:1), 이제 다른 목적을 위해 그 산에서 내려오고 계십니다. '산에서'라고 번역된 '에서'(ἀπὸ 아포)는 분리를 나타내는 전치사이므로 '~으로부터'라고 해야 좀 더 정확한 번역이 됩니다. 이 단어를 통해 8장부터 새로운 무대와 이야기를 기대할 수 있습니다. 한가지, 한글 성경에는 '그러나', '그때' 혹은 '그리고'라는 뜻의 접속사 'δὲ'가 번역되지 않았습니다. 이 단어는 본문 이후의 말씀이 산상수훈과 연속성을 지니는 내용임을 강조하므로 번역되지 않으면 안 됩니다. 따라서 본문을 직역하면 "그리고 그때 그가 그 산으로부터 내려오셨다."입니다.

이제 앞으로 전개될 8, 9장의 기사들은 5-7장의 산상수훈과 공간적 배경은 확연히 구분되겠지만 내용상으로는 신학적 연계성을 가지고 계속 이어질 것입니다. 예수님의 가르침은 '허다한 무리'가 좇을 정도로 강한 힘을 지니고 있었습니다(7:28, 29). 본문 역시 강한 힘을 지닌 이야기입니다. 우리는 본문에 기록된 다음과 같은 사실에서 이 기사가 '산상수훈의 속편'임을 인식할 수 있습니다.

1. 한센병 환자의 놀라운 간구

당시에 한센병은 불치병으로 간주하였습니다. 그때까지 한센병이 치유된 예는 성경에 단 두 번(민 12:11-15, 왕하 5장) 밖에 없었는데, 모두 기적적인 사건이었습니다. 모세의 율법은 이 질병을 가려내고 취급하는 많은 규례를 지니고 있기는 했으나, 이 질병의 치유에 관한 언급은 전혀 없습니다. 이러한 점을 볼 때 본문에서 한 한센병 환자가 예수님께 그 질병을 치유해 주기를 간구한 것은 참으로 놀라운 일이 아닐 수 없습니다.

그는 예수님께 나아와 절했습니다. 이는 그가 이미 예수님을 능력의 선지자로 믿고 있음을 암시합니다(2절). 우리도 주님을 능력의 하나님으로 믿고 있는지 확인해 봅시다. 전능하신 하나님을 우리 신앙에서 간과하고 있는 것은 아닌지 꼭 살펴보아야 합니다. 이 환자는 확고한 소망과 기대를 하고 간구했습니다. 그는 예수님께서 원하시기만 하면 자기 질병을 충분히 치유하실 수 있는 분임을 확신했습니다(2절). 그는 과거 예수님의 치유 소식(4:23, 24)을 들었을 게 틀림없습니다. 소문을 통해 그는 자신도 치유 받을 수 있으리라고 확신하였을 것입니다. 우리가 예수님 앞에 나아갈 때 이런 믿음이 있어야 합니다. 예수님은 자신에게 나아오는 자들에게 자주 "네 믿음대로 된다."라고 말씀하셨습니다.

2. 예수님은 말에 앞서 손을 내밀어 그의 몸에 대셨습니다

이런 행동은 "원하시면"이라는 한센병 환자의 말에 대한 주님의 즉각적인 응답이었습니다. 한센병 환자의 마음을 사로잡고 있던 의혹은 과연 이분이 이스라엘 공동체로부터 버림을 받은 자신을 상대해 주실까 하는 질문이었는데, 예수님의 행동으로 모든 의구심이 사라졌습니다. 한센병 환자를 만지는 것은 율법에 따르면 부정해지는 것이지만(레 5:3), 예수님은 개의치 않으시고 그에게 손을 대셨습니다. 예수님이 한센병자의 몸에 손을 대셨다는 건 그를 다른 사람들과 분리해 놓았던 장벽을 허무는 행위입니다. 예수님의 권능뿐만 아니라 은혜를 나타내는 것이지요. 따뜻하게 닿은 손길에서 주님은 이 환자를 향한 친절과 사랑과 자비를 표현하셨습니다. 주님의 사랑 때문에 부정한 자가 깨끗하게 되는 구원의 메시지가 담겨 있는 것입니다.

또한 예수님은 자신의 권위에 따라 명령하셨습니다. "내가 원하노니 깨끗함을 받으라"(3절). 그 능력의 결과는 완전한 치유였습니다. "즉시 그의 나병이 깨끗하여진지라." 한센병 환자의 치유는 요단강에 몸을 씻는 것과 같은 간접적인 방법이 아니라(왕하 5:10, 13) 예수님의 말씀과 만지심을 통하여 직접적으로 이루어진 역사였습니다. 또한 예수님의 치유는 말씀하시자마자 즉각적으로 이루어진 권위 있는 치유였습니다. 이 모든 특별한 증거들은 예수님이 전능하신 구세주이심을 입증하고 있습니다.

3. 아무에게도 이르지 말라

이 기적을 통하여 나타난 비범한 능력은 주님의 명성을 크게 높일만한 것이었습니다. 아마 모르긴 몰라도 치유받은 한센 환자는 놀라움과 감사 가운데 주님의 능력을 소문내고 싶었을 것입니다. 하지만 주님은 그 일을 원치 않으셨습니다. 우리 같았으면 남이 좀 더 소문내 주길 기대했을 텐데 말입니다. 예수님은 사람들의 단순한 칭송을 원치 않으시는 정도가 아니라 단호하게 거부하셨습니다. "삼가 아무에게도 이르지 말라"(4절)고 엄하게 당부하셨습니다. 여기서 우리는 주님의 말씀을 산상수훈과 연관 지어 볼 수 있습니다(6:1). 사람에게 보이려고 일하는 것으로는 하나님께 영광을 돌릴 수가 없고 또 그 일의 효과를 극대화할 수가 없습니다.

또한 예수님은 자기를 찬미하는 것은 금하신 반면에 모세를 찬미하고 영화롭게 하도록 명하셨습니다(4절). 이는 5장 17절 말씀과 부합합니다. 예수님은 산에서 사람들에게 말씀하셨던 것을 평지에서 다른 방식으로 한센병 환자에게 말씀하셨던 것입니다. 산상수훈은 예수님이 '말에 권세가 있는' 분임을, 즉 그분의 말씀에 귀를 기울여야 마땅함을 나타내 주었다면, 본문의 기적은 그가 '행위에 권세가 있는' 분임을, 즉 그의 말씀은 믿을만함을 나타내 주고 있습니다.

예수님은 산상수훈을 주셨고, 본문에서는 산에서 말씀하신 대로 실천하셨습니다. 이런 예수님께 주목합시다. 그분이 어떤 분이신지 알고 믿음으로 나아갑시다. 여러분의 문제들을 예수님께 내어놓으십시오. 예수님의 가르침(성경적 가치관)을 따라서 생각하고 판단하며 행동으로 나아갑시다. 예수님을 통한 놀라운 능력과 은혜들이 우리에게 넘치길 소원합니다.

백부장의 믿음

마 8:5-13

　신약성경에는 믿음이 좋은 백부장(로마군 장교)들이 많이 등장합니다. 예수 그리스도의 십자가 옆에 서 있었던 익명의 백부장, 가정 전체가 그리스도를 받아들였던 백부장 고넬료, 사도 바울을 로마로 호송하는 책임을 맡았던 친절한 백부장 율리오, 그리고 오늘 본문에 나오는 자기 하인을 믿음으로 낫게 하는 또 한 사람의 백부장입니다. 요즘도 믿음이 좋은 군인들이 많은데 그 이유는 아마 군인이 지닌 단순명료함 때문이 아닌가 생각해 봅니다.

1. 백부장이 예수님께 가지고 나온 하인의 병은 중풍이었습니다

　한센병이 매우 무서운 외적인 재앙이었다고 할 때, 중풍은 그에 못지않은 내적인 재앙이라고 할 수 있습니다. 오늘 중풍 병자가 얼마나 악화된 상태에 있었는가 하는 점은 "집에 누워"있다는 말과 "몹시 괴로워하나이다."라는 말에서 잘 나타납니다(6절). 몸은 불편하지만 길에 다닐 수 있는 중풍 병자들이 있지 않습니까? 어쨌든 예수님은 그 병을 완전하게 고쳐주셨습니다(13절). 그는 단순히 통증이 완화되거나 부분적으로만 치유되는 과정에 있던 것이 아니라 완전히 치유되었습니다.

이 치유는 '말씀'에 의해 이루어졌습니다. 특히 이 경우는 환자가 직접 들을 수 없었던 말씀을 통해 이루어졌습니다. 환자 자신이 아닌 제삼자에게 선언된 말씀을 통하여 이루어졌습니다. 정말 주님의 말씀은 생명과 능력이 있습니다. 우리는 말씀을 읽고, 듣고, 감동하고, 깨달아야 합니다. 그리고 순종해야겠습니다. 하나님께서 직접 내게 말씀하시지 않아도 성경을 통해서, 그리고 목회자를 통하여 우리에게 말씀하실 때가 있습니다. 그때 하나님의 말씀인 줄 알고 마음으로 받아 순종합시다. 그러면 우리 영과 육에 놀라운 치유의 역사가 일어날 것입니다.

2. 말씀의 역사가 일어난 통로는 믿음입니다

백부장이 예수님께 도움을 구하러 갔던 것은 믿음으로 한 행위입니다. 도움을 얻을 수 있으리라고 기대하지 않는 대상에게 누가 도움을 구하러 가겠습니까. 치유를 신뢰했기 때문에 도움을 구한 것입니다(히 11:6 "믿음이 없이는 하나님을 기쁘시게 하지 못하나니 하나님께 나아가는 자는 반드시 그가 계신 것과 또한 그가 자기를 찾는 자들에게 상 주시는 이심을 믿어야 할지니라"). 여러분은 이 예배에 믿음으로 나오셨습니까? 그렇다면 그 믿음으로 예배할 뿐만 아니라 여러분의 기도 제목을 믿음으로 간구하십시오. 하나님의 놀라운 감동과 응답이 있을 것입니다.

백부장의 믿음은 또한 매우 특이한 것이었습니다(8, 9절). 우리는 과연 이 백부장의 말에서 발견할 수 있는 것보다 더 강한 믿음의 표현을 찾아볼 수 있을까요? 그는 예수님께 "질병과 고통에 대한 당신의 명령은 내 병사들에게 내리는 내 명령처럼 권위가 있습니다. 나는 내가 원하는 것을 그들에게 알리기만 해도 그 일은 즉각적으로 이루어집니다. 마찬가지로 내 하인을 고통 속에 몰아넣고 있는 모든 세력도 당신의 말씀에 즉각적으로 복종할 것입니다"라고 말했습니다. 그의 이러한 믿음은 단지 외면적인 것이 아니라 매우 실제적입니다. 백부장에게 하신 예수님의 말씀에서도 이 사실을 알 수 있습니다. "이스라엘 중에 아무도 이만한 믿음을 만나보지 못하였다."

3. 치유는 예수님에 의해서 믿음과 연결되었습니다

13절에 "네 믿은 대로 될지어다"라고 예수님이 말씀하셨습니다. 예수님께서는 백부장의 믿음을 보시고 그의 간구를 들어주셨습니다. 믿음이 없는 사람들은 비록 그들이 명목상 이스라엘에 속한 자들이라 할지라도 예수님께 버림을 당하고 말 것입니다(11, 12절). 따라서 이러한 놀라운 기적을 일으킨 원인은 오직 믿음이었습니다. 예수님의 이 말씀은 그의 보화 창고의 열쇠를 우리에게 쥐여 주시는 것입니다. 우리의 믿음은 예수님의 은혜를 받는 척도입니다. 이것이 바로 하늘나라의 규례입니다. 하나님 나라에 들어가는 한 가지 조건이 백부장이 지니고 있었던 예수 그리스도에 대한 믿음이었습니다.

소매치기 전과로 23년 징역을 산 정갑득 씨가 가족에게서도 버림받은 후 몸을 의탁한 곳이 임석근 목사가 운영하는 〈담안선교회〉였습니다. 갑득 씨는 임 목사의 소개로 건설 현장 잡역부로 일하게 되었는데, 어느 날 일이 끝난 후 회식이 있었고 술 한 잔 얻어먹고 얼큰해진 채 퇴근 버스에 올라탔습니다. 그날 갑득 씨는 또다시 소매치기 현행범으로 체포되었습니다. 훔친 것은 전화카드 한 장과 주민등록증이었습니다. 엄상익 변호사가 재판정에서

변론을 했습니다. "저 사람은 자기 잘못을 정확히 아는 사람입니다. 그렇지만 징역을 살고 나와도 똑같은 범행을 저지를 것 같다고 합니다. 법으로 해결하지 못할 문제인 듯합니다. 그렇다면 차라리 저 사람이 막 믿기 시작한 주님에게 맡겨보는 것이 어떨까요?" 2주일 후에 갑득 씨는 석방되었습니다. 판사가 엄 변호사에게 말했습니다. "판사보다 더 높은 주님에게 그를 맡기자고 하는데 감히 무슨 말을 하겠습니까?"

민음에 대해 칼빈은 '말씀에 근거한 분명한 지식'이라고 했습니다. 그가 말하는 지식은 성경에 기록된 사실에 관한 정확한 지식을 의미하지 않습니다. 만약 그렇다면 성경 내용을 가장 많이 기억하는 사람이 믿음이 제일 좋은 사람이겠죠. 참된 믿음은 그리스도를 통해 나타난 하나님의 약속에 관한 것입니다. 이 약속을 우리는 복음이라고 합니다. 단순한 역사적 사실에 대한 믿음과 달리 복음의 약속은 우리가 그리스도를 굳게 신뢰하게 합니다. 믿음은 분명한 지식과 더불어 굳건한 신뢰를 포함합니다. 오늘 이 백부장은 그러한 믿음의 소유자였습니다. 우리도 이 백부장처럼 주님 앞에 믿음으로 나아갑시다. 그리하여 놀라운 치유의 경험을 할 수 있기를 바랍니다.

모든 것을 고치시는 예수님

마 8:14-17

무슬림 국가인 인도네시아에 아시아 최대의 예수상이 건립됐다고 합니다. 인도네시아 부동산 개발회사인 시푸트라사가 인도네시아 술라웨시섬 북부 '메나도'라는 기독교인들이 모여 사는 마을에 30m 높이로 세운 이 예수상은 관광객을 끌어들이기 위해 건립했다고 합니다. 이 예수상은 동티모르 수도 딜리에 있는 높이 27m의 예수상보다 더 큰 것입니다. 이 소식을 들은 베트남 관광청은 인터넷 홈페이지를 통해 베트남 남부 해안의 휴양도시 풍타우에 있는 예수상이 높이 32m로 인도네시아 예수상보다 더 크다고 주장했습니다. 아시아에 예수상이 이렇게 많은 줄 저는 처음 알았습니다. 물론 브라질 '리오 데 자네이루'에 있는 예수상은 높이가 38m이긴 합니다. 브라질이 포르투갈로부터 독립한 것을 기념하여 세운 것입니다. 어쨌든 우리 예수님은 관광객을 끌어들이는 동상이 아니라 인류를 구원하는 구주시며 약한 것들을 고치시는 주님입니다.

1. 베드로의 장모를 고치시는 예수님

예수님은 베드로의 집에 들어가시면서 그의 장모가 열병으로 고생하는 것을 보십니다. 아마 대단히 심각한 열병이었던 것 같습니다. 누가는 의사로서 특별히 이 사실에 주목하여 그 열병이 '중한' 것이었다고 언급합니다(눅 4:38). 그 열병으로 인해 환자는 기력을 완전히 잃어버렸습니다. 그녀는 예수님과 같은 귀빈이 오셔도 일어날 수 없을 정도였습니다. 이런 상태에서 예수님의 치유를 통해 우리는 어떤 질병도 완전하게 치유하시는 예수님의 능력을 보게 됩니다. 예수님은 그녀의 손을 잡아 일으키셨습니다(막 1:31 본문에서는 "그의 손을 만지시니"). 구주 예수님은 열을 내리시고, 그녀의 기력을 회복해 주셨습니다. 그녀는 열병이 걸리기 전과같이 강건해졌고, 예수님께 수종을 들었습니다(15절). "수종 들더라"($\delta\iota\alpha\kappa o\nu\acute{e}\omega$ 디아코네오)는 '여러 가지 봉사로 섬기다'라는 의미입니다. 사역적 의미에서는 '공급하다', '육체의 필요를 채우다'라는 의미도 있습니다. 이는 주님을 영접하고 새 생명을 얻은 모든 제자들이 주님께 즉각적으로 보여야 할 모범적 반응입니다. 그녀가 예수님께 수종 든 것을 볼 때 그녀는 예수님께 손만 붙잡힌 것이 아니라 마음까지도 감동한 것 같습니다.

예수님이 행하신 일의 완전함을 볼 수 있습니다. 오늘 예배에 나온 여러분이 예수님께 어떤 것을 고침 받으러 나왔는지 저는 알 수 없지만, 그것을 고침 받을 뿐 아니라, 마음도 감동하여 돌아가시기 바랍니다. 마음이 감동되어야 행동이 바뀌기 때문입니다. 하나님께 기도하십시오. '나를 고치시고 나의 마음을 감동하여 주시옵소서!'

2. 많은 사람을 고치시는 예수님

짧은 본문이지만 또 한 가지 예수님의 기사가 실려 있습니다. 날이 저물 때 사람들이 많은 병자와 귀신들린 자들을 예수님께 데려왔다고 합니다(16절). 몰려든 사람들이 너무 많아서 "온 동네가 문 앞에 모였더라"(막 1:33) 고 합니다. 예수님께 모여든 그들은 그들의 형편과 성격은 각자 달랐지만, 그들이 절박한 상황에 있다는 현실은 같았습니다.

예수님께 나올 때 제일 중요한 것은 예수님의 도움을 바라는 절박한 심정입니다. 이것이 믿음의 한 측면입니다. 예수님은 그들을 그대로 내버려 두지 않으셨습니다. 더 많은 사람이 올수록 치유는 더 많이 행해졌습니다. 그들의 필요가 다양할수록 주님의 도움도 다양했습니다. 그들의 절박함이 클수록 주님의 능력도 더욱 크게 나타났습니다. 치유받은 자들이 얼마나 큰 기쁨을 가지고 돌아갔겠습니까? 예수님이 치유하시는 범위는 놀라울 정도로 넓습니다. 아무리 많은 숫자도, 규모도 괜찮습니다. 예수님께 나아가기만 하면 됩니다.

3. 본질적인 치료를 베푸신 예수님

사람들의 질병에는 악령의 힘이 숨겨져 있었습니다. 모든 질병이 다 그런 것은 아니지만 어떤 것들은 악령과 특수한 방식으로 연결된 것들도 있습니다(16절).

또한 질병의 표면 아래 심연에는 죄의 작용이 있습니다. 물론 죄가 어떻게 작용하는지 우리가 상세히 추적해 낼 수는 없습니다. 죄는 죽음의 그림자가 아니고 무엇이겠습니까? 죽음이 죄의 삯이 아니고 무엇이겠습니까? 우리 질병에 악한 영이 작용한다는 사실이 곧 죄가 존재한다는 것을 증명하고 있음은 두말할 나위가 없지 않습니까?

마지막으로 질병의 이면에는 예수 그리스도의 속죄하는 고난이 있습니다. 주님은 그들을 악한 상태에서 구해 주시려고 오셨기 때문입니다. 주님은 십자가 죽음을 통해 악의 세력을 멸하려 하였기 때문입니다. 주님은 하나님의 어린 양으로서 세상 죄를 지고자 하였고, 친히 나무에 달리사 우리의 죄를 담당하셨기 때문입니다. 우리에 대한 주님의 긍휼이 그런 것이었으며, 우리를 위한 주님의 사역은 우리의 죄와 연결되어 있습니다. 그래서 17절에 "우리 연약한 것을 친히 담당하시고 병을 짊어지셨도다"라고 말하는 것입니다.

예수님은 모든 자의 구주십니다. 구원을 얻기 위해 그에게 오는 자들이 아무리 많고, 다양하고, 약하고 궁핍하다고 할지라도 그들은 예수님의 사랑과 능력을 고갈시킬 수 없습니다. 주님 안에는 모든 것들의 고침과 모든 종류의 충만함이 있습니다. 예수님은 그것을 주시려고 이 땅에 오셨고, 죽으셨습니다. 주님께 믿음으로 나아갑시다. 그래서 고침을 받읍시다. 또한 예수님으로 말미암아 감동을 받읍시다. 은혜를 받읍시다. 하나님이 기뻐하는 삶을 삽시다!

건너편으로 가기를 명하시는 예수님

마 8:18-22

밀양, 창녕 국회의원인 김용갑 씨가 지난 총선에서 출마하지 않겠다고 했었습니다. '공천받기가 힘든 것 아니냐? 나이가 많기 때문 아니냐?'라는 말들이 있었습니다. 하지만 그래도 국회의원 자리를 향한 미련을 접고 불출마한다는 것은 쉬운 일이 아닙니다.

샘터는 1970년 4월 '평범한 사람들의 행복을 위한 교양지'를 표방하며 창간됐습니다. 창립자는 국회의장을 지낸 고 김재순 님입니다. 지금은 그분의 막내아들인 김성구 씨가 발행인으로 있는데, 그가 첫 산문집 〈좋아요, 그런 마음〉을 냈습니다. 내용 가운데 등장하는 인물들이 많은데 피천득, 법정, 이해인 등입니다. 그분들은 '무소유'의 삶을 산 사람들인데도 "나 욕심 많지"라고 말하더랍니다. 인간에겐 재산, 권력, 명예에 대한 욕심이 끊임없이 찾아 드는데, 그중에서 가장 버리기 어려운 것이 명예욕이랍니다.

예수님은 방금 유례없는 명설교를 하셨고 몇 가지 기적을 베푸셨습니다. 이런 설교와 사역에 놀란 무리가 그분을 보기 위해 떼지어 몰려들었습니다. 그러니까 지금 예수님은 인기 절정의 상태입니다. 그런데 예수님은 설교와 사역을 잠시 중단하겠다고 말씀하십니다. 예수님은 그에게 몰려드는 무리를 치유하지 않고, 가르치지 않고, 고의로 그들을 떠나겠다는 것입니다. 여러분은 한창 인기 절정일 때 이렇게 하실 수 있겠습니까? 예수님이 왜 이렇게 하시는지 오늘 본문에 나오는 두 사람의 이야기에서 추적해 볼 수 있습니다.

1. 서기관

서기관은 누군가를 따르는 것보다 인도하는 일에 익숙한 사람입니다. 그럼에도 그는 예수님이 떠날 준비를 하고 있는 그 중대한 시기에 예수님을 따르겠다고 제안합니다(18, 19절). 예수님은 지금 서기관이 따르고자 하는 사람이 누구인지 생각하도록, 그리고 예수님을 따르는 대가를 계산하도록 명령하십니다. 예수님과 함께하는 것이 어떤 것을 의미하는지 그가 고민하도록 말씀하신 것입니다. 예수님이 "머리 둘 곳도 없는 분"이라면 그분을 따르려는 자들은 어떻게 할 것인가를 생각해 보라는 말씀입니다. 예수님은 "그래도 따라올래?" 하시는 것 같습니다.

따르고자 하는 실제적인 동기를 서기관 자신도 알지 못하는 것 같습니다. 그는 예수님의 명설교와 기적에 이끌렸으며, 그러한 위대한 분과 함께 하기를 바랐을 것입니다. 그런 대단한 분과 함께 할 때 얻을 수 있는 많은 세상의 유익을 기대했을 것입니다. 다른 많은 사람도 비슷한 의도였을 것입니다. 그런 추종자들은 예수님께 하등 도움이 되지 못합니다. 오히려 장애가 될 것입니다(딤후 2:4 "병사로 복무하는 자는 자기 생활에 얽매이는 자가 하나도 없나니 이는 병사로 모집한 자를 기쁘게 하려 함이라"). 따라서 이 중대한 시기에 예수님은 가능한 한 단호하게 그런 사람들을 물리치십니다. 예수님은 희생을 각오하는 '참된 제자들만이 나와 함께 나의 일을 할 수 있다'라고 말씀하시는 것입니다.

2. 제자 중의 한 사람

이 제자는 이미 부르심을 받았을 뿐 아니라 예수님을 따르는 무리들의 주변을 배회하고 있었습니다. 그는 다른 모든 제자와 마찬가지로 예수님을 배우고 따르기를 기대했을 것입니다. 그의 요구는 매우 자연스러운 것입니다. 당시까지 살아있었던 그의 아버지가 돌아가셨으니 시신을 장사할 때까지 기다려 달라는 것이죠(21절). 이는 아들로서 큰 의무 때문에 예수님 따르는 일을 잠시 연기하는 것에 지나지 않습니다.

예수님의 대답은 무엇입니까? 아버지를 장사하는 일은 예수 그리스도의 일을 위해서 부르심을 받지 않은, 혹은 예수 그리스도의 일을 하기에는 합당하지 않은 다른 가족들이 할 수 있다고 말씀합니다(22절). 주님의 대답은 거기 있던 모든 제자들에게 참된 제자도가 무엇인지 깨닫게 해 줍니다.

구주께서 제자들에게 함께 가자고 하는 '저 편'이 어떤 곳이든지 그들은 즉시 그와 함께 가야 합니다. 필요하다면 제자는 다른 모든 사람을 버려야 하며, 소명과 의무가 무엇이든지 간에 주님을 위해서 포기할 수 있어야 합니다. 변절의 성품을 암시하는 머뭇거림이 그의 마음속에 자리하고 있는 것을 아시는 구주께서 그에게 결단을 요구하고 있는 것입니다. 예수님의 명설교와 기적이 일어나는 이 뜨거운 순간에 '예수님을 따르는 일이 그 어떤 일보다도 우선시 되어야 한다.'는 결단을 요구하십니다. 은혜받을 때 여러분들도 결단하십시오.

예수님은 천국 복음 전파와 하나님 나라 확장을 얼마나 많이 생각하시는지 모릅니다. 안일한 놀라움과 이익에 집착한 동기를 가진 사람들이 그 일을 방해할 위험이 있을 때, 주님은 즉시 그들을 버리고 떠나십니다. 우리가 고속도로를 주행할 때 자동차의 규정 속도를 넘으면 예수님이 내리신다는 이야기가 있습니다. 우리 자신만을 위한 '기복신앙'과 이기적 '행운신앙'을 갖고 있으면 예수님은 우리를 떠나십니다.

예수님은 자신의 능력이 나타나는 것보다 하나님의 영광과 계획을 이루려는 마음으로 그 자리를 피하고 계십니다. 다른 의무들에 대한 압박이 하나님 나라 사역과 대립할 때 그는 즉시 다른 일들을 버릴 것을 제자들에게 명령하고 있습니다. 예수님의 거대한 목적을 아무것도 방해해서는 안 됩니다.

'저편으로 건너가기를 명하시는 예수님'의 깊은 뜻을 알고 우리 모두 예수님을 따라가는 참된 제자가 됩시다. 얌체 같은 이익을 포기하고 즉시 주님을 따르는 참된 제자가 되는 것이 오히려 우리의 존재감을 나타내는 길입니다. 김인권 〈여수애양병원〉 명예 원장님이 2017년 서울대학교 졸업식에서 축사하실 때 말씀이 기억납니다. "너무 좋은 직장을 찾지 마라, 열심히 즐겁게 일하라!"

바람과 바다도 순종하는 예수님

마 8:23-27

대통령직 인수위원회가 갈수록 비대해지고 있답니다. 지난해 연말 임명장을 받은 인수위 총원은 184명. 5년 전 노무현 정부의 인수위 때의 233명보다 21%가 줄었습니다. 그런데 새해가 된 지금은 인수위 총원이 500명이 넘었답니다. 물론 노무현 정부 때도 점점 늘어났다고 합니다. 그래도 뭔가 석연치 않습니다. 권력의 주변에 모여드는 사람들이 많아지는 것은 좋은 일이 아닙니다.

예수님이 유례없는 명설교를 하시고 몇 가지 기적을 베푸시자 많은 사람이 예수님을 보기 위해 떼 지어 몰려들었습니다. 하지만 예수님은 참된 제자만이 예수님과 함께 '인류구원과 하나님께 영광'을 돌릴 수 있음을 나타내시고자 무리를 떠나 저편으로 건너가기를 명하셨습니다. 이제 제자들과 함께 배를 탔습니다. 한글 성경은 예수님을 따르는 제자들을 잘 표현하지 못하고 있습니다. 원문을 가지고 그대로 번역하면, "그가(αὐτῷ 아우토) 배에 오르시매 제자들이 그를(αὐτῷ 아우토) 따랐더니"입니다. 예수님을 강조하고 있습니다. 물론 어떤 제자들은 마지못해 동행하기도 했을 것입니다. 한창 인기 있는 예수님과 제자들이 타기에 배는 작았을 것입니다. 그래서 다른 여러 배로 제자들이 좇았을 것입니다. 배를 탄

후에 이루어진 항해에는 두 가지 중요한 특징이 나타나고 있습니다.

1. 제자들 편에서 '놀라서 외친 호소'가 있었습니다(25절)

이 호소의 원인은 '큰 놀'이었습니다. 이것은 일종의 격동인데 호수 동편의 깊은 골짜기로부터 불어오는 돌개바람이 주요 원인입니다. 그 바람 때문에 일어난 파도가 뱃머리를 뒤흔든 것입니다. 파도는 그 배의 갑판을 덮칠 것처럼 쳐댔습니다(24절). 상황은 매우 급박하였습니다. 그들이 긴박하게 호소한 것은 그 상황에서 주님이 보이신 전혀 예상 밖의 태도 때문입니다. 배를 조종하던 사람들과는 멀리 떨어진 곳에서(25절에 "나아와") 주님은 주무시고 계셨던 것입니다(참조, 막 4:38)! 참고로 이런 주님의 모습을 통해 예수님의 진정한 인성을 확인할 수 있습니다. 많은 사역 때문에 주님의 육신이 피곤했음을 보여주는 증거이죠. 어쨌든 주님의 이러한 모습은 분명히 당황스러운 장면이었을 것입니다.

어떻게든 그들은 주님을 잠에서 깨우지 않았겠습니까? 그들의 호소는 극히 짧고 퉁명스러웠습니다. "주여, 구원하소서. 우리가 죽겠나이다!"(25절) 다른 한편으로 그들의 절망적인 곤경 가운데서 그들이 얻을 수 있는 모든 동정과 도움을 간청하는 말속에는 거의 불평에 가까운 책망 조의 그 무엇이 들어있었습니다. 우리도 걸핏하면 "죽겠다!"라고 하지 않습니까? 그래도 그들은 예수님을 찾았으니 다행입니다. 한 걸음 더 나아간다면 빌립보서 4장 6절 "아무것도 염려하지 말고 다만 모든 일에 기도와 간구로 너희 구할 것을 감사함으로 하나님께 아뢰라"고 하신 말씀에 따라 기도했으면 더 좋았을 것입니다.

2. 주님 편에서 '은혜로우신 응답'이 있었습니다

퉁명스러운 제자들의 불평에 주님 대답은 매우 은혜로운 것이 었습니다. 비록 책망 조로 말씀하셨긴 하지만 말입니다.

먼저 제자들을 책망하셨습니다. "어찌하여 무서워하느냐? 믿음이 작은 자들아!"(26절) 물론 누가 봐도 이 말씀은 책망이지만 참 얼마나 은혜로운 책망입니까? 예수님과 동행하면서 지나치게 실패를 두려워하는 것은 분명히 불신앙입니다.

또 다른 책망이 이어집니다. 말하자면 앞의 책망에 대한 보충입니다. 예수님은 책망의 방향을 분명히 하였습니다. "바람과 바다를 꾸짖으시니"(26절). 예수님께서는 위험의 원인을 공격하셨습니다. 천지 만물을 다스리시는 하나님의 아들다운 책망입니다.

첫 번째 나타난 결과는 꽤 효과적이었습니다. "아주 잔잔하게 되거늘"(26절). 그리고 최종적인 결과는 매우 놀라운 것이었습니다. 말씀에 순종하는 자연현상을 본 사람들의 마음속에도 자연의 정적과 같은 큰 정적이 있었습니다. '놀라움의 정적'이고, '어리둥절함의 정적'이었으며, '경외의 침묵'이었을 것입니다. "이가 어떠한 사람이기에 바람과 바다도 순종하는가"(27절). 마음 깊은 곳에서 우러나오는 감탄이며, 이러한 감탄은 그들에게 복이었습니다. 우리에게는 주님을 알고 그 역사를 목격하는 감탄이 있습니까? 예수님과의 신비로운 동행으로 말미암아 우리의 삶에 놀라운 역사를 맛보며 감탄하는 것은 우리에게 분명한 복입니다.

때때로 예수님은 우리가 시험을 당하게 하십니다. 예수님은 우리 판단에는 어긋나는 것을 행하라고 명하십니다. 그렇게 우리의 믿음을 자극하고 기도하게 하시며, 자신의 영광을 입증하게 하십니다. 예수님은 우리로 하여금 마침내 시련을 극복하도록 하는 주님의 태도를 보여주십니다. 예수님께서는 이러한 태도를 통해 우리가 주님의 자비와 능력을 더욱 확실히 알게 하십니다. 더욱 깊은 정적, 더욱 깊은 믿음에 이르게 하십니다. 결국 예수님은 앞에 그가 주무셨을 때 우리가 놀라며 두려워했던 것보다 더 큰 놀라움을 경험하게 하실 것입니다. 어려울 때 예수님께 간구하며 우리의 믿음을 나타냅시다.

귀신들을 쫓아내시는 예수님

마 8:28-34

예수님과 제자들을 태운 배가 해변에 도착했을 때 매우 기이한 두 사람이 예수님을 기다리고 있었습니다. 그들은 방탕함과 흉포함, 그리고 힘에 있어서 특별했습니다(막 5:4). 이런 특별함을 무기로 그들은 근처를 점령하고 살았습니다(28절). 사람들은 이 길들일 수도, 통제할 수도 없는 짐승보다 포악한 사람들이 점령하고 있던 장소에는 얼씬거리지도 않았습니다. 하지만 예수님은 그들을 찾아가 만나주십니다. 우리도 예수님처럼 가야 합니다. 마태복음 28장 19절에 "그러므로 너희는 가서, 모든 민족을 제자로 삼아, 아버지와 아들과 성령의 이름으로 세례를 베풀고, 내가 너희에게 분부한 모든 것을 가르쳐 지키게 하라!"고 말씀하십니다. 가라는 명령에 순종할 때 역사가 일어납니다.

1. 귀신들린 두 사람

예수님이 보시기에, 그리고 진리의 측면에서 볼 때 그들은 특별할 정도로 악령의 영향과 지배하에 있었습니다. 귀신이 인간 속에 거하면 인간은 더는 자기 행동의 주인이 되지 못합니다. 우리는 귀신이 아니라 주님이 우리의 삶에 주인이 되도록 해야 합니다.

(1) 그들은 귀신들린 사람들이었습니다. 그들이 사용하는 언어가 이를 증명합니다. "하나님의 아들이여!"(29절). 이 외침은 그들이 전혀 누군가로부터 배울 수 없었던 지금 상황에 대한 지식을 나타내는 말입니다. 영적 존재로서 영적 지각력이 있는 귀신들은 예수님을 즉시 알아보고 그를 향해 그렇게 불렀습니다. "때가 이르기 전에 우리를 괴롭게 하려고"(29절). 이것은 미래에 대한 말입니다. 이러한 지식은 그 어떤 곳에서도 사람들에게 전혀 말해진 적이 없는 것입니다. 이런 현상은 두 가지 점을 시사합니다. 먼저 귀신도 하나님의 심판이 있을 것과 그로 말미암아 자신들의 권세에 종말이 임할 것을 인지하고 있었다는 점입니다. 또 한 가지는 아직 그때가 이르지 않았다는 사실을 알고 있었다는 점입니다. 이런 사실은 하나님의 나라가 이미 임하였으나 아직 그 나라의 최종적인 완성과 도래는 이르지 않았다는 마태의 종말론적 관점과 일치합니다.

(2) 단순히 인간들에게는 할 수 없는 요청 또는 간구가 있습니다. "우리를 쫓아내실진대 돼지 떼에 들여보내 주소서"(31절). 이것을 보면 분명히 본문에는 사람이 아닌 다른 그 어떤 존재가 있습니다. 마지막 장면에서 그 요청의 결과 역시 동일한 메시지를 우리에게 던지고 있습니다.

(3) 예수님께서 "가라!"고 수락하십니다. 그리고는 어떤 일이 일어납니까? (32절) 인간의 능력과 비교할 수 없는 권세들이 본문에 나타나고 있음을 그 누가 의심할 수 있습니까? 본문에 그 권세들보다 훨씬 더 큰 한 권세가 있음을 또한 누가 의심할 수 있습니까?

2. 귀신들을 쫓아내시는 예수님

우선 예수님의 긍휼의 깊이를 귀신으로부터 해방된 사람들의 상황에서 볼 수 있습니다. 돼지 떼에게 일어난 일은 이전에 그것들 때문에 당했던 귀신들린 두 사람의 고통에 대한 분명한 증거입니다. 떼거지 귀신들의 권세에 좌지우지되며 고통을 겪었을 그들에게 얼마나 큰 긍휼이 주어졌습니까? 그러므로 그들을 귀신들로부터 자유롭게 하신 행동은 권세 있는 행동일 뿐만 아니라 자비의 행동입니다.

또한 예수님은 자신을 내쫓는 사람들에게도 깊은 동정심을 보여주십니다. 돼지 떼가 내리달아 바닷속으로 들어갔을 때 그 돼지 떼를 치던 자들이 시내로 들어가 입을 크게 벌리고, 크게 몸짓을 하며 돼지 떼를 잃어버린 일을 말하였습니다. 그들은 또한 귀신들린 두 사람에게 일어난 결과에 대해서도 분명히 말했을 것입니다. 재산의 손실을 본 탐욕스러운 주인들이 급히 달려옵니다. 그들은 예수님을 봅니다. 그리고 그들은 예수님께서 복 주신 사람들, 해방된 두 사람을 봅니다. 또한 그들의 재산이 있었던 곳을 바라봅니다. 재산이 사라진 것을 보고 원통해 합니다. 그러면서 단 한마디 말만 던집니다. "이 지방에서 떠나소서!"(34절) 이제 다시는 예수님을 보지 않을 것을 요청합니다. 이것이 그들이 바라는 모든 것입니다.

우리 가운데서도 돈 때문에, 권력과 명예 때문에 예수님이 떠나시기를 원하는 사람들이 있습니다. 자기의 가진 것을 잃지 않기 위해서 예수님을 제대로 따르지 않는 사람들도 있습니다. 이러한 무례한 요구에 예수님은 온유함과 사랑으로 대답하십니다. 한마디 분노도 없이 예수님께서는 그들이 요청한 대로 행하십니다. 오히려 누가복음 8장 39절에서 예수님이 귀신 나간 사람들에게 말씀하신 것으로 판단하건대("하나님이 네게 어떻게 행하셨는지를 말하라"), 예수님께서는 그를 쫓아내는 사람들에게 깊은 동정심을 보이며 떠나신 것 같습니다. 귀신들린 사람들에게 보였던 긍휼과는 또 다른 방법으로 예수님은 재산을 잃은 자에게 긍휼을 베푸십니다.

예수님과 제자들이 배를 타고 가다가 해안에 상륙하신 것은 그들에게 고통을 가하는 귀신과 죄로부터 사람을 구하기 위해서였습니다. 예수님께서 우리에게 오신 것은 악한 욕망으로부터 우리를 구원하시기 위해서입니다. 예배 시간마다 규칙적으로 졸고 있는 사람들에게 그 졸음을 쫓아낼 수 있는 분은 예수님뿐입니다. 예배 시간마다 예수님이 증거되고 있습니다. 믿음으로 그분을 받아들이십시오. 그분께서 우리의 무거운 짐들을 벗겨 주실 것입니다. "누구든지 주의 이름을 부르는 자는 구원을 얻으리로다"(롬 10:13).

또한 우리도 예수님처럼 예수님을 필요로 하는 곳으로 나아갑시다. 우리의 도움을 원하는 자들에게 예수님의 사랑과 능력을 얘기합시다. 마귀 때문에 어려움을 당하는 자들이 있음을 알고 그들을 위해 기도하고 주께로 인도합시다.

죄 사함을 선언하시는 예수님

마 9:1-8

산상수훈을 말씀하신 후 예수님은 갈릴리 지역에서 많은 기적을 베푸셨습니다. 예수님께서 보여 주신 기적들에는 세속적인 측면과 영적인 측면이 모두 담겨있었습니다. 하지만 예수님을 따르던 무리들은 세속적인 측면을 더욱 중시하고 있었던 것처럼 보입니다. 그들은 그저 고치시고 먹이시는 예수님을 놀라워하고 따랐던 것 같습니다. 그래서 예수님은 호수 건너편으로 가셨습니다. 말하자면 잠시 음식 공급을 중단하셨던 것입니다.

1절의 "본 동네"(τήν ἰδίαν πόλιν 텐 이디안 폴린)는 '그 자신의 성읍'입니다. 예수님의 갈릴리 사역의 주요 거점이었던 가버나움을 가리킵니다. 거기로 다시 돌아오셨을 때 주님은 무리들이 여전히 같은 잘못된 기대를 하고 있을 것을 예상하시고 다른 방법으로, 다시 말해서 영적인 측면에 더욱 관심을 기울이게 할 수 있는 기적을 보여 주시려고 하는 것처럼 보입니다. 이러한 개연적인 주장들은 그가 시작하고 있는 '선언'에서, 그리고 그가 결론짓고 있는 '증거'에서 발견됩니다.

1. 예수님의 선언

사람들이 거동할 수 없는 한 중풍 병자를 예수님께 데려왔습니다. 2절에서 '보라'라는 뜻의 'ἰδοὺ 이두'를 번역하지 않았는데 중요한 말입니다. 또 '그에게'라는 뜻의 'αὐτῷ 아우토'역시 번역하지 않았습니다. 직역하면 '보라 사람들이 중풍 병자를 예수님께 데려오거늘'입니다. 그들은 그 병자의 치료만을 바라며 예수님께 나아왔던 것입니다.

반면 예수님은 병자에게 '죄 사함'을 선언하셨습니다. 예수님은 '죄 사함'을 말할 수 있는 권리를 은연중에 주장하신 것입니다. 세상의 그 어떤 사람도 이 같은 주장을 하지 못합니다. 이 주장은 통치자의 지속적인 통치에 영향을 미치며, 범죄자의 삶에 영향을 미치는 것입니다. 예수님은 그의 말씀이 철저하게 신뢰 될 수 있는 방식으로, 아버지의 권리와 왕의 권리를 가지고 여기서 말씀하고 있습니다. "소자야, 안심하라. 네 죄 사함을 받았느니라"(2절). 다른 말로 바꾸면 다음과 같습니다. "원인은 끝나고 문제는 해결되었다. 나는 네가 죄 사함을 받았음을 선포한다."

사실 아버지이신 하나님이 말씀하시면 정말 원인이 끝나고 문제는 해결되는 것 아닙니까? 어린아이가 아버지의 말씀에 여러 생각을 하겠습니까? '아버지가 나에게 잘해 주시는 것은 좋지만 다음에 내가 장성해서 돈 벌면 다 갚으라고 하실 텐데'라고 고민하면서 재롱도 떨지 않고 고민하는 아이가 있겠습니까? 그런 아이가 없는 것처럼 하나님을 아버지로 모신 우리도 그저 예수님의 "소자야~"하시는 말씀을 받아야 합니다.

2. 사람들의 생각

예수님의 이 선언은 그 광경을 보고 들은 사람들 마음에 어떤 두려움의 감정을(드물게는 감동을) 갖게 했습니다. 그들이 듣기에 주님의 주장은 철저한 신성모독이라고밖에 할 수 없었던 것처럼 보였습니다. 왜냐하면 죄용서는 하나님 아니시면 할 수 없는 선언이기 때문입니다. 그들은 이러한 생각을 말로 표현하지 못한 것처럼 보입니다. 아니 적어도 예수님께는 말하지 못했습니다. 예수님께 하나님에 관한 얘기조차 말하기 싫었던 것 같습니다. 그래서 오직 "속으로"(3절) 생각을 속삭였습니다. 여하간 이러한 침묵 그 자체는 사람들이 주님의 주장을 어떻게 생각했는가를 보여줍니다. 주님의 주장에는 크게 소리쳐 말할 수 없는 어떤 찜찜한 것, 예를 들면 신성모독이 있다고 생각했음이 분명합니다.

이 선언은 예수님이 이전에는 없었던 선언이라는 점에서 주목할 만합니다. 주님은 왜 이제 죄용서의 선언을 하고 계신 것일까요? 바로 예수님 사역의 영적인 측면을 특별히 강조하고 싶어서입니다.

3. 예수님의 입증

예수님은 죄용서의 선언 후에 그 선언에 대해 입증하지 않을 수 없었습니다(6, 7절). 사람들에게 물어보셨습니다. "'죄 사함을 받았느니라'는 말과 중풍 병자에게 '일어나 걸어가라'고 하는 말 중에 어느 것이 쉽겠느냐" 하셨습니다. 그리고는 주님은 치유를 통해 능력을 입증해 보여주셨습니다. "죄 사함을 받았느니라"고 선언하는 것이 훨씬 어려운 일입니다.

그 치유의 증거를 통해 주님이 필수적인 지식을 지니고 있었음을 입증되었습니다. 죄를 공정하게 용서하실 수 있었던 주님은 물론 그 죄에 대하여 모든 것을 알고 계셨을 것입니다. 그래서 주님은 이 사건에 대하여 그가 바로 심판자가 되심을 입증하십니다. 또한, 그 증거는 주님이 필수적인 능력을 소유하고 계심을 입증해 주셨습니다. 주님이 내리는 명령을 살펴보십시오(6절). 그리고 그 명령의 결과를 살펴보십시오. 병자는 그가 받은 명령대로 행동합니다(7절). 그 주위에 있던 모든 사람은 하나님께 영광을 돌렸습니다(8절).

중풍 병자와 그 친구들은 예수님의 선언이 처음에는 자신들의 소원과는 너무 무관한 말씀으로 들렸을 것입니다. 하지만 그들은 그 선언이 그들의 소원을 이루는 첩경이 된 것을 경험했습니다. 죄 사함의 문제가 가장 중요한 문제입니다. 예수님이 아니면 죄를 사할 분이 없습니다. 우리는 세속적인 측면에 너무 관심이 많고, 그것에 너무 많은 시간을 할애합니다. 먼저 세속적인 측면으로 예수님께 나아가지 마십시오. 영적인 측면으로 나아가서 결국 세속적인 것들도 얻으십시오. 성도들이 늘 착각하는 문제가 아닌지 모르겠습니다. 예수님은 말씀하신 대로 그렇게 하실 수 있는 분입니다.

마태를 변화시킨 예수님

마 9:9-13

지난 13일 지방선거가 있었고 많은 일꾼이 뽑혔습니다. 도지사와 시장에 당선된 자는 인수위를 꾸려서 일을 시작해야 합니다. 아마 그 인수위에 뽑히는 사람들은 굉장히 기쁠 것입니다. 앞으로 펼쳐질 일들을 생각하면 기대가 클 것입니다. 대통령직인수위원회가 작년 12월에 구성되어 일한 뒤 지난 1월 26일 하루 쉬었답니다. 그래도 그들의 얼굴에는 기쁨이 가득한 것을 신문에서 볼 수 있었습니다. 이유가 무엇일까요? 대통령직인수위원회에 들어간 것 자체가 그들은 출세의 지름길이라고 생각하기 때문입니다. 정치인이나 교수들은 앞으로 장, 차관이나 기관장으로 나갈 가능성이 있고, 파견된 공무원들은 승진의 기회가 있을 것으로 여기기 때문입니다.

세관에 앉아 세리로 일하던 마태가 예수님을 만났습니다. 예수님께서 그에게 "나를 좇으라."고 했을 때, 마태는 "모든 것을 버리고" 예수님을 좇았습니다(눅 5:28). 비록 사람들의 질시를 받았으나 안정된 직업과 세리로서 누릴 수 있는 부귀를 버리고 부르심에 즉각 응답한 것이야말로 마태가 강조하고자 하는 제자도의 전형적인 모습입니다. 예수님은 지금 우리를 향해서도 '나를 따르라!'

고 명령하십니다.

마태가 예수님을 따른 이유가 무엇일까요? 그가 예수님에게서 무엇인가 감동한 것이 있었든지 깨달은 것이 있었겠지요. 그렇기에 모든 것을 버리고 마태가 예수님을 좇았지 않겠습니까?

1. 잔치를 베푸는 마태

예수님을 좇은 이후 마태는 예수님을 따라다니면서 많은 것을 깨닫고 배웠을 것입니다. 그는 자신과 가장 가까이 있는 사람들도 자신처럼 예수님을 따르기를 열망하였습니다. 예수님의 제자가 된 사람에게는 다른 사람들도 자신처럼 되기를 바라는 열망이 있습니다. 요한의 말을 듣고 예수님을 좇던 안드레가 시몬 베드로에게 "우리가 메시아를 만났다."하고 그를 예수님께로 데리고 온 사건도 그런 것입니다(요 1:41). 다른 사람들도 자신처럼 되기를 열망하면 그는 그 목적을 위해 많은 것을 내어놓습니다.

마태는 얼마 후 예수님과 제자들, 그리고 자신과 같은 동료인 세리들과 죄인들을 자기 집으로 초청하였습니다. 그는 사람들을 불러 모아 큰 잔치를 베풀었습니다(눅 5:29). 마태는 그의 열망을 실현하기 위해 그가 할 수 있는 모든 일을 행하고 있는 것입니다. 이전에는 자기 이익만을 추구하던 사람이 이제는 영혼을 사모하는 자로 변했습니다. 항상 돈을 벌기 위해서 애쓰던 사람이 이제는 아낌없이 베풀고 있습니다. 다른 사람들도 자신처럼 예수님의 말씀을 듣게 하려고 그가 할 수 있는 모든 일을 하고 있습니다.

내가 받은 영향을 다른 사람에게 나누어야 합니다. 만약 내 집으로 사람들이 초대되어 온다면 내 집에서 그들이 예수님을 만날 것입니다. 우상을 섬기는 자들에게 우상을 섬기는 유익보다 더 훌륭한 것이 있다는 것을 내 삶을 통해 보여주어야 합니다. 예수님으로 말미암아 구원받고 그 기쁨을 누리는 성도라면 마태처럼 우리의 가진 것을 동원해 나누며 다른 사람들에게 예수님을 증거해야 합니다. 우리는 나눔을 통해 더 풍성함을 누리게 됩니다. 나누는 부자가 진정한 부자입니다. 많이 나누는 미국 부자 '빌 게이츠'나 '워런 버핏'이 진정한 부자로 존경받지 않습니까?

2. 바리새인들의 분노

많은 사람이 예수님이 마태의 집에서 세리와 죄인들과 함께 음식 잡수시는 것을 보고 놀랐을 것입니다. 그리고 일부 사람들은 놀라움보다 훨씬 더 큰 분노와 증오의 감정으로 바라보았음을 알 수 있습니다. 얼마나 분노했는지는 그들의 말에서 느낄 수 있습니다(11절). 그들은 바리새인들입니다. '바리새'란 말은 다른 사람들과 분리되어 있음을 의미합니다. 스스로 구별되어 있다고 여기는 그들과 정반대의 생각이 펼쳐지는 곳에서 죄인들의 잔치하는 모습이 그들에게는 적지 않은 충격이었을 것입니다.

우리는 원래 나머지 세상 사람들과 구분이 되는 '영적 이스라엘 백성'입니다(신 4:2). 그런 구분을 철저하게 실행할 것을 서약한 좋은 의미의 '진짜 바리새파'입니다. 하나님께서 받으심 직한 성민이 되기 위해 자신을 쳐서 복종케 함이 중요한데, 다른 사람이 나와 다르다고 해서 분노하는 것은 진정한 바리새인의 모습이 아닙니다. 우리의 구분은 동료를 판단하고 떠나는 구분이 아니라 예수님께로 나아가는 구분이며, 말씀에 순종함으로 나아가는 구분입니다. 우리에게 필요한 것은 사랑 가운데서의 구분이지 경멸 가운데서의 차별이 아닙니다.

3. 바리새인들의 분노에 답변하는 예수님(12-13절)

우리가 사람들의 필요를 생각하고 다른 한편으로 하나님께서 기뻐하는 것이 무엇인가를 생각할 때, 긍휼은 당연한 의무입니다. 만일 긍휼을 베풀어야 한다면 그것을 가장 절실하게 필요로 하는 사람들에게 베풀어야 마땅합니다. 오늘 본문에서 긍휼은 자신들이 죄인이라고 여기는 사람들에게 베풀어지고 있습니다. 예수님은 본문에 기술된 그 정신을 실천으로 옮기기 위해 이 세상에 오셨습니다. 13절은 호세아 6장 6절의 말씀을 인용하여 말씀하고 있습니다.

예수님이 오늘 긍휼을 베푸시며 함께 식사하는 일을 통해 죄인들이 회개하는 것이 비난받을 일입니까? 예수님의 긍휼은 죄에 대한 긍휼이 아니라, 죄인에 대한 긍휼입니다. 죄인들에게 베풀어지는 긍휼은 동시에 앞으로 있게 될 더 큰 긍휼과 더불어 그들을 위대한 성도가 되도록 도와줄 그러한 긍휼입니다. 우리는 이러한 변화가 마태에게 있어서 분명하게 효과를 나타내고 있는가를 봅니다.

여러분은 예수님의 말씀에 감동합니까? 어떤 분은 잔잔한 감동으로 시작하기도 하고, 어떤 분은 놀라운 감동으로 시작되기도 합니다. 우리는 예배 시간이나 기도 시간에 마태처럼 예수님을 만나야 합니다. 그리고 우리의 삶에 변화가 일어나야 합니다. 마태처럼 나누는 자리에 있습니까? 예수님처럼 긍휼을 베푸는 자리에 서 있습니까? 다른 사람들을 비난하지 말고 나 자신이 주님께로 나아갑시다. 우리도 마태처럼 제자의 걸음을 걸어갑시다.

금식에 대한 질문

마 9:14-17

성도님들 혹시 요즘 금식하고 있는지요, 아니면 굶식(?)하고 있는지요? 그렇지 않으면 찬송하며 잔치하고 있는지요? 이것도 저것도 아니면서 바쁘기만 하지는 않는지요? 마태의 집에서 예수님과 제자들이 잔치하고 있을 때 세례자 요한의 제자들과 바리새인들은 유대 전통에 따라 금식하고 있었던 것으로 보입니다. 세례자 요한의 제자들은 금욕적 삶을 살았던 자기 스승은 감옥에 갇혀서 고통을 받고 있는데, 전통적인 금식일임에도 불구하고 예수님과 그 제자들은 죄인과 어울려 먹고 마신다는 사실에 화가 났던 것입니다. 금식하던 그들이 예수님께 "왜 당신의 제자들이 금식하지 아니하나이까?"하고 도발적으로 질문하는 것이 이해됩니다(14절). 이에 관한 예수님의 대답은 관계된 모든 사람과 관련해 이해를 돕습니다.

1. 예수님의 제자들 : 금식할 때와 즐거워할 때를 구별

해 아래에 있는 만물에는 정해진 시간이 있습니다(전 3:1 "범사에 기한이 있고 천하만사가 다 때가 있나니"). 어떤 일에서는 애통해하고 슬퍼해야 할 시간이 있고, 또한 슬픔의 징조로서 나타나는 금욕의 시간이 있습니다. 이러한 이유로 금식은 기쁠 때는 적절하지 않습니다. 비유하자면 신랑의 친구들이 행복한 그를 축하하기 위해 왔을 때 금식은 적절하지 못한 것입니다. 이러한 상황은 당시 예수님의 제자들에게 해당하는 상황이었습니다. 15절의 "혼인집 손님"은 헬라어 원문에는 'οἱ υἱοὶ τοῦ νυμφῶνος 호이 휘오이 투 뉨포노스'(신부방의 아이들)로 되어 있는데 더더욱 그러함을 보여줍니다. 이들은 잠시 왔다 돌아가는 손님들이 아니라 혼인집, 즉 하나님 나라에 속한 사람들이라는 사실을 보여줍니다.

헤롯에 의해 선생인 세례 요한이 투옥되어 그와 떨어져 있었던 요한의 제자들과는 달리, 예수님의 제자들은 예수님께서 비춰주시는 충분한 햇빛을 곁에서 누리고 있었습니다. 이런 상황에서 금식은 어울리지 않습니다. 반면 그들의 상황이 달라질 때, 즉 그들의 신랑을 빼앗기게 될 때가 분명히 찾아올 것인데, 그때가 되면 주님의 제자들도 금식할 것입니다(15절). 우리도 십자가를 져야 할 일이 앞에 닥치면 금식해야 합니다. 자녀들의 앞에 중요한 일이 놓여 있을 때는 부모들은 금식하기를 권장합니다.

2. 바리새인들 : 보상과 대속이 될 수 없는 금식

여기서 문제는 목적입니다. 앞에서 암시한 것처럼 육체를 부인하는 것(금식)이 적합한 때가 있다면, 그것은 어떤 목적과 정신에서 실천되어야 할까요? 예수님은 이러한 경우에는 안 되는 것을 보여 주심으로 이 질문에 답하십니다. 특별히 예수님은 바리새인들의 견해를 경고하십니다. 금식을 부과하는 그들의 생각은 보상과 대속이었습니다. 육체의 고행은 그것을 통해서 마음의 죄를 보충하기 위한 것이라고 바리새인들은 말하였습니다.

죄를 범하거나 의무를 이행하지 않아서 의의 옷에 '해진 틈'이 생겼다면, 금식이 그 틈을 메꿔 주리라고 기대하였습니다. "생 베 조각을 낡은 옷에 붙이는 자가 없다"(16절)라고 예수님이 비유로 말씀해 주셨습니다. 한 번도 세탁된 적이 없는 천은 물에 빨아 말리면 줄어들게 되어있는데, 이 천을 낡은 옷에 붙이면 낡은 옷을 잡아당겨 기운 효과가 없고, 오히려 그 해어짐이 더 할 뿐이라는 것입니다. 바리새인들의 금식 이론은 문제를 해결하는 것이 아니라 오히려 더욱 악화시키는 것입니다. 이러한 대속의 흉내로는 그 어떤 죄도 대속될 수 없습니다(사 58:3). 죄를 참되게 회개해야지, 행하면서 또 죄를 짓게 되는 형식적인 금식으로는 안 됩니다.

3. 세례 요한의 제자들 : 과도기에 있는 그들

세례 요한의 제자들은 율법의 어두움과 속박으로부터 복음의 빛과 자유로 옮겨가고 있는 과도기적 상태에 처해 있습니다. 이러한 상황에 있는 모든 사람이 기억해야 할 첫 번째 일은 어느 정도의 혼란과 충격 없이 진정한 변화는 결코 일어날 수 없다는 점입니다. 여하 간에 관습들이 적절하게 의미를 갖기 위해서는 큰 수정이 요구됩니다.

17절의 '새 포도주와 낡은 가죽 부대의 비유'는 예수님의 가르침과 바리새인들의 가르침은 공존할 수 없으며 만약 어리석게도 이 둘을 배합하려 한다면 무엇 하나는 파괴되고 만다는 뜻입니다. 금식과 같은 생명력이 약한 유대교의 전통과 의식 속에 생명력이 충만한 예수님의 가르침을 담으려고 해서는 안 된다는 것입니다. '금식이 새로운 상황에 얼마나 적절한가?'라는 점이 그들이 이 문제를 해결하기 위해서 자세히 살펴보아야 할 방향입니다.

그들의 질문은 사람들이 관습을 숭배하고, 어떤 일시적인 형식에 영원한 율법의 위엄과 권위를 주고자 하는 경향성을 보여줍니다. 그들은 자신에게 유익하고 도움이 되는 것은 모든 상황에서 모든 사람에게 구속력이 있어야 한다고 생각하는 잘못을 범하였습니다. 사람들은 일시적인 것을 불변한 것으로 오해하고, 지엽적인 것을 보편적인 것으로 고정하고자 할 때 다른 사람에게 해를 입힙니다. 인간이 만들어 놓은 형식에 부당한 경의를 표함으로 그들은 보이지 않고 변함없는 하나님의 율법에 대한 인간의 관심을 감소시킵니다.

항상 하나님의 율법에 관심을 가집시다. 거룩한 삶이야말로 형식과 체계의 모든 변화를 초월함으로 이루어지는 새 술입니다. 주 안에서 기뻐하며 삽시다. 문제가 있습니까? 올바른 목적을 가지고 금식하며 기도합시다.

계속 응답하시는 예수님

마 9:18-26

연예인들 가운데 기부를 많이 하는 것으로 유명한 가수 김장훈 (그의 노래 '사노라면', '난 남자다')씨가 있습니다. 그는 기름 유출 사고(2007.12.7)로 큰 피해를 본 충남 태안 지역 복구를 위해 5억 원을 쾌척했습니다. 그때까지 10년간 40억 원을 기부한 '기부 천사'다운 모습입니다. 계속해서 기부하는 그의 모습은 정말 천사 같습니다. 본문에서 예수님은 사람들의 요청에 계속 응답하시는 모습을 보여주십니다. 예수님은 우리가 요청할 때 역사하시며 그 진가를 보여주시는 분이심을 알 수 있습니다.

1. 한 직원이 예수님께 떠들썩하게(?) 나아옵니다

직원이란 유대인 회당의 관리로서 마가복음에서는 '회당장 야이로'라고 말하고 있습니다. 그는 예수님께 떠들썩하게 나아 왔을 뿐 아니라 절까지 합니다. 모든 사람이 보고 '저 사람이 왜 왔을까?'라고 생각할만한 행동을 하고 있습니다. 그에게 분명히 어떤 중요한 요청사항이 있음을 모든 사람이 알 수 있었습니다. 그래서 헬라어 원문에는 '보라'라고 번역할 수 있는 'ἰδοὺ 이두'로 시작하고 있습니다. 이러한 표현이 사용된 이유는 예수님께 나아와서

절한 것은 이 사람의 사회적 신분을 생각해 볼 때 매우 의아스러 운 것이었기 때문입니다.

그의 말에서는 더욱 솔직함을 엿볼 수 있습니다. "내 딸이 방금 죽었사오나~"(18절). 아주 죽지 않았다면 거의 죽을 수도 있던 찰 나였던 것 같습니다. 실제로 그는 너무나 고통스러웠던 까닭에 딸 이 죽었는지 살았는지를 알지 못합니다. 그러나 어떤 점에서 볼 때 딸의 죽음은 핵심이 아닙니다. 오직 예수님께서 그 딸에게 손 을 대기만 하면 어떤 최악의 상태라도 좋아지게 되리라는 그의 믿 음이 중요합니다. 그가 많은 말로 지금 요청하고 있는 것은 바로 그의 믿음을 드러냅니다.

이 솔직한 요청에 예수님께서는 분명하지는 않지만 역시 솔직 한 방법으로 대답하십니다. '예수님께서 일어나셨다'는 것은 그가 준비되셨음을 보여줍니다. 마태가 예수님께서 회당장의 딸을 만 나러 가는 모습을 단순히 '따라가다'라고만 묘사하지 않고 '일어 나'(ἐγερθείς 에겔테이스)라고 구체적인 행동까지 기록한 이유는 24절에서 죽음으로부터 일어나는 소녀의 모습과 본문에서 그녀 를 살리기 위해 일어나시는 예수님을 오버랩하기 위해서입니다. 두 모습을 연결해 소녀를 살리시는 예수님의 사역을 강조하기 위 해서지요. 그리고 그는 '가심'이 그 구원 행동의 시작이라는 것을 보여주십니다. 이 모든 것을 집으로 길을 인도하는 직원은 이해했 습니다. 솔직한 요청과 행동이 어우러진 믿음의 모습들입니다. 믿 음은 행동입니다. 행함이 없는 믿음은 죽은 믿음이라고 하지 않습 니까(약 2:17)? 성도들이 어떤 영적인 일을 행하지 않고 말만 하 고 있는 것은 신앙인의 모습이 아닙니다.

2. 침묵의 열망을 가지고 예수님께 접근한 한 여인을 본문에서 볼 수 있습니다

'오, 무엇이 나를 이 질병에서 벗어나게 할 것인가!'라는 열망을 행동으로 옮기기까지 그녀는 많은 고난을 겪었을 것입니다. 행동을 읽는 사람들은 그녀의 행동에서 그런 열망을 볼 수 있을 것입니다. 그녀는 보이지 않기 위해 '뒤로 와서' 그분의 은혜에 접촉하고 싶은 생각에서 '그 겉옷'을 만집니다. 그것도 그 만지는 것이 들키지 않으려고 겉옷 가를 만집니다. 그녀는 부정한 병을 앓고 있었고 이방인이었기 때문에 그렇게 행동했을 것으로 추측이 됩니다. 그녀는 예수님이 사람들을 만져주시며 여러 연약한 것들을 고쳐주실 때, 자기는 이방인에 부정한 병을 앓고 있으니 그렇게 나서서 예수님 만나기가 쉽지 않았던 것입니다. 그래서 반대로 '내가 예수님을 만지자, 그러면 고침을 받을 것이다'라고 생각하고 행동했다고 여겨집니다. 역시 믿음은 행동입니다. 그녀에게 있는 불타는 열망, 그것은 온전하게 되는 원천이었습니다. 그녀는 그 모든 것에 대하여 말로 표현할 수 없었습니다.

이러한 그녀의 열망에 대한 예수님의 대답은 그 무엇보다도 매우 분명하고 직접적이었습니다. 그러한 열망이 주님을 감동하게 했다는 것은 그가 돌아보셨다는 점에서 분명하게 나타납니다. 예수님이 나를 감동케 하는 분이지만 내가 예수님을 감동하게 하는 것도 좋으리라 생각됩니다. 그리고 감동하신 예수님은 넘치는 자비가 있었습니다. 예수님은 이방인인 그녀를 "딸아!"라고 부르십니다. 지금까지 그녀는 오직 두려움과 떨림 가운데서 가까스로 행동했습니다. 그런 그녀를 따뜻하게 친근하게 불러주시는 것입니다. 그러면서 예수님은 "안심하라"고 말씀하셨습니다. 이 말씀에 이미 그녀는 정서적으로 치유를 받았다고 해도 과언이 아닐 것입니다. 결국 예수님의 응답은 '네가 열망하는 것은 이제 네 것이다. 네 믿음으로 인해서 네가 열망하는 것이 네 것이 되었다.' 하는 말씀을 하신 것입니다. 그녀는 확신과 능력으로 가득 찼습니다. "여자가 그 즉시 구원을 받으니라"(22절하). 아멘!

누구에 의해서 드려지든(한 직원이든, 군중의 한 사람이든), 어떠한 방법으로 드려지든(공개적으로든, 은밀하게 드리든), 그리고 어떤 장소에서 드려지든 기도는 우리 예수님께 열납 됩니다. 기도하는 우리에게 얼마나 큰 격려가 됩니까? 혈루증을 12년 앓은 여인의 기도가 이루어지는 데는 참으로 긴 세월이 걸렸습니다. 죽은 아이가 살아나는 데는 불가능의 장벽이 도사리고 있었습니다. 그러나 그 어떤 장애물도, 그 어떤 방해도, 아무리 먼 거리도 계속된 기도 앞을 막아설 수는 없습니다. 또한 궁핍함이 제아무리 심하더라도, 사람들이 보기에는 아무리 소망이 없어 보인다고 할지라도 계속된 기도 앞에는 그 무엇도 막아설 수 없습니다.

"기도에 항상 힘쓰라!"(롬 12:12) 고 한 사도 바울의 권고 말씀을 기억합시다. 기도는 하나님을 감동하게 하는 일입니다. 기도는 자신의 열망을 가지고 하나님께 간절히 부르짖는 것입니다. 우리가 지금 기도해야 할 일은 무엇입니까? 우리 주님께 기도합시다. 주님께서 기도하는 우리 가운데 계속해서 역사하실 것입니다.

다윗의 자손이신 예수님

마 9:27-31

1905년 러일전쟁 때 300여 척의 러시아 군함이 일본으로 쳐들어갔습니다. 그런데 놀랍게도 막강한 러시아 함대가 대부분 침몰당하고 겨우 세 척만 돌아왔습니다. 그 당시 일본 해군 사령관은 "우리가 러시아 함대를 전멸시킬 수 있었던 것은 조선의 이순신 장군의 전법을 사용했기 때문이다."라고 말했다고 합니다. 가야금 명인인 황병기 씨가 2007년 연주를 위해 〈국립국악관현악단〉 단원들과 러시아에 갔을 때 러일전쟁 때 살아남은 전함 중 하나인 '오로라'를 볼 기회가 있었다고 합니다. 일행이 버스에서 내릴 때 안내인이 "오로라의 소매치기는 세계적이니 모든 귀중품을 버스 안에 놓고 카메라만 손에 들고 다녀오세요."라고 주의를 주었다고 합니다. 하지만 이를 듣지 않고 손가방을 가지고 갔던 단원 중에 돈과 여권을 털린 사람이 있었습니다. 돈은 괜찮지만, 여권은 꼭 필요한 것이어서 10년 동안 러시아에서 유학한 관현악단의 기획실장이 나섰습니다. 그는 부리나케 군함으로 달려가더니 10여 분만에 여권을 찾아왔습니다. 마피아와 협상을 해서 여권을 되돌려받았다는 것입니다. "과연 이순신 장군의 후예답다."며 모두 박수를 쳤다고 합니다.

이순신과 비교할 수 없는 다윗의 후손인 예수님을 만난 맹인들이 있습니다. 이 기사는 마태복음에만 기록되어 있는데, 예수님의 권위와 맹인들의 믿음에 초점이 맞추어져 있습니다.

1. 두 시각 장애인이 예수님을 향하여 외칩니다

"다윗의 자손이여, 우리를 불쌍히 여기소서!" 다윗의 자손이란 '메시아'를 말합니다. 이스라엘 백성들은 메시아를 그렇게 독특하게 불렀습니다. 그들은 예수님에 관해 분명히 들었고, 그들이 기대하는 메시아임을 확신했으므로 그들이 예수님께 요청하는 것은 너무나 당연한 일이었습니다. 예수님을 "다윗의 자손"으로 불렀다는 점에서 그들의 믿음이 지닌 분명한 힘과 깊이를 엿볼 수 있습니다. 평소에 구약 말씀을 잘 들었고 그 말씀을 통해 구세주가 예수님이시라는 것을 믿었던 것입니다. 이들이 육체적으로 장애가 있지만 영적으로는 오히려 눈이 밝았습니다. 하나님에 대한 분명한 지식은 우리를 더욱 담대하게 만듭니다. 하나님이 어떤 분이신가, 예수님이 어떤 분이신가를 아는 것은 너무나 중요합니다. 그 당시 많은 사람이 여전히 예수님을 '다윗의 자손'으로 인식하지 못했습니다. 그 누구도 그를 그렇게 부르지 않았고 실제로 예수님을 그리스도로 예우하지도 않았습니다. 그런 사회 분위기 속에서 이 두 시각 장애인(그들은 결코 마음의 시각장애는 아니었다)이 주님을 메시아로, 다윗의 자손으로 부르는 것을 두려워하지 않았다는 점은 반드시 우리가 주목해야 하는 사항입니다.

더욱더 주목할 부분은 그들이 큰 노력과 기도를 하면서 예수님을 좇았다는 것입니다. 시각 장애인이 누군가를 따라다니는 것은 그렇게 쉬운 일이 아닙니다. 그들은 길에서도 예수님을 좇았고

(27절), 예수님을 따라 집안에까지 들어갔습니다(28절). 그들은 마침내 예수님 앞에까지 나아옵니다. 그 어떤 것도 그들의 믿음의 힘을 더는 입증할 수 없었을 것입니다. 그럼에도 불구하고 예수님께서는 그들에게 복 주시기 전에 더욱 확실한 증거를 요청하십니다(28절, "내가 능히 이 일 할 줄을 믿느냐?"). 헬라어 원어로 보면 처음 등장하는 단어는 '네가 믿느냐'($\Pi\iota\sigma\tau\epsilon\acute{\upsilon}\epsilon\tau\epsilon$ 피스튜에테)입니다. 그들의 행동을 강조하는 것이 아니고 병 고침을 받으려는 자의 믿음이 강조된 표현입니다. 앞서 그들은 예수님의 사명, 지위, 신분에 대한 믿음을 고백하였습니다("다윗의 자손이여!"). 이제 그들은 그분의 능력에 대한 믿음을 공개적으로 고백해야 합니다. 대답은 즉각 이루어졌습니다. "주여, 그러하오이다"(28절 하). 예수님은 그들의 눈을 만지시고(29절), 말씀하셨고(29절, "너희 믿음대로 되라." 하십니다. 여기서 '대로'에 해당하는 헬라어 '$\kappa\alpha\tau\acute{\alpha}$ 카타'는 '~에 부합하게'라는 의미입니다. 그들의 믿음에 걸맞은 결과가 따를 것입니다. 예, 그들의 믿음대로 요구가 이루어졌습니다(30절, "그 눈들이 밝아진지라").

2. 눈이 열린 시각 장애인들의 외침

기쁨의 근원이, 지식의 수단이, 아름다움과 영광의 생각이 배로 불어났습니다. 우리는 그들이 할 말이 얼마나 많아졌을지 짐작해 볼 수 있을 것입니다. 그런데 예수님은 그들에게 예수님이 행한 일을 다른 사람에게 말하지 말고 침묵을 지키라고 하셨습니다(30절). 아직 예수님의 소문이 너무 퍼져 나가는 것이 유익하지 않다고 판단하신 듯합니다. 물론 그들은 침묵을 지키는 대신에 나가서 그 일을 소문내었습니다. 그 일을 단 몇 사람만이 알게 한 것이 아니라 그들이 가는 곳마다 외쳤습니다. 시각장애인이었다가 보게 된 그들로서는 당연한 일입니다. 혹시 우리는 복과 은혜를 받고서 침묵하고 있는 것은 아닙니까?

3. 인간의 찬사를 피하는 예수님

그렇지만 우리는 본문에서 대부분의 사람들이 추구하는 인간의 찬사를 다윗의 자손인 예수님은 별로 원하지 않으심을 볼 수 있습니다. 예수님 성품의 탁월함을 엿볼 수 있는 내용입니다. 사실 찬사는 많은 사람에게 없어서는 결코 안 될 것입니다. 많은 사람은 다른 그 어떤 것보다도 인간의 찬사를 갈망합니다. 명예에 대한 애착을 누군가는 "고상한 생각을 지닌 사람들의 마지막 연약함이다."라고 말합니다. 반면 인간들의 찬사를 피하고자 하시는 예수님의 간절한 마음은 배후에 무엇인가가 있음을 암시해 줍니다. 바로 다윗의 자손이신 예수님은 인간의 성품을 가지셨기 때문에 우리와 마찬가지로 모든 면에서 시험을 받으신다는 명백한 진리입니다. 십자가를 져야 하는 예수님에게 인간들의 찬사는 큰 시험거리입니다. 우리도 사람들의 찬사에 물들면 십자가의 길을 가기가 어렵습니다. 십자가 없이는 하나님의 뜻을 이룰 수 없습니다. 십자가의 길이 더 위대한 길입니다. 다른 사람을 살리고 복되게 하는 길입니다.

우리도 먼저 말씀에 귀를 기울이며 하나님과 예수님을 배우고 하나님께 우리의 하나님이심을 고백합시다. 우리도 시각 장애인들처럼 예수님께 우리의 구세주 '다윗의 자손'이라는 믿음을 고백합시다. 그분의 능력이 위대함도 인정합시다. 믿음의 역사가 일어날 줄 믿습니다. 오늘도 주님은 우리에게 "네가 믿느냐?"라고 문고 계십니다. 주님을 믿고 그 성품을 닮아가도록 힘씁시다. 그러면 우리는 예수님을 닮아갈 수 있습니다. 우리도 예수님처럼 놀라운 역사를 써 내려갈 수 있습니다.

변함없이 행동하시는 예수님

마 9:32-34

두 맹인이 나가고 귀신들려 말 못 하는 다른 장애인이 예수님께로 인도되었습니다. 이것이 본문의 주요 내용입니다. 어떻게 보면 참 밋밋한 그런 내용입니다. 그러나 주님께 나오는 사람이 누구든, 주님의 대적들이 그 사람에 관해 무엇이라고 떠들어대든 예수님께서는 동일하게, 변함없이 행동하심을 보여주는 정말 주요한 내용입니다. 사람들이 예수님을 바로 만나기만 하면 놀라운 일들이 계속 일어납니다. 인생에 있어서 최고의 만남은 예수님과의 만남 아니겠습니까? 예수님은 지금도 우리가 믿음으로 그에게 나아오기를 기다리고 계십니다.

또한 예수님과의 믿음 관계에 있어서 중요한 것은 계속성입니다. 변함없이 행하시는 예수님을 꾸준히 믿고 따르는 것은 참된 믿음의 증거입니다. 데살로니가전서 5장 16~18절의 "항상 기뻐하라, 쉬지 말고 기도하라, 범사에 감사하라"는 말씀은 우리 믿음의 계속성을 강조하는 것 아닐까요?

1. 말 못 하게 된 원인

귀신들려 말 못 하게 된 자가 예수님께 나아와서 고침 받은 일을 보면 그것의 원인이 초자연적임을 암시해주는 그 무엇이 있습니다. 고난을 받는 자의 처지에서 볼 때 그 무엇이란 분명히 억압적인 의미일 것입니다. 다시 말해서 특별히 고치기 힘든 그의 말 못 함의 배후에는 귀신이 있었다는 사실입니다. 혹은 신체 조직에서의 어떤 결함이나 또 다른 측면에서는 정신적 능력의 결함 배후에 초자연적 원인이 있을 수 있음을 설명합니다. 그곳에 있었던 그 누구도 귀신이 그 원인임을 의심하지 않았습니다.

2. 완전한 치유

귀신들려 말 못 하게 된 자가 받은 치유는 그 뿌리로부터 완전하게 이루어졌습니다. "귀신이 쫓겨나고"(33절)! 치유의 결과도 성공적이었습니다. "말 못 하는 사람이 말하거늘." 놀라운 사실은 이러한 예수님의 치유하심을 마태는 굉장히 당연한 일처럼 여기고 그 과정을 말하고 있다는 점입니다. 그의 말은 어조에 있어서 거의 무의식적입니다. "귀신이 쫓겨나고 말 못 하는 사람이 말하거늘"(33절). 그밖에 더 자세한 내용을 말할 필요가 없다는 투입니다. 누가 그것을 행했다고도 말할 필요가 없었습니다. 어떻게 그 일이 이루어졌는지 과정을 살필 필요도 없었습니다. 그 일이 당연히 이루어졌다는 표현조차도 불필요했습니다. 이러한 측면에서 볼 때 "이스라엘 가운데서 이런 일을 본 적이 없다"(33절 하)는 무리의 외침은 맞지 않는 말입니다. 오히려 그들의 말과는 반대로 예수님께서 오신 이후로 그러한 일은 매우 많았습니다.

"본"이라고 번역된 헬라어 'ἐφάνη 에파네'는 '보다'라는 뜻을 지닌 과거 수동태 동사입니다. 따라서 본문을 직역하면 "이스라엘 가운데에 이런 일이 보인 때가 없었다."입니다. 본문의 '본'은 신적 수동태로서 귀신을 쫓아내고 말 못 하는 자로 말하게 하는 이 적을 예수님 이전에는 하나님께서 일어나도록 하신 적이 없었다는 의미입니다.

3. 바리새인들의 시기

바리새인들이 예수님이 행한 기적과 치유를 보았을 때 그들의 시기심과 당혹감은 심히 컸습니다. 바리새인들은 한국 사람을 많이 닮은 것 같습니다. 이화여대 석좌교수이고 전 문화관광부 장관인 이어령 님이 "우리 민족은 배고픈 것은 참는데, 배 아픈 것은 못 참는다."라고 한 말이 생각납니다. 그들은 예수님의 사역의 영향력을 감소시키기 위해서 무언가를 해야 했습니다. 그래서 어떤 설명을 덧붙였습니다. 어떤 구실이 만들어졌습니다. 그들이 지금 시도하는 일은 그들이 나중에도 종종 시도하는 것입니다. 그들은 귀신을 제어하는 데 사용된 능력이 바로 귀신에게서, 즉 '귀신의 왕'에게서 나온 것이라는 헛소리를 말했습니다. 그들은 이러한 낮은 지위의 귀신들이 그 왕에 의해서 쫓겨났다는 논리를 대고 있는 것입니다.

이런 설명이 가진 철저하게 자멸적인 성격을 무시하고서라도 우리가 그들의 설명에서 찾아볼 수 있는 특별한 점은 터무니없는 악의와 배은망덕입니다. 그들은 많은 것을 배우고 많은 것을 가지고 있는 자들입니다. 그들은 당시 사회의 지도자들이었습니다. 하지만 그들에게는 영적 지도자로서 중요한 덕목이 없었습니다. 구원받은 피해자와 함께 하는 그 어떠한 공감의 표시도 없었습니다. 무리들에게서는 분명히 나타나는 이스라엘의 하나님께 대한 그어떤 감사도 바리새인들에겐 없었습니다. 그들이 행한 단 한 가지 결심은 가능하다면 예수님 기적의 진정한 힘을 받아들이려고 하지 않는 점입니다. 우리들도 많은 것을 가졌으면서도 정작 주님이 원하시는 중요한 것들은 없는 것은 아닌지 살펴봅시다. 이웃에 대한 사랑, 하나님께 대한 감사, 주안에 있음으로 인해 기뻐함이 우리 안에 있습니까?

4. 예수님의 반응

이러한 악의에 찬 행동에 대해서 예수님은 어떻게 하셨습니까? 주어진 말씀(구약성경)으로나 특별한 말씀으로 대답하지 않으시고 계속 사역을 행하심으로 반응하고 있습니다(35절). 실제로 그러한 행동이 본서 기자가 여기서 우리에게 보여주려는 주님의 태도요, 자세입니다. 이와 같이 행하심으로 하루하루 세월이 지나가고 이곳저곳에서 초빙을 받은 예수님께서는 많은 무리도, 적은 무리도 다 만나십니다. 이런저런 질병을 지닌 사람들을 예수님께서는 만나십니다. 각양각색의 상황 속에서도 주님 자신의 목적과 계획에는 그 어떠한 변화도 없었습니다.

변함없이 행동하시는 예수님께 우리도 신실하게 믿음으로 나아갑시다. 놀라운 역사를 체험할 것입니다. 또한 예수님을 본받아 우리도 낙심하지 말고 선을 행합시다(살후 3:13). 죄인들과 길 잃은 자들에게 천국 복음을 전파하고, 귀신의 권세에 눌린 자들을 우리가 작은 예수가 되어 구원합시다. 그런 우리를 통해 하나님께서 영광 받으실 것입니다.

무리를 보시고 불쌍히 여기시는 예수님

마 9:35-38

2018년 7월 16일 자 모 신문 기사 제목이 "늘어나는 혼밥족 모셔라 백화점 바빠졌다"였습니다. 15일 통계청에 따르면 최근 5년간 1인 가구 증가율은 연평균 5.1%로 가구 형태 중 가장 높은 증가세를 나타내고 있습니다. 이러한 추세를 반영하여 백화점의 식당들이 단체 석 위주로 운영되던 것을 1인 석으로 바꾸어가고 있습니다.

예수님께서 자신에게 모여든 무리를 보시고 "불쌍히 여기셨다"고 마태는 말하고 있습니다. 본문과 같이 무리가 모여든 정황은 앞에서도 두 번이나 있었습니다. 한 번은 예수님께서 산상설교를 행하기 직전에 있었던 상황입니다. 마 4:25 "갈릴리와 데가볼리와 유대와 요단강 건너편에서 허다한 무리가 좇으니라." 또 한 번은 무리를 떠나 '저편으로' 건너가시기 전에 있었던 상황입니다. "예수님께서 무리가 자기를 에워쌈을 보시고 저편으로 건너가기를 명하시니라"(마 8:18). 그래도 무리가 예수님께 모여들 때 문제가 해결되었습니다. 혼밥족은 문제 해결을 하기가 어려울 것 같습니다.

예수님은 자기에게 모여든 무리를 보시고 불쌍히 여기셨는데.

그것은 인간 감정의 근원지인 '마음이 움직였다'는 것입니다. '마음이 감동'한 것이지요. '상대의 아픔에 동참하고 그 아픔을 제거해 주고자 하는 열망이 생겨났다'는 것입니다. 예수님의 이 감정은 병자만을 위한 것이 아닙니다. 오히려 권력자와 세리들로부터 온갖 박해와 수탈을 당하고, 그릇된 종교지도자들로부터 잘못된 가르침을 받으며 또 사회적으로 멸시와 천대, 소외당하는 백성들을 향한 마음이었습니다. 다정다감한 한 사람에게 수많은 사람이 모여드는 장면을 상상해보십시오. 큰 감동을 줄 것입니다. 더욱이 그들이 상심한 자기들에게 주시는 따뜻한 말씀을 듣기 위해서 모였음을 안다면 더더욱 그럴 것입니다. 사람들이 그곳에 오기 전 예수님은 분명히 따뜻한 마음으로 많은 일을 행했습니다. 우리도 예수님의 눈으로 사람을 보면 마음이 움직일 것이고 그러면 기도하게 되고 행동하게 되어 많은 일을 할 것입니다.

1. 무리를 불쌍히 여기신 이유

이처럼 많은 무리가 왜 모였습니까? 그들은 이미 많은 것을 받았던 사람들입니다. 그러나 그들은 그러한 이유 때문에 더욱더 많은 것을 필요로 하였습니다. 물론 이 자리에 처음 온 사람도 있었을 것입니다. 어떻든 이들의 요구사항은 우리 예수님이 사용하신 비유들의 본질에 나타나 있습니다. 그것 때문에 예수님은 무리를 불쌍히 여기신 것입니다.

(1) 예수님은 무리를 "목자 없는 양"(36절) 과 같다고 했습니다. 양들에게는 보살피는 일 이외에 무엇이 필요하겠습니까? 여러 가지 이유로 양들은 목자의 관심이 필요합니다. 수가 매우 많음으로, 뚜렷하게 위험에 노출되어 있음으로, 혹은 매우 최근에 양 무

리에 가담해서 아직 목자의 소리를 잘 알아듣지 못하기 때문에 등 여러 가지 이유로 목자의 관심이 필요합니다. 다시 말하면 모든 순간과 모든 측면에서 목자의 관심이 필요한 게 양 무리입니다. 그런 무리가 관심과 보호 대신에 오히려 "고생하며 유리하는" 것을 예수님은 보셨던 것입니다. 그들은 공급받기보다는 오히려 빼앗기고, 털을 깎이며 고생을 하고, 울타리 안으로 인도되기보다는 사방으로 흩어졌습니다. 그런 측면에서 백성에게 절실히 필요로 하는 것이 '목사와 교사'(엡 4:11)였습니다. 오늘날에도 고생하며 방황하는 무리가 있는데 전처럼 접근하기가 쉽지 않습니다. 그래도 접근하여 그들에게 관심을 보여 그들의 문제를 해결하여 주도록 노력합시다.

(2) 예수님은 "추수할 것은 많되 일꾼이 적으니"(37절) 라고 했습니다. 이 비유는 예수님 앞에 모여 있는 수많은 사람 가운데 아직도 그분의 '양'으로 분명하게 말할 수 없는 사람들이 많이 있다는 사실을 암시하고 있습니다. 추수할 것에 해당하는 자들은 이미 말씀을 들은 사람이기보다 오히려 말씀을 듣고자 하는 사람들이었습니다. 무엇을 성취하였기보다 아직 열망 가운데 있는 사람들이었습니다. 그리고 하나님 나라의 기초를 배워야 할 필요가 있는 사람들이었습니다(히 5:12). 그들이 매일 가르침을 받아야 한다면 가르칠 사람이 있어야 합니다. 그들을 모아야 한다면 그 일을 할 사람이 있어야 합니다. 그러므로 이러한 상황에서 예수님은 '복음 전도자와 설교자'를 가장 절실하게 필요로 하고 있습니다.

2. 이러한 상황에서 무엇을 해야 합니까

먼저 무엇을 해야 합니까? 본문의 마지막은 우리에게 기도하라고 가르칩니다(38절). 그 어떤 일보다도 기도가 선행되어야 합니다. 이것이 본문이 가르쳐주는 가장 중요한 교훈입니다. "너희의 모든 필요 가운데 기도로 시작하라"는 예수님의 말씀입니다.

너무 많은 사람이 마지막에 가서야 기도합니다. 아니 마지막에 가서라도 기도하면 괜찮습니다. 끝까지 기도하지 않는 성도들도 있습니다. '이제는 기도할 일 외에는 다른 할 일이 없다.'라고 말하는 것을 종종 듣습니다. 여기서 예수님이 가르치시는 방식이 얼마나 정반대인가를 살펴보십시오. 기도는 우리를 즉시 올바른 곳으로 인도합니다. 기도 외에 다른 어떤 곳에서 시작하는 것은 오히려 나태보다 나쁘고 주제넘은 불신앙입니다. 중요한 일을 앞에 놓고 기도부터 합시다. 사람들을 보고 마음이 감동한 성도들이 앞서서 기도합시다. 예수님처럼 사람들을 살리고 양육하는 귀한 일들을 할 수 있을 것입니다.

무리를 보고 불쌍히 여기시는 예수님을 본받읍시다. 주위에 방황하는 사람들을 보고 내 마음이 움직인다면, 주님의 마음입니다. 그들이 필요로 하는 것들이 무엇인지 알 수 있으면 좋겠습니다. 필요한 것들을 채워주면 좋겠습니다. 또한 많은 것을 가진 것 같은 그들에게도 하나님 나라를 소개해야 합니다. 이런 일을 위해 하나님께 기도합시다.

마태는 예수님의 갈릴리 사역을 8장 35절에서 요약할 때 세 개의 분사를 사용합니다. 그것은 '가르치시며', '전파하시며', '고치시니라'입니다. 사실 우리가 살핀 바로 예수님 갈릴리 사역의 대부분이 치유 사역이었습니다. 그러나 마태는 예수님의 가르치시고, 복음을 선포하는 사역에 대한 묘사를 치유 사역보다 먼저 기록하였습니다. 이는 8, 9장에 기록된 치유에 관한 기사들이 단순히 예수님의 치유 능력을 드러내기 위한 목적이 아님을 나타냅니다. 그런 능력을 가지신 예수님이 누구시며, 그가 궁극적으로 구원의 복음을 알리고자 하는 목적을 가지고 있다는 사실을 알리기 위함임을 깨달을 수 있습니다.

두 번째 강화(講話)

(10:1-42)

예수님의 열두 제자 1

마 10:1-15

예수님 제자가 몇 명입니까? 예, 열두 명이지요. 학습 문답 할 때나 성경 퀴즈 할 때 묻던 질문입니다. 그런데 예수님이 본격적으로 열두 제자를 부르셔서 사명을 주시는 본문의 행동이 있기 전에 준비 기도가 있었음을 명심합시다. 앞 장의 마지막 부분은 (9:36-38) 오늘 본문에 대한 일종의 머리말 격입니다. 여러분은 무슨 일을 하든지 기도를 먼저 합니까? 아니면 일들을 진행하다가 무엇이 잘못되면 그때서야 '하나님이 도와주세요.' 기도합니까? 이런 기도를 '설거지기도'라고 합니다. 항상 일을 행하기 전에 기도부터 합시다. 그래서 하나님이 역사하시도록 합시다.

1. 예수님의 동역자

열두 제자를 부르신 예수님이 그들에게 일을 맡기시는데, 넓은 측면에서 보면 이것은 예수 그리스도의 동역자가 되는 일입니다 (고후5:20). 1절에서 '제자'를 부르셨다고 말씀했는데, 2절에서는 '사도'라고 말씀하고 있습니다. 제자는 '지적, 영적으로 자신의 지도자에게 배우며 추종하며 따르는 사람'이라는 의미가 있습니다. 반면에 '사도'(ἀποστόλος 아포스톨로스)는 '보냄을 받은 자'라는 뜻으로 특별한 사명을 부여받은 열두 제자를 비롯한 소수의 제한된 사람들에게만 적용되는 호칭입니다. 그래서 본문에서 예수님은 보내는 제자들을 '사도'라고 부르시는 것입니다. 그들은 보살핌을 받지 못하는 많은 양을 돌보는 일에 있어서 주님을 도와야 할 사람들이었습니다. 그리고 그들은 눈앞에 펼쳐진 넓은 들에서 추수하는 일을 도와야 할 사람들이었습니다. "더욱더 많은 일꾼, 즉 추수할 많은 일꾼을 위해 기도하라."고 하시고 이제 이 기도에 대한 응답을 예수님께서 행동으로 보여 주시고자 하시는 것입니다. 이미 그의 제자가 된(눅 6:13) 사람들 가운데서, 많은 면에서 동일하게 보이는 사람들(마 4:18-22, 막 4:3) 가운데서, 그리고 동일한 지역에서 살았던 사람들(행 2:7, 눅 23:6) 중에서 사람들을 선택해 자기 일을 돕도록 파견하십니다.

얼핏 볼 때 예수님은 별 생각 없이 사람들을 선택하신 것 같습니다. 예수님의 열두 제자를 선택하는 일이라면 서울(예루살렘)에 가서 인물들을 뽑아 와야 하는 것 아닌가 싶습니다. 그런데 예수님은 가까이 있는 사람들을 쓰십니다. 그렇다면 김해에 있는 성도 여러분! 우리도 주님이 부르실 수 있습니다. 그 부르심에 순종하며 나아갑시다. 다른 뛰어난 사람들이 주의 일을 할 것이라고 미루지 맙시다. 우리가 주님께 순종할 때, 주님은 사람의 생각대로 하지 않으시고 자기의 선하신 뜻대로 하십니다.

예수님은 먼저 자신과 동일한 사역을 하도록 그들을 파견하시고, 처음부터 예수님이 가르쳤던 것과 동일한 진리들(7절)을 가르치고, 주님의 축복을 통해 동일한 능력으로 이 일들을 행하도록(8절) 하십니다.

2. 이 일꾼들은 어떻게 뒷받침을 받습니까

예수님이 제자들을 부르시면서 그들을 뒷받침하시는 말씀을 하십니다. 그가 말씀하시는 이러한 뒷받침은 두 가지 방법으로 그들을 가르칩니다.

(1) 부정적으로 가르칩니다. 그들은 자신의 노력이나 예상에 의존해서는 안 되었습니다. 또한 '금이나 은이나 동'을 소유해서는 안 되었습니다. 그리고 그들은 옷이나 신이나 지팡이를 예비로 가져서도 안 되었습니다(9, 10절). 당시에 예수님 역시 광야에서 자신의 필요를 채우기 위해서 자신의 능력을 이용하지 않으셨습니다.

우리는 자기 자신이나 자녀들의 일에 대해 너무 예상을 잘합니다. 어려움이 있을 줄 압니다. 그래서 많은 시간과 물질을 거기에 쏟아붓습니다. 반면에 하나님의 일은 너무 대책 없이 합니다(하나님을 전적 의지하여 하는 것이 아닌). 우리는 오히려 하나님을 의지하며 믿음으로 나아가야겠습니다.

(2) 긍정적으로 가르칩니다. 한편으로 그들이 의존해야 했던 것은 '아래'로부터 주어질 것입니다. 다시 말해서 그들이 섬겨야 할 사람들의 자발적인 도움을 통해 필요가 채워질 것입니다(11절). 예수님도 다른 사람들의 자발적인 도움을 통해서만 섬김을 받으셨습니다(눅 8:3). 또 다른 한편으로 그들에게 필요한 것은 '위에서' 주어질 것입니다. 그들을 일꾼으로 보내신 분이 주실 것입니다(10절). 그분은 제자들의 필요를 충분히 인식하셨고, 또한 그들이 가졌는지 갖지 않았는지에 마음을 쓰셨습니다. 그리고 또한 그분은 방심하지 않고 그들의 발의 먼지로서 이 일이 증거 되도록

관심을 가지셨습니다(12-15절).

우리에 대한 주님의 관심은 오히려 복입니다. 부모가 자녀에게 갖는 관심을 생각하면 우리를 향한 하나님의 관심을 어느 정도 이해할 수 있을 것입니다. 부모가 자녀를 얼마나 축복하며 키웁니까? '건강해라', '차 조심해라', '열심히 공부해라' 등의 말은 부모가 자녀에게 축복하는 말이며 깊은 관심을 나타내는 말입니다. 우리는 주님의 축복의 말을 잔소리로 여기지 말고 믿음으로 받아들여서 순종하며 나아갑시다. 놀라운 일들을 경험하게 될 것입니다.

오늘날 예수님의 제자 된 여러분, 복음을 전하든지 이웃에게 사랑을 베풀든지 용기 있게 주님 명령대로 합시다. 그리하면 우리를 향한 하나님의 섭리를 발견하게 될 것입니다. 순종하는 지금은 하나님이 '어떻게 섭리하실까?' 기대해봅시다. 그리고 후일에 회상해 봅시다. 그러면 감사할 것입니다. 예수님을 닮아가려는 우리들, 열두 제자가 간 길을 따라가는 우리들임을 기억합시다.

예수님의 열두 제자 2
마 10:2-8

　소크라테스(BC 470-399)는 한창 바쁜 아테네의 시장과 경기장에 종종 가서 이런저런 사람들과 이야기를 나누었습니다. 그리고 그의 주변에 학생들이나 친구들을 모아 놓고 자기 체계의 비밀을 힘써 가르쳤습니다. 왜냐하면, 그들을 통해 자신의 진리 체계를 보존하고 전파하기를 기대했기 때문입니다. 그런 그의 소망은 부서지지 않았습니다. 왜냐하면 인류의 사상은 이 조야(粗野, 천하고 상스럽다)한 헬라인 직후의 시대에 형성되었기 때문입니다. 그는 자기의 지적인 상속자인 플라톤과 아리스토텔레스를 통해서 많은 세대에까지 굉장한 영향력을 발휘하였습니다. 또한 선행을 하고자 하는 많은 사람은 생명과 재생 능력이 없는 다수의 사람보다는 다른 사람들을 가르칠 수 있는 영향력 있는 소수를 가르침으로 훨씬 더 훌륭한 결과를 얻을 수 있으리라는 사실을 인식할 수 있었습니다. 이러한 이유로 우리는 세상의 위대한 교사들이 그들 주위에 제자들을 불러 모은다는 사실을 알 수 있습니다. 예수님이 바로 그렇게 하셨습니다.

1. 제자들의 순서

　우리는 본문이 예수님의 열두 제자를 열거하는 데 있어서 하나의 순서가 있다는 분명한 사실을 주목해야 합니다. 물론 그 수는 이스라엘의 열두 지파와 관련이 있습니다. 나아가 그들이 사역한 곳이 진정한 이스라엘임을 선포하고 있습니다. 오늘 우리가 진정한 이스라엘이며 진정한 아브라함의 자손이지 않습니까?

예수님의 열두 제자가 기록된 성경을 보면 모두 같은 이름이 명단 맨 앞에 나타나고 있습니다. 분명히 가장 중요한 사람이 맨 앞에 나오겠지요. 베드로는 학벌은 없었는지 몰라도 예수님을 향한 열정은 뛰어났습니다. 그의 열정은 우리가 본받을 일입니다. 교회에서는 돈이 많은 사람이나 학벌이 좋은 사람이 앞에 나서란 법이 없습니다. 예수님을 향한 열정이 있는 사람이 앞에 나서야 합니다.

본문의 열두 제자의 명단은 네 명씩 그룹으로 나누어져 있고 그룹마다 중요한 사람이 선두에 나옵니다. 그들은 형제들이라 할지라도 중요한 사람들은 선두로 나왔고, 제자들 사이에도 타고난 재능뿐만 아니라 선행 및 헌신에 따른 차등이 있었던 것으로 보입니다. 정말 우리에게도 앞서 기록된 사람들처럼 예수님을 향한 열정과 주신 사명에 대한 헌신이 꼭 필요합니다.

2. 사도행전에서의 순서

사도행전에 기록된 사도들의 명단(행 1:13)은 그들의 위치가 최종적으로 결정된 것으로 해석할 수 있습니다.

첫 번째 그룹은 마태복음에서는 '베드로 안드레 야고보 요한'이었는데, 사도행전에서는 '베드로 요한 야고보 안드레'로 되어 있습니다. 아마 안드레가 사역을 느슨하게 하지 않았나 싶습니다.

두 번째 그룹은 마태복음에서는 '빌립 바돌로메 도마 마태'였는데, 사도행전에서는 '빌립 도마 바돌로메 마태'로 되어 있습니다. 도마가 열심히 사역했던 것 같습니다. 처음에는 의심이 많은 제자였지만 부활하신 주님을 만난 이후로 변화되어 더욱 열정적으로 일했던 것 같습니다.

세 번째 그룹은, 사도행전에서 가룟 유다가 빠지고, 역시 순서가 바뀌면서 시몬이 다대오(유다)보다 앞에 나옵니다.

그리스도의 군대 내에서 우리의 근면함과 성실함으로 인해서 우리의 위치가 변할 수 있다는 것을 배울 수 있습니다. 하나님이 우리에게 일을 맡기실 때 열정적으로 최선을 다합시다. 나폴레옹 시대의 모든 프랑스 군인은 그들의 배낭에다 지휘관이 가지는 지휘봉을 가지고 다녔다고 전해집니다. 모든 군인들이 지휘관과 같은 열정을 가졌음을 엿볼 수 있습니다.

3. 작은 그룹

열두 제자들이 네 명씩 그룹으로 소개되는데, 이 그룹 내에서도 더욱 작은 그룹이 있음을 주목하십시오. 베드로와 안드레가 형제였고, 야고보와 요한 역시 형제였습니다. 이들이 중요한 네 명의 사도들이었습니다. 이 넷은 모두 어부들이었습니다. 거기에 빌립과 바돌로메는 친구였습니다. 이 여섯 명은 사도가 되기 전부터 밀접한 관계였습니다. 기독교 사역에 있어서 교제의 유익함을 배울 수 있습니다. 이러한 교제는 서로에게 위안이 되고 지나친 개성을 억제하며 사람들을 용기 있게 만듭니다. 예수님은 그런 그들을 두 사람씩 짝을 지어 파송했습니다.

마태는 두 번째 그룹에 속해 있고 자신이 쓰고 있는 이 복음서에서 그 두 번째 그룹 마지막에 자기 이름을 기록했습니다. 그가 취할 수 있었던 가장 낮은 위치를 겸손하게 취하고 있습니다. 그가 겸손히 복음서를 기록하고 있음을 볼 수 있는 또 다른 대목은 자신을 '세리'라 부르고 있고, 다른 사람들에 대해서는 전혀 직업을 말하지 않는다는 사실입니다. 당시 유대인들에게 '세리'라는 직업을 소개하기란 쉬운 일이 아닙니다. 예수님의 가르침을 기록하고 있는 마태는 예수님처럼 '겸손'해야 함을 스스로 나타내 주고 있습니다.

예수님의 열두 제자들과 마찬가지로 우리도 주님의 제자가 된 것을 감사합시다. 또한 주님의 그 열정적인 제자들처럼 우리는 바로 살고 있는지 돌아봅시다. 나 자신이 주님의 멋진 제자가 되면 이 시대에 주님의 뜻을 펼치는 귀한 사역을 감당할 수 있습니다. 내가 누군가를 주의 제자로 만들면 주의 일을 더 크게 할 수 있습니다. 교회에서 함께 일하는 성도들을 귀히 여기며 아름다운 그룹을 이루어갑시다.

제자들을 향한 특별한 경고

마 10:16-23

저희 집의 두 아들이 부산에 있는 대학을 다녔습니다. 매주 월요일 부산으로 학교 갈 때마다 제가 아들들에게 잔소리했습니다. "수업 시간에 앞자리에 앉아라." "미리미리 예습해서 수업에 임해라." "교수님을 찾아뵙고 인사를 자주 드려라." 예수님도 제자들을 세우시면서 잔소리를 많이 하십니다. 본문 앞에 있는 5절에서 15절까지 말씀에서 예수님은 제자들을 파송하기 전에 실제적인 것들을 많이 말씀하셨습니다. 그리고 오늘 본문에서 예수님은 제자들을 향해 특별한 잔소리(경고)를 하고 있습니다. 16절에 "내가 너희를 보냄이 양을 이리 가운데로 보냄과 같도다 그러므로 너희는 뱀같이 지혜롭고 비둘기같이 순결하라"고 하셨습니다. 이 말씀은 '너희가 해를 당할 수 있다는 것을 잊지 말라'는 주의사항입니다. 나아가 해를 당할 때 악한 방법으로 대항하고자 하는 유혹에 빠지지 않도록 권면하시는 말씀입니다.

올해 8월 15일 광복절은 해방 73주년 되는 날입니다. 광복절은 일본제국이 우리나라를 침략해 식민지로 삼고 압제했지만, 하나님의 은혜로 해방된 것을 기념하는 날입니다. 요즘 일본에 여행을 가면 친절하고 정직한 일본 사람들을 볼 수 있습니다, 그래서 많은 젊은이들이 오늘의 일본이 1910년에 우리나라를 강점하고 몸서리치게 괴롭히며 수탈했던 나라라고는 믿지 못한다고 말합니다. 그들을 용서는 하지만 그들이 저질렀던 만행은 잊지 말아야 합니다. 혹시 〈허 스토리〉라는 영화를 못 보신 분들은 한번 시간을 내어 보시기 바랍니다. 어쨌든 16절 이후 예수님은 세 가지 특별한 경고를 하십니다.

1. 사람을 의지하지 말라

하나님이 원하시는 공의와 정의를 실현하기 위해 회당이나 공회에서 모이는 자들, 곧 유대인 고관이나 유대 나라를 삼가라고 말씀하십니다. 유대인들은 그들이 힘이 닿는 한 제자들을 해칠 것입니다. 그에 만족하지 않고 그들은 제자들을 이방인 통치자들과 왕, 즉 더욱 극단적인 세력에게 넘겨줄 것이라고 말씀하십니다 (17, 18절).

이 모든 일은 예수님과 제자들과의 관계에서 비롯한 것입니다. 예수님을 미워하기 때문에 제자들도 고난받을 것입니다. 제자들은 이 모든 일을 견뎌야 할 것이며 바로 이러한 이유 때문에 그 이상의 것을 기억해야만 합니다. 제자들이 당할 일은 이방인에게 증거가 될 것입니다. 제자들은 주님의 일을 행하기 위하여 가장 효과적인 방법으로 부르심을 받았습니다. 즉 더욱 고상한 방식으로, 더욱 많은 사람들 사이에서 다른 방법으로는 이룰 수 없는 큰 힘을 가진 방식, 즉 고난 받는 방식으로 증거하도록 부르심을 받았습니다. 16절의 시작하는 말씀이 "보라 내가"입니다. 헬라어에는 동사에 인칭이 들어 있어서 인칭대명사 주격은 기록하지 않아도 됩니다. 그럼에도 불구하고 본문에서 'ἐγὼ 에고'라는 '내가'라는 주어를 굳이 쓴 것은 제자들을 복음 전파자로 보내시는 사역의 주권이 오직 예수님께 있다는 사실을 강조합니다. 그러니 우리는 사람들을 의지하지 말고 담대하게 복음 들고 나아가기만 하면 되는 것 아니겠습니까?

2. 너희 자신도 의지하지 말라

제자들이 증거하는 일의 성공이 제자들 자신들에게 달려있다고 생각하는 것을 삼가라고 말씀하십니다. 제자들이 어떻게 무엇을 말할 것인가를 사전에 오랫동안 준비해야 할 필요가 있다고 생각하는 것을 삼가라고 말씀하십니다. 오히려 "그 때" 할 말이 은사로서 주어질 것입니다(19절). 이러한 경우에 진리는 하나님 자신의 섭리가 있는 곳에 있습니다. 실제로 하나님의 섭리가 제자들을 그때를 위하여 하나님의 대사로 삼으신 것이며, 제자들이 하는 말은 실제로 제자들의 말보다 훨씬 고상한 말이 될 것입니다(20절). 따라서 제자들은 말할 것에 대해서 염려하지 말라고 하십니다.

우리는 어떤 일을 했을 때 그 조그마한 성공 때문에 얼마나 교만해지는지 모릅니다. 일을 시작할 때는 하나님의 능력을 의지한다고 기도하며 시작해 놓고, 막상 그 일이 어느 정도 열매가 열리면 그다음에는 자신의 능력을 의지하기 시작합니다. 자신의 한 일을 자랑하기 시작하는 것입니다. 그렇게 되면 어찌 그 속에서 하나님의 섭리를 발견할 수 있겠습니까? 어찌 진리가 드러나겠습니까? 진리가 드러나지 않고 오히려 사람이 많은 교회가 드러나고, 교회 내의 똑똑한 사람들이 드러나고, 기도 많이 했다고 하는 성도들이 드러나지 않겠습니까?

3. 주님을 의지하기를 싫증 내지 말라

때때로 그들은 가장 가까이 있는 자들이 가장 혹독한 자들임을 발견하게 될 것이라고 말씀하십니다(21, 22절). 위급한 때를 위하여 난 형제까지도(잠 17:17 "친구는 사랑이 끊어지지 아니하고, 형제는 위급한 때를 위하여 났느니라") 그의 형제에게 지극히 무거운 역경을 가져다줄 것입니다(21절). 실상 모든 사람이 예수님을 반대하는 일에 하나가 되어 예수님을 증거하는 제자들을 핍박할 것입니다.

그러한 상황에서 신앙고백을 포기하고 증오의 홍수를 피하고 싶은 유혹, 희망을 포기하고 더는 악과 싸우기를 그만두고자 하는 욕구가 얼마나 크겠습니까? 그러나 주님에 대한 고백을 포기하고 구원을 받을 수는 없습니다. 끝까지 견디는 자만이 구원을 받습니다. 그러므로 주님을 의지하는 일에 싫증 내지 맙시다.

예수님의 이 말씀을 통해 열두 제자들은 용기 있게 전진했습니다. 다만 한 사람만이 다른 원인으로 인해 유혹을 받아 배반했습니다. 그러나 나머지 제자들은 오늘 말씀으로 인해 앞으로 나아갔고, 그가 말씀하신 모든 고난을 기꺼이 맞이하고, 그것으로 무장하여 세상을 정복할 수 있었습니다.

이 시대 주님의 제자인 우리도 주님이 특별히 경고하신 말씀들을 기억하며 담대하게 전진합시다. 그러면 우리를 통하여 우리 능력 이상의 큰 역사를 이루시고 복음이 증거되며 하나님의 나라가 확장될 것입니다. 많은 부족함에도 불구하고 현재 〈은혜와평강교회〉야말로 이 진리에 대한 살아있는 증거가 아니고 무엇이겠습니까? 사람을 의지하지 않고 자기를 과신하지도 않았지만, 하나님

의 은혜와 성도들의 수고와 믿음과 용기 그리고 눈물과 인내로 열
매 맺은 곳이 우리 교회입니다.

두려워하지 말라

마 10:24-33

1950년 9월 15일 인천상륙작전 때에 미군 해병 중위 발도메로 로페즈(Baldomero Lopez, 1925.8.23.~1950.9.15)는 해병 1사단 소대장이었습니다. 총탄이 빗발치는 가운데 로페즈는 소대원들을 이끌고 해변에 도착했습니다. 눈앞 북한군의 토치카에서는 기관총이 불을 뿜어대고 있었습니다. 그는 몸을 일으켜 수류탄을 던지려 했습니다. 그때 기관총탄이 어깨와 가슴을 때렸고 수류탄은 떨어져서 부하들 쪽으로 굴러가고 있었습니다. 로페스는 피가 흐르는 오른팔로 수류탄을 감싸 자기 몸 밑으로 넣었습니다. 그 후 소대원들은 소대장의 시체를 넘어 빗발치는 총탄을 뚫고 진격했습니다. 상륙작전은 그렇게 성공했습니다.

1. 제자들에게 요구되는 용기

예수님께서 말씀하신 본문의 모든 경고는 용기와 연결되어 있습니다. "두려워하지 말라!"고 예수님은 세 번이나 말씀하십니다 (26, 28, 31절). 이 경고들에는 소극적인 용기와 연결된 것도 있고(24-26절), 진취적인 용기와 연결된 것도 있다(27-32절)는 점에서 구별됩니다. 복음을 전하는 예수님의 제자들은 악의가 구체화한 형태들을 견딜힘이 있어야 합니다. 본문에 특별히 악의가 표현되는 첫 형태가 나타납니다. '악한 말들'은 일반적으로 악의의 첫 열매들입니다. 사람들은 말에서 주먹으로 옮겨갑니다. 예수님의 제자들은 그 첫 번째 것을 견디기 시작해야 합니다. 그들은 사소한 험담뿐만 아니라 큰 악담들도 참아내야 합니다. 이런 종류의 용기를 가져야 하는 두 가지 이유가 본문에서 제시됩니다.

(1) 악담을 참아내는 용기를 통해 스승의 운명에 동참하기 때문입니다. 예수님과 제자들의 적들은 이미 그들이 할 수 있는 가장 악한 말을 했습니다. 주님이 하나님의 아들이라는 사실을 듣고도 그들은 주님이 오히려 하나님의 적대자들 가운데 가장 악한 자라고 선포하였습니다(25절, 바알세불- 귀신의 왕, 예수님을 귀신의 왕이라고 모욕적인 말을 했다). 따라서 그들이 그분의 집안사람들에게 똑같은 말을 하더라도 놀랄만한 일은 아닙니다.

(2) 이러한 시련은 한동안만 지속할 것이기 때문입니다. 우리가 은행에 적금을 넣으면 넣은 금액의 합계보다 더 많은 돈을 주지 않습니까? 그들의 경우에 있어서 미래는 현재 겪는 불의보다 훨씬 큰 보상을 얻게 될 것입니다. 현재 숨겨져 있는 모든 것이 드러나게 될 날이 다가오고 있습니다(26절). "감추인 것"($\kappa\epsilon\kappa\alpha\lambda\upsilon\mu\mu\acute{\epsilon}\nu o\nu$ 케칼륌메논)과 "숨은 것"($\kappa\rho\upsilon\pi\tau\grave{o}\nu$ 크륍톤)은 모두 '복음'을 가리키는 표현으로 지금 사람들이 복음을 알지 못하고 오히려 복음 전하는 자들을 핍박하고 있지만 언젠가는 사람들이 복음이 진리라는 사실을 깨닫게 될 날이 올 것을 강조하는 표현입니다. 그날이 오면 악한 자들과 모든 선의 근원이 되시는 하나님과의 진정한 관계가 빛처럼 밝게 비추어질 것입니다. 이는 예수님의 제자들이나

그 이후의 유대인 공동체, 혹은 오늘을 살아가는 그리스도인들에게까지도 복음으로 인하여 당하게 될 핍박이나 고통이 영원한 것이 아님을 가르쳐줍니다.

2. 제자들을 위한 격려

한 걸음 더 나아가서 예수님의 제자들은 수동적으로 견디기보다는 적극적으로 무엇인가 행하도록 부르심을 받았습니다. 그들은 때때로 말해야 했습니다(그것도 담대하게 말입니다. 엡 6:19). 이러한 생각이 26절에서 27절로의 전이의 이유입니다. 담대한 일은 실제로 그들의 메시지와 관련된 것입니다. 그 메시지(복음)는 이미 제자들이 모든 사람의 미움을 받을 것이라 이야기하고 있습니다(22절). 제자들이 이런 상황에서도 복음의 일을 감당할 수 있도록 만들어주는 격려는 세 가지가 있습니다.

(1) 시간적으로 끝이 있을 것입니다. 그러한 담대함으로 인해서 빚어지는 적대감이 무엇이든지 그 작용은 이 세상에 한정되는 것입니다(28절). 즉, 사탄이 주는 고통이 아무리 크다고 할지라도 그것은 인간의 육신($\sigma\tilde{\omega}\mu\alpha$ 소마)에까지밖에 미치지 못하지만, 하나님이 주시는 고통은 영혼($\psi\upsilon\chi\acute{\eta}$ 푸쉬케)에까지 미친다는 사실입니다.

(2) 하나님의 섭리입니다. 인간의 적개심은 하나님이 허용하는 것 이상을 행할 수 없습니다. 심지어 하나님의 돌보심은 제자들보다 못한 미물에까지 미칩니다(29절). 참새는 예수님 당시 팔레스타인에서 가장 값싸고 흔한 날짐승이었습니다. 한 앗사리온은 가장 가난한 계층인 일일 노동자의 하루 품삯인 한 데나리온의 16분의 1에 불과한 돈입니다. 그런 참새도 하나님의 섭리 가운데 있

으니 제자들은 어떠하겠습니까?

(3) 은총의 질서입니다. 하나님께서는 사람들 앞에서 하나님을 고백하는 자들을 모든 사람 앞에서 안다고 하실 것입니다(32, 33절). 이것은 마지막 때만 해당하는 것이 아니라, 우리가 살며 지나고 있는 모든 시대에 해당합니다. 우리가 자신을 보다 온전하게 하나님의 섭리의 손에 맡긴다면, 하나님의 섭리가 우리에게 더 많은 것을 맡기는 역사를 발견하게 될 것입니다. 하나님의 은총을 경험한다면 얼마나 풍성하겠습니까? 우리의 실력으로 얻을 수 있는 것보다는 하나님의 섭리로 얻는 것이 훨씬 더 클 것입니다.

예수님의 제자 된 성도 여러분! 복음을 전하는 여러분에게 악한 자들이 그들 뜻대로 말하도록 내버려 두십시오. 악인들의 손이 원하는 대로 행하도록 내버려 두십시오. 우리가 막는 것보다 하나님께서 그들을 억제하도록 하십시오. 더 나아가서 우리가 그들 앞에서 하나님을 공개적으로 고백할 때 하나님께서 더욱 공개적으로 우리를 시인하시는 역사를 기대하십시오. 이것이 그분의 이름에 대하여 담대하게 되는 비결이요 보상입니다. 하나님이 주시는 것이니 얼마나 풍성하겠습니까? 실제로 우리에게는 용기 있게 하나님을 말하고 외치는 행동이 필요합니다. 천국 복음을 증거하는 예수님의 제자들이여, 반대하는 악한 무리를 두려워하지 말고 담대하게 나아갑시다!

결단을 요구하는 예수님

마 10:34-39

　　오늘 본문은 좀 무서워 보이는 말씀입니다. 예수님이 "세상에 화평을 주러 온 것이 아니고 검을 주러 왔다"(34절) 라고 하셨고, 예수님 때문에 "집안 식구가 원수가 될 것이다"(36절) 라고 말씀하시기 때문입니다. 예수님은 평화를 싫어하시는 분은 아니셨지만, 평화로운 질서의 영향력을 행사하러 오신 분도 아니십니다. 오히려 예수님의 영향력은 개혁하고 나누는, 혁명적인 영향력입니다. 기독교 역시 평화를 만들어내고자 합니다. 하지만 인간의 삶의 가시적인 영역에 국한된 평화를 만들어 내고자 하지는 않습니다. 오히려 우리의 무질서한 삶을 취급하면서 질병의 증상들보다는 원인을 더 중시하며, 원인들을 취급하면서 때로는 증상들을 더 악화시킬 수도 있습니다. 이러한 관점에서 본문을 봅시다.

1. 분쟁을 일으키는 복음

　　예수님은 제자들이 마음을 단단히 먹고 그들의 첫 사역에 임하도록 훈계하고 계십니다. 본문은 예수님의 마지막 훈계 중 하나로 제자들로 하여금 결단하게 하기 위한 것입니다. 본문은 결단을 요구하는 상황입니다. 결정적으로 중요한 교훈 때문에 결단이 요구됩니다.

그들이 예수님의 이름으로 사람들에게 전달해야 할, 즉 그들이 보는 앞에서 '던져야 할' 메시지는 인간의 감정을 예전 그대로 남겨두는 메시지가 아닙니다. 그것은 마치 죽은 것처럼 사람들에게 아무런 영향력도 미치지 못하고 그곳에 있는 그러한 메시지가 아니었습니다. 오히려 그것은 비범할 정도로 사람들의 생각을 자극할 것이며, 이전에 알고 있던 피상적인 평화로부터 사람들을 완전히 일깨워 줄 것입니다. 한마디로 평화가 아니라 '검'을 던질 것입니다(34절). 본문의 '화평'은 세상과의 타협을, '검'은 은유로서 세상 모든 죄악과 불신앙에 대항해 복음을 들고 싸우는 적극적인 대처를 각각 상징합니다.

그것은 복음 선포가 초래하는 최초의 결과가 될 것입니다. 더욱이 이것은 우리가 검을 구하지 말아야 할 상황에서도 그러할 것입니다. 어떤 자연적인 결속이나 유사성의 결속도 이 검의 분리시키는 힘에 저항하지는 못할 것입니다. 예를 들면 평화의 자리인 가정조차도 복음의 힘으로 말미암아 불안하게 될 것입니다(35절). 제자들이 세상에 나가 예수님의 말씀대로 말하고 행하면 필연적으로 세상과 갈등을 겪게 된다는 말씀입니다. 그것이 오늘 이야기가 들려주는 핵심입니다.

2. 진리에 대한 두 반응

진리가 선포되면 결과는 둘 중 하나입니다. 선포될 진리는 예수님입니다. "너희는 나를 누구라 하느냐?"(마 16:15). 이것은 인간의 마음에 제시된 질문입니다. 이 질문에 대한 인간의 대답은 단지 두 종류밖에 없습니다. 예수 그리스도를 첫 자리에 두든가 아니면 전혀 그리스도를 두지 않는 것이죠. 검을 주고 불화한다는 오늘 말씀은 예수님을 첫 자리에 두지 않는 자들에게는 절대 해당하지 않는 일입니다. "어미나 아비를 나보다 더 사랑하는 자는 내게 합당하지 아니하고"(37절). 이런 행태는 예수님이 보실 때 주님을 온전히 사랑하는 것이 아닙니다. 다시 말해서 '나를 위해서 어떤 십자가도 지려고 하지 않는 자들은 결코 내게 인정받는 자들이 되지 못한다.'(38절) 는 것입니다.

즉 예수님의 제자로서 충실한 삶을 살기 위해서는 스승 되신 예수님께서 가르치신 바가 삶의 기준이 되어야 하고 그 외의 것들, 심지어는 보통 사람들이 가장 소중하게 생각하는 가족이나 자신의 목숨까지도 희생해야 합니다. 이는 예수님의 가르침이 영생의 도라는 사실을 깊이 깨달은 자만이 실천할 수 있는 높은 신앙의 경지입니다. 본문에서 36절을 제외하고 각 절 마다 '나'($\varepsilon\gamma\omega$ 에고)라고 하는 1인칭 대명사나 1인칭 단수 동사가 빠지지 않고 사용되고 있습니다. 한글 성경으로는 여덟 번, 헬라어 성경으로 보면 열 번이나 사용되었습니다. 그것은 참된 제자가 되려면 세상에서 고난과 핍박이 불가피하지만 그럼에도 불구하고 자기 십자가를 지고 묵묵히 주를 따라야 함을 교훈합니다. 우리 삶의 기준과 모델이 예수님이라는 사실을 거듭 강조하고 있음을 알 수 있습니다.

3. 궁극적인 결실

예수님의 말씀을 따른 결과는 어떻게 될까요? 그것은 추측할 수 있는 것이 아닙니다. 때때로 그렇게 보이듯이 아주 의심스러운 것도 아닙니다. 반면에 일을 거시적으로 보고, 삶을 현상적으로 선과 악이 크게 뒤섞여 있는 것으로 본다면, 예수님 편에 서는 온전한 결단은 이 싸움에서 지극히 훌륭한 결정입니다. 실제가 너무나도 그러하기 때문에 다른 어떤 방식의 삶은 우리에게 그 본연의 모습으로 실감할 수 없을 것입니다. 다른 모든 외관상의 소득들은 마지막에 치명적인 손실이 될 것입니다. 이런 면에서 현재의 모든 외형적인 손실들은 마지막에 모든 좋은 것을 얻기 위해 지불하는 대가에 불과할 것입니다. "자기 목숨을 얻는 자는 잃을 것이요 나를 위하여 자기 목숨을 잃는 자는 얻으리라"(39절).

따라서 이 역설의 진리에 관해 아무것도 여러분을 뒤흔들지 못하도록 하십시오. 그것만이 충심으로 예수님 편에 선 자의 지혜와 관련해 당신을 만족시킬 것입니다. 사도들이 목숨을 걸고 사역의 길로 나아갔을 때, 세상이 보기에 그들은 고독한 희망으로 나아갔습니다. 오늘날 우리는 이러한 점에서 동일한 부름을 받지는 않았습니다. 모든 예수님의 제자들이 첫 제자들과 같은 삶을 영위해 나가기를 기대하지는 않습니다. 그러나 누구라도 결단이 필요할 때 그것을 따르지 않으면, 그는 예수님의 제자로 일컬어질 수 없을 것입니다. 우리가 예수님의 복음을 들고 나갈 때 우리에게는 결단이 필요하며, 누군가 복음을 듣는다면 그에게도 결단이 필요합니다.

영접하는 자의 복

마 10:40-42

앞에서 예수님은 우리에게 제자의 길이 얼마나 험난하고 고달 픈지를 지적하여 엄숙한 각오와 결단에 이르도록 하셨습니다. 반면, 오늘 본문은 우리 눈을 복과 위로가 가득한 미래로 향하게 만듭니다. 특별히 고난과 핍박을 엄숙히 각오하고 떠나는 제자들에게 '단순히 너희에게 복이 있을 것'이라고 하지 않고 '너희를 영접하는 자는 분명히 상이 있을 것'이라고 말씀하심으로써 더욱 제자들에게 확신을 심어주고 있습니다. 이를 통해 예수님 따르는 제자의 길이 귀하고 복된 길임을 제자들이 알고 담대히 나아갈 수 있도록 하십니다.

1. 주님과 제자들의 동일시

지금 예수님은 제자들을 선교 사역에 내보내시기에 앞서 그들이 예상해야 할 대우가 어떤 것인가를 놀라운 내용으로 이야기합니다. 주님은 여기서 그들이 감당할 사역에 있어서 그리고 그들이 받아야 할 대우에 있어서 제자들과 예수님을 동일시하십니다. 아니 오히려 주님은 그들을 하나님과 일치시키며, 그들의 섬김과 사역에 있어 그들에게 베푼 모든 친절을 주님께 베푼 친절로 간주한다고 하십니다.

40절에는 등장인물이 넷이 나옵니다. '복음을 전하는 자'와 '복음을 영접하는 자' 그리고 '예수 그리스도'와 '하나님'입니다. 하나님은 예수님을 통하여 일하시고, 예수님은 제자들을 통하여 일하십니다. 그러므로 사람들은 예수님의 제자를 통하지 않고는 예수님과 하나님의 구원의 뜻과 계획을 알 수 없습니다. 제자들에게는 자존감이 세워지는 말씀입니다.

2. 선지자와 의인이 받을 상

예수님은 '선지자의 상'이 있고, '의인의 상'이 있다고 말씀하십니다. 예수님은 여기서 우리에게 무엇이 선지자의 보상이며 무엇이 의인의 보상인가를 말하지 않습니다. 그럼에도 불구하고 여기에 그 신비를 풀 열쇠가 우리를 위해 있음이 틀림없습니다. 비록 예수님이 여기서 제자들에게 말씀하시지는 않지만, 이전에 이미 그것이 무엇인지를 말씀해 주셨을 것입니다. 물론 그들이 완전히 이해하지는 못했겠지요. 이제는 그것을 체험으로 점차 배우도록 하시는 것입니다. 그러한 체험적인 가르침은 성령의 도움을 통하여, 빛과 은총의 영을 통하여 그들 안에서 영적인 이해와 깨달음의 능력을 발전시키는 것입니다.

우리는 예수님이 좋아서 예수님을 믿었지만 예수님을 믿는 복을 세월이 흐르면서 점점 더 깨달아가고 있지 않습니까? 저는 목사가 되는 것이 하나님의 뜻인 줄 알고 목사가 되었지만, 목사직을 수행하며 받는 복은 지금까지 계속 커지고 있습니다. 이 문제와 관련하여 예수님의 가르침은 전체적인 방향에서 인간의 참된 부는 그 자신 안에 있지 그의 소유나 그의 주변에 있지 않다는 것을 드러내는 것이었습니다. 이것은 예수님이 지속적으로 가르치신 것이었습니다. 예수님이 그를 따르는 무리에게 항상 권고하였던 것은 이러한 보화들을 찾아야 한다는 것이었습니다. 사실이 그러하기 때문에 우리는 무엇이 선지자에 대한 보상인지를 대단히 잘 알고 있습니다. 그것은 돈도 아니고 권력도 아닙니다. 이러한 것들은 올 수도 있고 오지 않을 수도 있습니다. 만약 그러한 것들이 온다면 그것은 참된 보상에 대한 부가물로 올 것이며, 아마 선지자의 은사와 성품을 시험하는 다른 큰 책임들이 뒤따를 것입니다.

선지자에 대한 참된 보상은 하나님의 심오한 일들을 더욱 깊이 보는 능력을 향상하게 하는 것이며, 이러한 것들을 사람들에게 더욱 더 분명하게 보여주는 능력이 향상하는 것일 것입니다. 의인에 대한 참된 보상은 그가 더욱더 의롭게 되는 것이며, 그 자신 안에서 더욱 강렬해지는 덕의 원리들을 발견하는 것이고, 그의 앞에서 악인들이 점점 더 악해지는 것입니다.

3. 제자들과 복음을 받아들이는 자가 받을 상

선지자를 선지자의 이름으로 받아들이는 사람, 의인을 의인의 이름으로 받아들이는 사람이 그들과 같은 보상을 받아야 한다는 것을 이해하기는 어렵지 않습니다. 여기서 선지자는 제자에서 좀 더 확대되어 교회 공동체에서 복음을 전하는 지도자이며, 의인은 예수 그리스도의 말씀에 따라 의롭게 살며 복음을 전하는 모든 신자를 가리킵니다.

선지자를 선지자의 이름으로 받아들이는 사람은 그가 선지자인 줄 알기 때문에 받아들입니다. 이 사실은 그 사람이 선지자를 그

직책으로 인하여 높이 평가한다는 사실과 그가 선지자와 공감한 다는 점, 그리고 그가 선지자의 일에 관심이 있다는 점을 암시해 줍니다. 그러니 선지자의 상을 받음이 당연하지 않겠습니까? 의인 의 이름으로 의인을 영접한다는 것은 그를 의인이기 때문에 받아 들이는 것입니다. 그를 그렇게 받아들이는 자는 마음에 의의 뜻을 품고 있으며, 즉시 식탁에 의인을 모심으로써 자신의 모든 덕스러 운 열망들을 자극해 줄 말과 모범들을 듣고 보고자 할 것입니다. 그의 말과 모범을 들으며 그 안에 있는 아름답고 선한 모든 것을 일깨우고 강화해 주며, 실제로 의인의 보상을 받게 해줍니다. 옛 날에 우리 부모님들은 정말 이런 자세로 주의 종들을 섬기며 모셨 다고 생각합니다. 지금 도시에 있는 교인 중 많은 분들은 그런 옛 부모님들의 섬김 때문에 자신들이 복을 받고 있는 것으로 저는 보 고 있습니다.

우리는 이제 예수님을 위해 사역하는 자가 복되다는 말씀을 들 었습니다. 또한 예수님을 위한 사역하는 자들을 영접하는 자들에 게도 복이 있다는 귀한 말씀을 볼 때, 모든 복은 복된 섬김의 보상 임을 알게 됩니다. '소자'라고 할 수밖에 없는 자들에게까지 베풀 냉수 한 그릇도 그 자체보다 훨씬 큰 보상을 약속받고 있으니, 예 수님을 향한 헌신의 삶은 복된 것이 확실합니다. 예수님의 삶이 그러한 행위의 삶이기 때문입니다. 예수님의 말씀을 그대로 순종 하면 우리도 복되리라 믿습니다.

IV

천국의 비밀

세 번째 내러티브(11:1-19:9)

세례 요한의 의문에 대한 답변

마 11:1-6

　요즘 시대 젊은이들의 의문은 과연 '예수 그리스도가 선조들이 말하는 대로 우리의 구세주인가?'라고 합니다. 워낙 문명이 발달한 시대를 살면서 온갖 혜택을 누리며 사니 구세주의 필요성을 느끼지 못한다고 해야 할까요. 그래서 교회를 떠나는 청년들이 많은지 모르겠습니다. 때때로 사람들은 예수 그리스도를 특별한 자리에서 만납니다. 한때는 복음적이었다가 의심하는 자리로 나아가기도 합니다. 그러나 예수님 안에 숨겨진 보화를 더 발견하려고 힘쓰지 않으면 우리가 이미 발견한 것조차 의심하게 될 것입니다. 선하고 성실한 사람도 실망에 의해 의심이 생겨납니다. 사람들은 하나님이 너무 더디셔서(?) 그들이 생각하는 대로 일들이 빠르게 진행되지 않을 때 실망하고 하나님을 의심하게 됩니다.

　예수님을 만났고 직접 세례를 주었던 세례 요한이 감옥에 있을 때, 자기 제자들을 예수님께 보내 질문하고 있습니다. 질문은 이것입니다. "당신의 일에 대한 명성이 온 사방에 자자한데(감옥 안까지도, 2절) 당신은 도대체 누구입니까?" 그것은 더 구체적으로 "당신이 그 사람(구세주)입니까?" 아니면 "단순히 그 사람의 그림자입니까?"를 묻고 있습니다.

여기서 가장 괄목할만한 것은 그 물음이 의미하고 있는 바입니다. 세례 요한은 제자들을 위해서, 그 문제에 대한 제자들의 의심을 말끔히 씻어내기 위해서 질문한 것으로 보입니다. 어떻든 세례 요한의 제자들이 해소해야 할 그러한 의심을 하고 있다는 사실이 놀라운 점입니다. 물론 세례 요한 자신도 당시의 사람들처럼 예수님이 자신을 억압하는 헤롯을 심판하는 구세주 정도로 인식하고 있었던 것 같습니다.

예수님의 답변은 직접적인 대답이 아니라는 점에서 독특합니다. 예수님은 자기가 누구인지 많은 말로 이야기하지 않습니다. 단지 추론의 방식으로 대답하십니다. 또한 그 대답은 무엇보다도 이미 존재한 종류의 지식을 지적한다는 점에서 두드러집니다. 우리는 세례 요한이 예수님에 관한 일들을 감옥에서 들었다는 이야기를 보았습니다. 아마도 제자들을 통해서 들었겠지요. 세례자 요한이 이렇게 많은 기적을 행한 그분을 누구라고 생각해야 하는지를 물었을 때 그는 단순히 더 많은 종류에 대한 이야기를 듣습니다.

"너희가 가서 듣고 보는 것을 요한에게 고하되"(4절) 원문의 뜻을 살리면 "너희가 가서 듣고 보는 것들을'(관계대명사 ἅ 하) 이라고 해야 합니다. 거기다 듣고 보는 것들은 현재형(ἀκούετε 아쿠에테, βλέπετε 블레페테)으로서 현재에도 계속되는 현장을 '생중계'하여 요한에게 들려주라는 말씀입니다. 여기에 그의 물음에 대한 첫 번째 대답이 있습니다.

그가 들은 이러한 일들은 오실 자가 행해야 할 바로 그 일들이지 않습니까(5절)? 이사야서에서 구세주가 오면 이런 일들이 행해질 것이라고 예언되어 있습니다. 예수님은 구약에서 예언한 메시아 자격으로 그와 같은 일들을 하고 있다고 말씀하시는 것입니다. 이러한 두 번째 대답은 정말 중요한 것입니다. 세례자 요한의 제자들이 본 것을 스승에게 잘 보고해야 하고, 요한은 구약에서 메시아에 대하여 말씀한 것들이 바로 예수님에게서 나타나고 있다고 깨달을 수 있기 때문입니다.

이것은 뒤따르는 엄숙한 말의 명백한 취지로 보아서 확인됩니다(6절). 세례 요한을 위시한 유대인들은 정치적이고, 물질적인 그리고 급격한 변화와 심판을 동반한 가시적인 해방을 가져다주는 구세주를 대망하고 있었습니다. 하지만 정작 오신 예수 그리스도는 비천한 모양을 하고 있었으며 그들의 기대와는 현격히 다른 구세주의 사역을 하고 계셨던 것입니다. 그래서 예수님은 6절에 자기를 인하여 '실족하지 않는 자'가 복이 있다고 말씀하고 있습니다. 이 모든 것이 예수님에게는 얼마나 시련이 되었겠습니까? 하지만 그의 뜻을 지지하는 모든 사람에게는 얼마나 교훈적인지 모릅니다.

이 시대의 실망과 변절은 때때로 우리를 두려움에 휩싸이게 합니다. 우리는 이러한 사실로부터 그러한 것들이 결코 교회에 새로운 사실이 아니라는 것을 알게 됩니다. 교회는 이전에 무수히 많은 다른 실망과 변절에도 살아남았습니다. 교회는 예수님 당대에 그러한 것들과 더불어 시작되었습니다. 예수님은 실제로 주위에 몰려들었던 그러한 의심의 문제들에서 완전히 벗어난 일이 거의 없었습니다. 예수님은 십자가에 달리셨을 때도 의심의 말을 들어야 했습니다. '저가 남은 구원한다고 하면서 자기는 구원하지 못하느냐? 네가 그 십자가에서 내려와야 우리가 믿겠다'라고 사람들이 외쳤습니다. 또한 이러한 것들이 의심하는 자들에게도 큰 힘을 주는 것입니다. 세례자 요한의 제자들이 왜 그러했겠습니까? 그들이 가지고 있는 빛을 올바르게 사용할 수 없었기 때문일 것입니다. 우리도 교회 일을 할 때 일이 잘 안 풀려서 어려울 때 닥쳐오는 의심의 공격을 미리 각오합시다.

하나님께서 모세를 부르시고 이집트에서 고통당하는 이스라엘을 구출해 내라고 하셨을 때 모세는 두려워했습니다. 두려워하는 모세에게 하나님은 "너의 손에 있는 것이 무엇이냐?"라고 물으셨습니다(출 4:2). 오늘날 우리에게는 성경이 있습니다. 그 속에는 많은 진리가 있습니다. 학생들에게는 교과서가 있습니다. 그것을 가지고 예습하고 복습하면 얼마나 공부를 잘하겠습니까? 우리에게는 교회가 있고, 예배가 있습니다. 세상의 관점에서 판단하여 약하고 어려운 일들을 만났다고 실망하지 말고 말씀을 읽고 예배를 드리면서 성령의 빛을 잘 받읍시다. 그러면 구세주 예수님을 발견하고 그분이 주시는 진리 안에서 은혜를 누리고 자유롭게 될 것입니다.

세례 요한을 어떻게 생각할 것인가?

마 11:7-15

인터넷에는 그날그날의 인기 검색어가 있습니다. 그것을 보면 사람들이 누구에게 또는 무엇에 관심이 있는지를 알 수 있습니다. 만약 예수님 당시에 인터넷이 있었고 인기 검색어가 무엇이었을 까를 생각해보면, 1위가 '예수님', 2위가 '세례 요한'이었을 것입니다. 예수님 당시의 사람들은 세례 요한을 선지자로 생각하고 있었으며, 그래서 그의 세례를 받았을 것으로 생각합니다. 예수님은 사람들에게 세례자 요한을 대단히 높게 생각할 것과 한편으로는 세례 요한에 대해서 너무 높게 생각하지 말 것을 가르치셨습니다.

예수님은 요한을 성품에 있어서 비상한 힘을 지닌 사람으로서 대단히 높게 생각해야 한다고 말씀하십니다. 그에게 말씀을 들으러 나갔던 그 어떤 사람도 '갈대'를 보려고 갔던 사람은 없습니다 (7절). 갈대는 쉽게 흔들리고 움직이는 사람, 그리고 자신의 의지가 약한 사람을 뜻합니다. 당시 사람들은 세례 요한이 그러한 존재가 아님을 확인하였습니다. 예수님의 판단으로는 "갈대를 보려고 광야에 나갔더냐?"라는 의문을 제기하는 것으로 요한은 그러한 사람이 아니고 대단한 성품의 소유자임을 그들에게 나타내고자 하셨습니다. 실제로 그는 당시 기득권자들이었던 바리새인들과 사두개인들을 향해 "독사의 자식들"이라고 꾸짖으며 회개를 촉구하였으며, 죽음을 무릅쓰고 악한 왕인 헤롯에게 직언할 만큼 강한 신념의 사람이었습니다.

또한 예수님은 세례 요한의 '삶의 자주성'에 관하여 대단히 높게 평가하십니다. 예수님은 역시 이번에도 사람들에게 질문함으로써 세례 요한에 대한 대답을 하고 계십니다(8절). 당시에 헤롯은 광야 끝에 있는 여리고의 왕궁에서 최고급 명품 옷을 입고 사치스럽게 살고 있었습니다. 그러나 세례 요한은 구약의 엘리야처럼 거친 낙타 털옷을 입고 메뚜기와 석청을 먹으며 광야에 살고 있었습니다. 누가 삶의 자주성을 가진 사람이 궁중에서 명품 옷을 입고 산다고 기대하겠습니까? 누가 그러한 사람이 매일 왕의 총애를 구하며 그것이 없이는 살 수 없다고 생각하겠습니까? 광야에 머무는 요한에 관하여 그러한 질문을 던지는 것은 그것에 대답하는 것입니다. 메뚜기와 석청으로 살며 하나님으로 만족하는 사람은 결코 쉽게 매수될 수 없습니다(마 3:4).

예수님은 마지막으로 세례 요한을 지극히 두드러진 선지자적 은사들 때문에 대단히 높게 평가할 사람이라고 하십니다. 그는 선지자 이상이라고 하십니다(9절). 그는 하나님의 직접적인 사자였고(10절), 그러한 예언자들의 긴 반열에서 마지막 인물이었으며, 예수님에 대하여 영감을 가지고 예언한 모든 예언자의 최전선까지 나아간 최후의 인물이었습니다. 하나님께서는 이전에 그보다 더 큰 인물의 입술을 통해서 말씀하신 적이 없습니다(11절).

오늘날 주님의 일꾼들이 한번 생각해 보고 도전해 볼 만한 세례 요한의 성품과 자주성, 그리고 은사가 아닌가 합니다. 이러한 일꾼들을 신학교와 교회에서 길러내야 합니다.

그러나 예수님은 세례 요한의 위치를 너무 높게 평가하지 말라고 하십니다. 결국 그가 만일 한 체제의 정상에 있었다고 한다면, 그는 또 하나의 체제의 발아래 있습니다. 그는 예수님이 오시기 전의 모세의 율법 아래 놓인 옛 시대에 살았고, 예수님의 선구자로서 그 옛 시대의 정점(climax)에 서 있습니다. 그는 새날의 빗장에 손을 대었습니다. 그러나 이러한 성취는 그 자체로서 위대한 것이지만 모든 것 가운데서 가장 위대한 것은 아니었습니다. 그것은 예수님으로 시작되는 새 시대의 문을 열고 들어가는 것만큼 위대하지는 않습니다. 따라서 이것은 실제로 새 시대의 문을 열고 들어가는 자들 가운데 가장 작은 자만큼도 위대하지 않습니다(11절 하).

또한 예수님은 세례 요한의 메시지를 너무 높이 평가하지 말라고 하십니다. 그의 메시지는 오시고 있는 한 분을 사람들에게 이야기해야 할 것이었습니다. 그는 자기 뒤에 있는 모든 율법과 선지자들과 더불어(13절) 그리스도를 향해야 했습니다. 따라서 그의 일은 장차 오실 분이 선포하실 것을 위해서 사람들을 예비케 하는 것이었습니다. 그러나 그의 실제적인 침묵 이후로 더욱 완전한 빛이 등장하였습니다(마 4:12-16). 바꾸어 말하면 그때 이후로 하나님 나라가 전파되었습니다.

그리고 사람들 사이에서 하늘나라는 그 충만한 자비로 선포되었습니다(마 9:2). 요한의 가르침의 최고의 영광은 더욱더 영광스러운 것을 예비하게 하는 것에 있습니다. 더욱이 그렇다고 하더라도 그것은 옛날의 신비한 언어에 담긴 정신으로 가르쳤습니다. 실제로 그가 나타났을 때 무엇 때문에 이 위대한 사자가 등장했습니까? 실제로 그는 '또 하나의 엘리야'가 아니었습니까? 즉 정신이나 능력에 있어서, 그리고 그들을 그들의 선조들의 하나님께로 돌아가게 하는데 사용된 엘리야가 아니었습니까?

이러한 세례 요한의 위치와 메시지는 우리가 본받을 것들입니다. 오늘날 강단의 메시지는 어떠합니까? 혹시 설교자와 자기 교회의 영광을 위해 주님을 더 강조하지 않는 것은 아닌지 살펴봐야 할 것입니다.

따라서 우리가 만일 그것을 받아들인다면 우리는 이 사람을 어떻게 평가할 것입니까? 그것은 나와 나에 대하여 정확한 진리를 가르쳐줄 것입니다. 따라서 그것은 우리가 귀를 기울여 들어야 할 것입니다(15절). 우리는 성경 안에서 복음에 대하여 예비적인 것들을 발견합니다. 그때 본문에서 교훈하는 것들을 일축해 버리지 않도록 합시다. 오늘날 우리는 내주하는 성령님으로 말미암아 예수님의 죽으심과 부활의 신령한 의미를 확연히 깨달을 수 있다는 점에서 세례 요한보다 우월한 위치에 있습니다. 그러므로 감사해야 할 것입니다. 그러나 또 한편 세례자 요한의 고결한 삶과 삶의 자주성을 본받아 이 시대의 빛으로 살아갑시다. 주님을 증거하는 이 시대의 엘리야로 살아갑시다.

탐욕스러운 사람들

마 11:16-19

　예수님이 요즘 사람들을 보시면 뭐라고 하실까요? 보수와 진보로 나누어져 대립하는(여러 집회에 참석하는) 사람들을 보시면 뭐라고 하실까요? 예수님 당시의 사람들이 세례 요한과 예수님의 메시지를 듣고 어떤 반응을 보였습니까? 예수님은 그의 앞에 있는 무리에게 말씀을 하시다가(7절) 예수님의 생각은 자연스럽게 당시에 그의 앞에 있지 않는 많은 자들에 대한 생각으로 옮겨집니다. 그 앞에 있는 자들은 그들이 속해 있는 더 큰 대중의 대표자들입니다. 그 대중, 그 특수한 시대의 유대인 세대를 하나의 전체로 볼 때 그들에게 무슨 말을 해야 할 것입니까?

　예수님이 말씀하신 비유의 배경은 시장이었고, 모든 사람에게 개방된 곳이고, 모든 사람이 모이는 곳이었습니다. 다음으로 잘 알려진 한 사건을 제시합니다. 어린아이들은 그곳에서 만나 놀이를 합니다. 이때 그들의 놀이는 어른들을 흉내 내는 놀이였고 그들은 어른들이 하는 것을 본 대로 하고 있습니다. 당시 이스라엘 풍습은 결혼식에서 피리를 불면 거기에 맞춰 남자들이 춤을 추었고, 장례식에서는 여인들의 애곡하는 소리에 맞춰 사람들이 가슴을 치며 비통해하였습니다. 그들 가운데 한 아이가 이러한 목적을 염두에 두고 또 하나의 동무를 찾아가 같이 놀자고 부릅니다. 그들은 먼저 그 친구를 기쁘고 유쾌하게 부릅니다. 그리고 그때가 기뻐할 때임을 믿게 하려고 합니다. 그리고 그에게 비슷한 노력으로 응답할 것을 기대합니다. 그러나 다른 동무는 이러한 놀이를 거부합니다. 피리 부는 것에 대하여 춤을 춤으로써 응답하지 않습니다(17절).

이에 대하여 여전히 같이 놀고 싶었던 그 첫 번째 친구는 즉시 그 역할을 바꿉니다. 그 놀이는 지금이 애곡할 때임을 가장합니다. 그리고 슬픔과 애곡의 통상적인 표시들을 제시하며, 다른 친구도 똑같은 방식으로 응답할 것을 청합니다. 그러나 이것도 그 불만스러운 동무의 기대에 부응하지 않습니다. 만일 그들이 첫 번째 것을 좋아하지 않으면 그들은 또한 다른 것도 싫어합니다. 실제로 어떤 것을 계획하여도 그들을 기쁘게 하지는 못합니다. 그것이 그 시대의 형편입니다. 오늘날도 그러하지 않습니까? 하나님의 은혜가 없는 사람들은 언제나 완고한 고집을 가지고 사는 것 같습니다. 예수님의 비유에 따르면 어린아이들은 두 차례나 같이 놀자고 불렀습니다. 그러나 두 차례 모두 허사였습니다. 그 초대받은 친구들은 '그 세대의 사람들'을 대표합니다.

그 동무들에게 이야기 된 바 슬퍼하고 애곡하라는 부름은 그 세대에 대한 세례 요한의 메시지를 대표하였습니다. 그것은 절제와 엄격함의 메시지였습니다(18절, "요한은 먹지도 않고 마시지도 않았다"). 그것은 즉각적인 회개에 대한 요구였으며 애곡하라는 부름이었습니다. 그것은 때에 맞지 않는 초청으로 선고되었습니다. 실제로 그 사람들은 그 메시지를 전한 사람을 미쳤다고 했습니다(18절 하).

'기뻐하라!'고 하는 또 하나의 초청은 그 시대 사람들에게 전하는 예수님의 메시지를 표현하였습니다. 그 메시지는 절제를 그 특성으로 하지 않고 절제의 유보를 특징으로 합니다. 그러한 사항은 어떤 사람들에게는 이미 걸림돌이 되었습니다. 더욱이 예수님 자신이 그 메시지를 전하면서 먹고 마시고 하였습니다. 그는 확실히 먹고 마시는 문제에 있어서 절제력이 뛰어나지 않는 자들과 식탁에 같이 앉았습니다(9:10 "예수께서 마태의 집에서 앉아 음식을 잡수실 때 많은 세리와 죄인들이 와서 예수와 그의 제자들과 함께 앉았더니"). 무엇보다도 그는 사람들에게 회개나 애곡을 요구하는 대신에 지극히 공개적인 방식으로 죄의 완전한 용서를 선언하고 인정하였습니다(9:1-8). 하지만 이 초청 역시 그 시대의 구미에는 맞지 않았습니다. 이 비유에 나오는 어린아이들처럼 그들은 앞선 초청뿐만 아니라 이 초청도 거절하였습니다. 앞선 초청이 너무 엄격했다면, 이 초청은 너무나 쉬웠습니다. 만일 요한이 미쳤다고 한다면 예수님은 악하였습니다(19절).

어쨌든 두 경우에 있어서 결과는 마찬가지였습니다. 세례 요한과 예수님 양자에게 초청을 받았던 그 세대는 그들 둘을 모두 거절하였습니다. 그리고 그들 둘을 모두 죽였습니다. 진리의 문제는 투표로 결정될 문제들이 아닙니다. 세례 요한과 예수님을 배척했던 그들은 먹고 마시는 문제로 시비를 걸었지만, 실제로 그들이야말로 먹고 마시는 문제에 관심이 많은 탐욕스러운 자들이었습니다. 그러기에 그 문제로 시비를 건 것입니다. 탐욕이 앞서면 진리를 놓칩니다. 자신의 것을 고집스럽게 주장하면 진리를 놓칩니다.

진리의 문제들은 사실들의 증거에 의해서 결정될 수 있을 것입니다. 실제로 세례 요한의 엄격함은 결국 사람들에게 회개와 예수님을 가져다주었습니다. 예수님의 풍성한 자비는 용서와 구원을 사람들에게 가져다주었습니다(19절 하, "지혜는 그 행한 일로 인하여 옳다 함을 얻느니라").

보수와 진보가 서로 다투는(여러 집회로 어수선한) 이 시대, 자신과 가족들의 이익을 챙기기 위해 바쁜 시대에 교회는 끝까지 진리의 길을 가야 합니다. 교회마저 자기 교회의 성장과 영광과 이익을 위한 개 교회주의의 길을 걸어가서는 안 됩니다. 교회가 개 교회주의 길만 벗어나도 아름다운 열매들을 많이 맺을 수 있을 것입니다. 이 시대를 위하여 기도해야 합니다. 진보적 집회에 참석하더라도 비폭력적이어야 합니다. 참석하지 않는 사람들을 비난하지 않아야 합니다. 진보적 집회에 참석하지 않는 보수적인 사람들은 진보적 집회에 참석하는 사람들을 역시 비난하지 않아야 합니다. 교회와 성도들은 진리의 길을 가야 합니다. 그러기 위해서는 탐욕을 버리고, 고집을 버리고, 진리의 소리를 들을 수 있어야 합니다. 그러면 주님께서 풍성한 은혜를 주실 것입니다.

회개하지 않는 고을들

마 11:20-24

경남에서 신앙적으로 두드러진 도시가 있습니까? 전라도에는 신자 비율이 30%를 넘는 도시들이 있다고 합니다. 본문에서 갈릴리의 모든 고을들 가운데 세 개의 고을이 두드러지게 나타납니다. 이와 비슷한 방식으로 세 고을 가운데 하나가 두드러지게 나타납니다. 한편으로는 이 세 고을에 대해 말하기 위해 이방 지역의 세 고을을 비교하여 말하고 있습니다.

처음의 두 고을은 고라신과 벳새다라고 불리며, 하나는 갈릴리 호수 서부 연안에 있었고, 다른 하나는 갈릴리 호수 최북단에 있었습니다. 이 고을들은 예수님에 의해서 다른 두 고을 두로와 시돈과 비교되고 있습니다. 이 두 고을은 멀리 지중해의 경계들에 있었으며, 어쨌든 이스라엘 땅과 그 백성들에 속하지 않은 고을들이었습니다.

이 유명한 두 고을에 비교된 바 고라신과 벳새다에 대해서 예수님은 여기서 많은 것을 함축적으로 말씀하십니다. 예컨대 현실적인 문제들에 있어서 예수님은 유대의 두 도시가 여기서 비교되고 있는 문제의 이방인 두 도시와 마찬가지로 상업과 부를 추구하는 가운데 적지 않은 성공을 거두었음을 암시하고 있는 것처럼 보입니다. 반면에 영적인 문제들에 있어서, 그분은 그 도시들이 전혀 같지 않다는 것을 암시하고 있는 것처럼 보입니다. 고라신과 벳새다는 이러한 면에서 그들에게만 온전히 국한되어있는 유리한 점들을 가지고 있었습니다. 고라신('나무가 많은 곳')은 예수님의 초기 사역 지역인 가버나움에서 3km 거리에 있는 고을입니다. 벳새다('어획 장소')는 베드로, 안드레, 빌립의 고향이었습니다. 두 고을은 예수님이 많은 권능과 능력을 베푸신 사역의 주 무대였음을 알 수 있습니다(막 8:22).

예수님이 그들에게 풍성하게 베풀었던 가르침과 위대한 일들은 다른 두 고을에는 전혀 알려지지 않았습니다. 이것으로 시작해서 예수님은 계속해서 더 많은 것을 선포하십니다. 그는 우리에게 가설적이고 우연적인 것들의 은밀한 문을 열어주십니다. 두로와 시돈은 우리에게 고라신과 벳새다가 아니고서는 얻을 수 없었던 일들이 무엇인가를 선언합니다. 그리고 예수님은 만일 두로와 시돈이 그들이 갖지 못했던 유리한 것들을 가졌더라면 그들이 무엇을 행했을 것인가를 서슴없이 말씀하십니다(21절). 즉 그 고을들이 회개했을 것이라고 말씀하십니다. 주님은 고라신과 벳새다는 다른 두 성읍이 행했을 것을 행하려 하지 않았다고 말씀합니다. 두로와 시돈에 없는 것이 그들에게는 있었지만 계속하여 고집을 부려 회개하지 않았다는 사실입니다.

예수님은 이것으로부터 더욱더 높은 단계를 언급하십니다. 그는 이 시대의 결과들을 모든 시대에 대하여 예고하기를 서슴지 않았습니다. 그는 우리에게 그가 이야기하고 있는 바 심판과 빛의 시대에 있는 자들과 모든 시대가 동일하게 될 것을 정확하게 이야기합니다. 빛을 보다 적게 받은 사람들은 그 빛보다 더 많은 책임을 지게 되지는 않을 것입니다. 또한 모든 것이 그 빛과 동일할 것이며 그 빛의 양만큼 그들에게 해가 미칠 것입니다(22절). 예수님의 빛을 많이 받은 고을들이 회개하지 않고 책임을 다하지 않는다면 심판 날에 큰 벌을 받을 것이라고 말씀하시는 것입니다. 우리나라가 짧은 기간에 이렇게 번창하면서 하나님의 복을 많이 받은 나라임은 해외여행을 해보면 알 수 있습니다. 그리고 어려운 아시아의 나라들을 선교여행을 하고 나서, '감사하며 전도하며 살아야 하겠다!'는 각오와 행동이 없다면 우리는 하나님 앞에 큰 책임을 면할 길이 없을 것입니다.

가버나움과 소돔의 비교도 동일 선상에 있는 것이지만 앞의 비교보다는 상당히 진전된 것입니다. 이스라엘 밖의 고을들 가운데 두로와 시돈이 그들의 풍성함과 오만함 때문에 하나님의 선지자들에 의하여 특별히 경고를 받았다고 한다면, 이것은 지금 언급되고 있는 소돔에는 더 크게 해당하는 사실입니다. 다른 형편으로 고라신과 벳새다가 예수님의 현존하심이나 가르침이나 기적들로 인하여 다른 고을들보다 모든 면에서 훨씬 더 총애를 받았다고 한다면 '자신의 도시'(마 9:1 "예수께서 배에 오르사 건너가 본 동네에 이르시니", 4:13 "나사렛을 떠나 스불론과 납달리 지경 해변에 있는 가버나움에 가서 사시니") 가버나움은 훨씬 더 사랑을 입었을 것입니다. 그곳은 예수님의 갈릴리 사역의 중심지입니다. 이러한 점에서 실제로 그 도시는 하늘에까지 높아진 것으로 이야기될 수 있을 정도였습니다(23절).

또한 그렇게 비교된 고을들과 관련하여 여기서 그들에 관해 언급되는 선언들이 있습니다. 소돔에 대하여 가르치기를 "만일 그들이 빛을 가지고 있었다면 소돔은 선한 목적을 위하여 회개했을 것이다." 바꾸어 말하자면 그렇게 되었으면 소돔의 회개는 받아들여졌을 것이고, 소돔에 대한 심판의 선고는 취소되었을 것이며, 그러면 소돔이 그날까지 살아남게 되었으리라는 것입니다(23절). 따라서 마지막 날에 관하여 우리에게 이야기되고 있는 것은 훨씬 더 무서운 것입니다. 그 영원한 결정의 날에 전혀 냉정한 선고들이 임할 것입니다. 그때 가장 많은 은혜를 입고도 회개를 가장 적게 한 도시들은 가장 나쁜 상태에 놓이게 될 것입니다. 그 수치의 날에 그들의 수치가 가장 클 것입니다(24절).

이 시대에 한국 교회의 책임이 어떠한가를 생각하게 하는 말씀입니다. 예수님의 위대한 일들의 목적은 인간의 영적인 개혁입니다. 집에서든 밖에서든 그리스도인들은 예수 그리스도를 만족시키지 못한 결과들을 가지고 만족해서는 안 됩니다. 예수님의 말씀에 귀를 기울여 순종하고 회개하는 믿음으로 나아갑시다. 그리고 그 말씀을 실천하여 기독교적 가치를 나타내고, 아름다운 향기를 발하는 그리스도인이 되고, 좋은 맛을 내고 밝은 빛을 비추는 그리스도인이 됩시다. 그것은 이 시대뿐 아니라 미래에까지 미치는 복이 될 것입니다. 하나님의 은혜를 받은 성도들답게 책임감을 느끼고 그 은혜를 나누며 살아야 합니다. 우리 교회가 하나님의 사명을 받은 교회답게 사명을 다하고, 성경적으로 바르게 나아가는 교회가 되어야 하겠습니다. 그렇지 않으면 머지않아 교회는 세속 사회로부터 멸시받고, 국민들에게 조롱을 받을 것입니다.

예수님의 감사

마 11:25-27

본문에서 언급된 시기는 분명히 절망과 암울의 시기였습니다. 세례 요한의 제자들의 의심하는 믿음(1-6절), 그 세대의 세례 요한과 예수님에 대한 전체적인 불신앙(15-19절), 예수님께서 지극히 많은 일을 행하신 성읍들의 특별한 패역(20-24절)이 있던 시기였습니다. 이 모든 것들이 예수님의 마음에 있었을 것입니다. 그런데 예수님은 본문에서 감사하고 있습니다.

그러한 일련의 절망들과 괴로움들 이후에 어떻게 감사가 있을 수 있습니까? 그분이 평지의 성읍들을 둘러보았을 때 그의 마음은 애통이었지만, 이제 그분이 그의 아버지를 보았을 때 그의 애통은 그치고 감사가 넘치게 된 것입니다. 우리가 우울함에 빠지는 것은 우리에게 닥친 상황과 주위를 볼 때입니다. 그러나 위를 볼 때는 우리는 강해집니다. 예수님은 아마도 시편 121편을 기억했던 것 같습니다. "내가 산을 향하여 눈을 들리라 나의 도움이 어디서 올꼬 나의 도움이 천지를 지으신 여호와에게서로다"(1, 2절). 또한 우리는 여기서 "범사에 감사하라!"는 바울 사도의 말의 생생한 표본을 확실히 보게 됩니다.

감사의 실행이 중요합니다. 감사의 실행은 가장 쓰라린 슬픔을 거슬러서 깊은 영적인 기쁨을 가져다줄 것입니다. 예수님은 그의 가장 통렬한 실망을 일으키는 바로 그 한계 안에서 감사의 원인을 찾습니다(25절). 그렇게 많은 지혜롭고 지각 있는 영혼들이 그의 복음을 거부했다는 사실은 모든 시대의 성실한 영혼들이 그러하였듯이 주님의 마음에도 실질적인 어려움을 안겨주었다는 것은 분명한 사실입니다. 예수님은 이러한 애통에도 불구하고 감사할 뿐 아니라 그 애통으로 인하여 감사합니다. 여러분은 여러분에게 닥친 어려움으로 인하여 감사할 수 있습니까?

복음의 큰 목적이 무엇입니까? 그것은 자신을 보좌에서 내려오게 만들고 사람들의 마음속에서 하나님을 보좌에 오르게 만들기 위한 것이 아닙니까? 만일 그것이 어떤 방식으로든 오만과 자족에 호소했다면 그것은 그 자체의 목적을 폐기했을 것입니다. 지혜롭고 현명한 자들에게만 복음이 전파된다면 그 결과는 어찌 될 것이었겠습니까? 하늘나라는 단순히 학자나 뛰어난 자들의 상이 되었을 것입니다. 학문이 아무리 선한 것이고 그것을 권장하는 일이 아무리 중요하다고 할지라도 이것이 그리스도의 일은 아닙니다. 주님의 복음은 모든 사람을 위한 것입니다. 따라서 그것은 지각에 있어서 뛰어난 사람들에게 전해지지 않습니다. 그렇게 되면 복음이 소수에게 제한될 것이기 때문입니다. 그러나 그것은 마음이 가난한 자들에게 전해졌습니다. 이렇게 되면 복음이 모든 사람의 범위 안에 들어오게 될 것입니다. 왜냐하면, 대단히 지혜롭고 지각이 뛰어난 사람도 마음이 온유하고 겸손할 수 있으며, 또한 그렇게 되어야 하기 때문입니다.

이러한 관련성 속에서 우리는 '천지의 주재'에 대한 언급이 특별히 합당하다는 것을 알게 됩니다. 하나님의 '아버지 되심'에 대한 호소는 더욱더 합당한 것입니다. 아버지는 그의 현명한 자녀들을 편애하시지 않으며, 사랑을 덜 받는 자녀들을 스스로 자리를 옮기도록 허락하시는 것입니다. 따라서 이것에 대해 생각을 많이 하면 할수록 이러한 일들이 지혜롭고 슬기 있는 자들에게 알려지지 않고 어린아이들 즉 심령이 어린아이와 같은 자들에게 계시되었다는 것은 모든 점에서 선하고 필요한 일들이었던 것입니다.

예수님을 실망 가운데 구해준 또 하나의 생각은 이렇습니다. 사람들의 마음 안에는 장애들이 있지만, 하나님의 마음 안에는 장애가 없다는 것입니다. 하나님이 은총과 사랑을 부으시는 것에는 어떠한 것도 제한할 수 없습니다. "내 아버지께서 모든 것을 내게 주셨으니"(27절). 사람들이 주님을 전혀 알아주지 않는다고 생각할 때에도 그 주님은 자신이 사람들을 위하여 모든 것을 가지고 있다는 생각으로 기뻐합니다. 그것은 복음이 곧 예수님이기 때문입니다. 하나님은 모든 것을 예수님에게 주십니다. 예수님은 아버지에게서 특별한 권위와 능력을 받았으며 그 권위와 능력을 세상에 행사하십니다. 우리는 하나님에 대해 주목해야 합니다. 그분이 어떤 분이신지 우리는 자주 잊고 사는 것은 아닌지 모르겠습니다.

〈대전시립합창단〉과 〈KBS교향악단〉 지휘자를 역임한 함신익이라는 사람은 서울 강북구 삼양동 개척교회 목사의 아들로 태어났으며, 건국대학교를 졸업하고 미국 유학을 하러 갔고, 미국서도 아이비리그 대학이 아닌 곳(라이스대학)을 다녔지만 결국 그는 〈예일대학교〉 음대의 정교수가 되었습니다. 그는 예일대 학생들에게 자신의 키가 160cm이든 180cm이든 모두가 자신의 키가

2m인 것으로 알고 자신 있게 걸으라고 했답니다. 그렇지 않으면 학점을 주지 않겠다고 했답니다. 그는 한국의 젊은이들에게도 학벌에 갇히지 말고 꿈을 가지고 전진하라고 합니다. 우리 마음에 있는 장애 때문에 하나님이 주신 꿈을 펼치지 못 하는 일이 없어야 하겠습니다.

예수님은 자신을 알아주지 않는 상황에서도 그의 마음은 하나님 아버지로 인하여 넉넉했습니다. 그는 하나님의 모든 자녀들을 위한 충분하고 넉넉한 아버지의 마음과 천국에 대한 계시를 그들을 위하여 자신이 가지고 있다는 생각으로 기뻐합니다(27절). 그러고 나서 그는 전례 없이 그의 마음을 쏟아 놓습니다. 이제 우리도 예수님처럼 사람들과 상황들을 보며 낙심하지 말고 하늘을 쳐다보며 하나님이 주실 것을 기대하며 모든 것을 가진 사람처럼 감사하며 나아갑시다. "감람나무에 소출이 없고, 우리에 양이 없어도, 나의 구원의 하나님으로 말미암아 기뻐하리로다"라는 하박국 선지자의 고백(합 3:16-19)이 오늘 우리의 고백이 되어야 하겠습니다.

예수님의 초청

마 11:28-30

복음 증거에 대한 사람들의 반응에 실망한 예수님은 위로 하나님을 바라보면서 오히려 감사합니다(25절). 그리고 자신에게 하나님이 모든 것을 주셨다고 고백하며 용기백배 합니다(27절). 그 용기로 예수님은 사람들을 초청하고 있습니다. 우리도 예수님으로 말미암아 하나님의 양자 된 자들로서 용기백배해서 사람들을 교회로 초청합시다. 나 자신의 부족함을 뛰어넘어 하나님을 바라보면서 예수님을 구주로 믿으라고 다른 사람에게 외칩시다. 하나님이 그들에게 구원과 은혜를 주실 것입니다.

1. 예수님이 초청하는 사람들은 어떤 사람들입니까

"수고하고 무거운 짐 진 자들"입니다.

'수고하고'는 일의 양이 과도하게 많음과 일의 종류가 마음에 들지 않아서 괴로운 수고가 되어버린 일을 의미합니다. 수고하는 일꾼이 있습니다. 일에 지친 노동자, 사업이 복잡하여 피곤한 자, 직장 일에 시달린 자에게 예수님은 육체의 안식과 영혼의 안식을 주실 것입니다. 그분은 안식을 주시는 분이기 때문입니다. 수고하는 예배자도 있습니다. 종교적인 관행에 지쳐서 형식적으로 교회에 나오는 자들입니다. 그들은 교회에 나올 뿐 아니라 진정으로 예수님에게 나올 필요가 있습니다. 그렇게 되면 예배에 안식과 풍성함이 있을 것입니다. 성도는 예배의 회복을 통한 풍성한 복을 받아야 합니다. 자기 개혁에 지친 사람도 있습니다. 악한 성향들과 나쁜 습관들과의 투쟁에서 지친 사람들이 예수님께 나아올 때, 용서의 안식과 능력의 안식을 주십니다. 세속적으로 수고하는 사람들도 있습니다. 쾌락 추구에 신물이 난 사람들과 사교에 신물이 난 사람들도 예수님께 나아오면 안식을 누릴 수 있습니다.

　"무거운 짐 진"은 우리가 언젠가 져야 할 무겁고 고통스러운 경험을 의미하는 말입니다. 그 단어($\pi\epsilon\varphi o\rho\tau\iota\sigma\mu\epsilon\nu o\iota$ 페포르티스메노이)는 현재완료 수동태 분사로서 '누군가에 의해 무거운 짐이 지워진'이란 뜻입니다. 당시 종교적 관행이 요구한 율법의 짐과 마귀가 요구하는 죄의 짐 사이에서 눌려있는 상태를 말합니다. 더 나아가 당시 로마제국의 압제에 의해 육체적으로 정신적으로 지치고 쇠잔해진 상태를 말합니다. 육체적인 짐을 진 자들이 있습니다. 나이 많은 분들입니다. 누구든지 나이가 많아지면 어깨가 무겁습니다. 몸이 아프거나 고난을 겪는 자들도 그렇습니다. 주안에 있으면 안식을 누립니다. "우리의 겉 사람은 날로 후패하나 우리의 속사람은 날로 새롭도다."라고 고백할 수 있습니다. 정신적인 짐을 진 자들도 있습니다. 근심에 지친 자들과 염려 걱정하는 자들입니다. 여러 가지 인생의 일들로 슬퍼하는 자들과 의심하는 자들이 그런 자들입니다. 영적인 짐을 진 자들도 있습니다. 죄의식과 죄의 권세에서 벗어나지 못해 구세주를 필요로 하는 자들입니다.

2. 예수님은 그런 자들에게 "다 내게로 오라"고 하십니다(28절)

예수님의 이 부르심은 모든 곤고한 자들에 대한 부르심입니다. 그리고 그것은 믿음을 요구합니다. 예수님이 안식을 주신다는 믿음으로 그분께 나아가는 것입니다. 아직 예수님께 믿음으로 나아가지 못한 분이 여기 계신다면 이제 믿음으로 그분께 나아갑시다. 예수님께서 여러분에게 안식을 주실 것입니다.

지금도 예수님은 우리를 부르고 계십니다. 이 땅 위에 무거운 죄의 짐을 지지 않은 사람은 아무도 없습니다. 이 짐을 벗고 주님이 주시는 평안을 누리며 안식을 얻어야 합니다. 예수님이 여리고를 방문하셨을 때 세리 삭개오는 예수님을 보기를 원했습니다. 그는 동포들로부터 비난을 받으면서도 많은 돈을 모은 부자이지만 마음에는 무거운 짐이 있었습니다. 그래서 그는 뽕나무 위로 올라갔습니다. 그런데 예수님이 가까이 오셔서 삭개오를 바라보며 내려오라고 부르셨습니다. 삭개오는 예수님 앞으로 내려왔고, 주님을 자신의 집으로 영접하고, 주님을 자신의 마음속 깊은 곳에 왕으로 모셨습니다. 그 순간 그는 물질의 노예로 살았던 삶에서 완전히 자유 하는 삶을 살게 되었습니다.

3. 예수님은 한 걸음 더 나아가 "나의 멍에를 메고 내게 배우라"고 하십니다(29절)

멍에는 달구지나 쟁기를 끌 때 말과 소의 목에 가로 얹는 구부정한 나무입니다. 멍에는 일할 때만 쓰는 것입니다. 이것은 모든 곤고한 자들에 대한 부르심 이상입니다. 이것은 실천적인 순종을 요구하는 부르심입니다. 여기에는 기본적인 안식 이상의 안식이 있습니다. 실천적인 순종의 총체는 예수님께 나아가 배우는 것이고, 그에게서 배운 것을 더 나아가 표현하는 것입니다. 예수님을 본받는 것은 그리스도인의 도덕의 한 계명입니다. 그러나 그의 영이 우리 안에 거하시고 우리를 그와 닮도록 만들려고 하실 때만 그러한 모방이 가능하다는 것을 잊어서는 안 될 것입니다.

예수님의 멍에는 그의 뜻입니다. 주님의 뜻을 받아들이는 것이 그의 멍에를 지는 것입니다. 예수님의 멍에는 그의 통치를 뜻합니다. 우리가 주님의 멍에를 메면 주님은 우리를 죄의 통치로부터 은총의 통치로 옮겨주셔서 우리를 자유롭게 하십니다. 예수님의 멍에는 그의 연단하심입니다. 우리가 그의 멍에를 메면 우리는 그의 보호 아래 있을 뿐만 아니라 그의 교정과 가르침 아래 있게 됩니다. 즉 우리는 그의 학교 안에 있게 됩니다. 그런데 그 학교의 선생님은 온유하고 겸손하십니다. 그러니 얼마나 쉽게 배우겠습니까? 그래서 "내 멍에는 쉽고 내 짐은 가벼움이라"고 하시는 것입니다.

예수님을 닮아가는 가운데 진정한 안식이 있습니다. 예수님이 "내가 너희를 쉬게 하리라"고 안식을 약속하십니다. 또한 한 걸음 더 나아가 실천적인 순종을 하는 자들에게 "너희 마음이 쉼을 얻으리니"라고 예수님은 약속하십니다. 그것은 믿음의 안식, 용서의 안식, 평정을 얻은 양심의 안식, 하나님과의 부자 관계로 인하여 얻는 안식을 주시겠다는 것입니다. 더욱더 예수님이 주시는 놀라운 안식은 "내 멍에는 쉽고 내 짐은 가벼움이라"고 하시는 말씀입니다. 왜 그렇게 말씀하십니까? 그의 멍에는 예수님이 져주시기 때문입니다. 예수님이 나의 멍에를 져주신다는 것은 너무 큰 안식이며 너무 큰 힘입니다. 예수님의 초청에 응하여 그분이 주시는 안식을 누리시길 바랍니다.

안식일을 지키는 원칙

마 12:1-8

바리새인들이 예수님을 공격하고 있습니다. 그동안 예수님을 공격할 틈만 보고 있다가 드디어 건수를 잡았습니다. 문제의 발단은 예수님의 제자들이 안식일에 밀밭을 지나면서 했던 행동이었습니다(1절). 안식일은 신약에서 예수님의 죽음과 부활로 인해 주일로 바뀝니다. '주일'의 의미가 '안식일의 주인이 주님'이니 제대로 된 이름이라고 생각합니다.

1. "제자들이 시장하여"

그들은 밀 이삭을 뽑아 손으로 비벼서 얻은 알곡을 먹었습니다. 신명기 23장 25절에는 밀을 그렇게 사용하는 것이 분명히 허용되고 있습니다. 유대 전통에서는 밭의 가장자리를 대개 추수하지 않습니다. 그리하여 가난한 자들, 배고픈 자들, 나그네들, 고아들과 과부들이 음식을 취할 수 있게 하였습니다. 바리새인들은 시장함을 면하기 위해서 필요한 밀 이삭을 자르고 비비는 것을 '수확하고 타작하는' 행위에 준하는 것으로 보았기 때문에 4계명을 범하는 것이라고 주장하였습니다. 따라서 그들은 예수님께 제자들의 행동을 따졌습니다(2절). 그들은 예수님의 제자들이 배가 고팠다는 것을 생각하지 않은 듯합니다. 이삭보다는 사람이 먼저인데도 말입니다. 우리가 이것만 잘 알아도 많은 다툼을 막을 수 있을 것입니다.

예수님의 대답은 그들이 무죄하며(7절) 율법을 범하지 않았다는 것입니다. 바리새인들은 율법을 해석하는 한 방법에 교묘하게 호소하여 그들의 나쁜 목적을 관철하고자 하였습니다. 그러한 해석 방법은 몇몇 후대의 사람들이 고안해 낸 것이었습니다. 〈미쉬나〉에 따르면 바리새인들은 안식일에 하지 말아야 할 39개의 금지목록을 만들어서 지켰는데, 생명을 위협하는 상황만 예외로 하였습니다. 이 해석 방법에 따르면 배고픈 사람이라 할지라도 안식일에 수확이나 타작에 준하는 것으로 생각할 수 있는 어떤 일을 하면 율법을 범하는 것이 되었습니다. 예수님은 이런 해석과 구별되는, 율법을 이해하는 다른 방법에 호소하셨던 것입니다.

그들의 조상 중에 존경받는 인물 중 한 사람인 다윗은 그 시대의 제사장들에게 허락을 얻어(삼상 21:3-6) 지금 예수님의 제자들이 행한 것과 같은 일을 행했습니다. 즉 그는 생명을 보존하기 위해 엄격한 의례적인 계율을 파기했던 것입니다. 또한 유사한 종류의 경우들을 집대성한 것들 안에서 실제로 채택되고 있는 해석에 호소하셨습니다. 성전의 제사장들, 즉 율법을 해석하는 일에 있어 백성들의 모범이요 지도자인 그들은 율법 아래에서만 보자면 그들이 안식일에 의무를 이행하는 것이 오히려 안식일을 속되게 하는 셈입니다. 그런데도 그것은 율법에서 안식일을 속되게 하는 것으로 간주하지 않았습니다. 그것은 필연적인 경우이기 때문입니다. 이 모든 경우들과 이전 다윗의 실례에서 보듯이 분명한 원리는 불가피한 것은 범죄로 간주하지 않는다는 점입니다. 예수님이 성경의 주인공이시고, 우리의 주님이십니다. 그분께서 최고의 전문가로서 지금 답을 주고 계십니다. 우리는 주님과 성경에서 답을 잘 찾아야 합니다.

자, 이렇게 지극히 정당한 근거로 제자들을 비난하던 자들을 완전히 잠잠하게 했지만, 그것들이 제자들을 가르치기에는 충분하지 않았습니다. 그것들은 부정적인(소극적인) 측면을 드러낼 뿐이었습니다. 즉 율법의 문자적인 절대성을 엄격하게 주장하는 것은 옳은 것도 아니고 필요한 것도 아니라는 사실을 드러내었습니다. 따라서 제자들을 위해 예수님은 그 문제의 긍정적인(적극적인) 측면에 대하여 생각할 수 있는 것을 간단히 덧붙입니다.

2. 만일 단순한 문자가 아니라고 한다면, 하나님의 계율들은 어떻게 준수되어야 할 것입니까

예수님은 간단한 몇 가지 원칙들을 제시하십니다.

(1) 중요성에 대한 물음으로 보는 것입니다(6절). 인간의 생명은 안식일의 육체적인 안식보다 더 중요한 영역입니다. 안식일이라도 먹는 것을 위하여 노력할 수 있는 것입니다. 그리고 또한 성전 예배의 긍정적인 명령들이 있었습니다. 예배를 드리면서 행동하는 것은 필요합니다. 이러한 것들보다 더 큰 이가 있었습니다(6절). 그러므로 그 문제는 모든 것들 가운데 가장 큰 것과 관련지어서 결정되어야 합니다.

(2) 종류에 대한 문제로서 해결되어야 할 요점을 중시해야 합니다(7절). 어떤 정해진 사항의 상대적인 중요성을 어떻게 결정해야

할까요? 하나님의 선하신 목적을 이루어내기 위한 그것의 상대적인 능력에 의해서 결정되어야 합니다. 인간에 관한 하나님의 계명들에 있어서 하나님이 염두에 두고 계신 것은 그들의 복지이지 해함이 아니며, 그들의 이익이지 손실이 아니며, 그들의 행복을 증진시키는 것이지 그들의 자유를 제한하고자 하는 것이 아니며, 그들에게 자비를 베풀고자 함이지 그들로부터 제사를 받고자 함이 아닙니다.

(3) 결국 이러한 원리들이 그들을 누구에게로 인도해 줄 것인가를 생각해야 합니다(8절). 성전보다 큰 이가 누구입니까? 모든 사람 가운데 가장 큰 분이 누구입니까? 예수님은 자신이나 그의 사역에 있어서 사람을 향하신 하나님의 가장 완전한 자비로운 목적의 화신이요, 비결이요, 봉인이었기 때문입니다. 그는 안식일의 주인입니다. 왜냐하면 그는 인류의 유익을 위한 모든 것의 주인이시기 때문입니다.

안식일에 주님을 만나는 것은 최상의 기쁨입니다. 그를 만나 예배하는 것은 최상의 기쁨이요 그분 곧 복음을 전파하는 일이 귀하고, 그의 이름으로 죽을 영혼 살리는 것이 귀합니다. 우리는 소극적인 금지법에 사로잡혀 있을 것이 아니라 적극적으로 생명을 구하는 일에 힘써야 합니다.

예수님이 가르쳐주신 이러한 정신이 안식일에 필요합니다. 우리에게서 나온 정신이 아닌 예수님이 가르쳐주신 정신으로 안식일, 곧 주일을 지킨다면 우리의 행동이 하나님께 영광이 되며, 우리에게도 유익이 될 것입니다. 오히려 건강하고 복을 받을 것입니다. 그런 복을 위해 우리에게 주신 날이 주일입니다.

안식일에 행할 일

마 12:9-13

예수님은 사람들을 찾아다니십니다. 가르치시고, 약한 자를 고치시고, 위로하시기 위함입니다. 그런데 바리새인들은 예수님을 따라다니면서 공격합니다. 여러분은 사람을 찾아다니면서 예수님처럼 행하십니까? 아니면 바리새인들처럼 다른 사람을 공격합니까? 어떤 회사 사장은 직원을 뽑기 위한 면접에서 지원자에게 질문하는데 빨리 대답하는 사람을 뽑는답니다. "당신은 착한 사람입니까?"라고 질문하면, "예, 그렇습니다."라든지 "아닙니다. 저는 나쁜 사람입니다."라고 얼른 대답하는 사람이 있답니다. 이유는 평소 자신을 생각하고 있는 사람이기에 빨리 대답하는 것이고, 자신을 알고 있는 사람이 일을 잘하기 때문이랍니다. 우리는 자신이 어떤 사람인지 생각하면서 살아야 하겠습니다. 그래서 예수님을 닮아가는 성도가 되어야 하겠습니다.

오늘 본문에서 우리는 앞에 말씀과 자연스러운 전후 관계를 보게 됩니다. 예수님께서 앞의 이야기 배경을 떠나서 회당 안으로 들어가셨습니다. 그곳은 분명 예수님이 앞에서 상대한 자들이 봉직하는 회당이었을 것입니다. 그들은 예수님을 공격하기 위해 앞서와 같이 그 자체가 비난이 되는 질문을 던지지는 않았습니다.

앞에서 얻은 결과로 그러한 계교들을 되풀이한다고 해서 성공할 만한 것이 아님을 알았기 때문입니다. 그들은 주님이 도리어 비난의 구실을 만들 만한 질문을 던졌습니다.

회당에는 손이 마른(오그라든) 장애인이 있었습니다. 그들은 예수님이 그를 고칠 수 있고 기꺼이 고치고자 하실 것을 예상했습니다. 그래서 대뜸 예수님께 "안식일에 병 고치는 것이 옳습니까?"(10절) 라고 묻고 있습니다. 그들도 보는 눈은 있나 봅니다. 사람마다 보는 눈은 있는데 마음이 악하면 행동을 악하게 합니다. 우리가 다른 사람을 볼 때 정확히 그 사람을 판단하는 것만 중요한 것이 아니고, 그를 사랑으로 대하는 것이 중요합니다. 우리에게는 바른말만 필요한 것이 아닙니다. 바른말과 함께 바른 행동도 정말 중요합니다. 예수님은 앞에서 안식일에 배고픔을 채우는 제자들을 정당화하는 말씀을 하셨습니다. 그렇다면 이제 그와 같은 상황 속에서 병자를 치료하는 것에 관해 그는 어떻게 할 것인가를 바리새인들이 묻고 있는 것입니다. 예수님이 안식일 율법 준수는 더욱 큰 위급상황에서는 침해될 수 있다고 가르치셨는데, 이 보잘 것없는 자에게 동일한 원칙을 고수하는가를 밝히려는 것이 질문의 요점이었습니다.

예수님의 답변은 안식일에 관한 계명을 이해하는 합법적인 방식으로 인정된 것에 호소한다는 점에서 앞의 대답과 동질적이지만(1-8절), 그 외의 점들에서 달랐습니다.

(1) 사용된 예화의 범위에서 달랐습니다. 앞의 경우에서는 필요성의 문제가 취급되고 있었기 때문에 선택된 예화들(3, 5절)은 이러한 요점을 다루는 것들이었습니다. 본 기사의 경우에 주요 문제

는 자비의 문제였기 때문에 선택된 예화는 그 문제만을 드러내는 것이었습니다. 양을 구덩이로부터 끌어내는 것은 절대적으로 필요한 것은 아니었고 오로지 자비한 행위였습니다.

(2) 사용된 예화의 성격에서 달랐습니다. 주로 바리새인들을 대상으로 언급된 다른 예화들(2절)은 바리새인들이 잘 알고 있을 만한 자료들로부터 이끌어낸 것들이었습니다(3절). 반면에 대체로 회중들을 대상으로 언급된 이것은(11절) 모든 사람에게 일어날 수 있는 경우를 다루고 있습니다. 안식일에 그의 양을 구덩이에서 꺼내지 않을 사람은 아무도 없을 것입니다. 또 바리새인들은 안식일에 양을 끄집어내는 것을 이미 허용해 놓았습니다. 아마 자신들의 재산을 지키기 위해서인지도 모르겠습니다. 물론 우리가 안식일에 자비의 행동을 한답시고 온갖 일에 간섭하고 정작 예배를 소홀히 한다면 그것은 주님이 바라시는 바가 아닙니다. 그렇지만 안식일에 예배드리고 약한 자를 돌아보는 것은 아름다운 자비의 행동입니다. 집에서 잠만 자는 것보다는 병자를 심방하는 것이 좋겠습니다.

(3) 이 대답의 구체적인 효과에서 달랐습니다. 앞의 경우는 주님의 대답(2절)이 바리새인들의 다른 질문을 야기했습니다(10절). 반면 이 경우에는 예수님의 대답에 침묵이 뒤따릅니다. 사람이 양보다 귀하고, 안식일에 선을 행하는 것이 옳다고 하시는 말씀(12절)에 무슨 더 할 말이 있겠습니까. 어떤 사람도 구주 예수님이 자기가 말한 대로 행동하실 때에 아무 말도 꺼내지 못했습니다(12, 13절). 대적들은 그냥 거기서 나갔습니다(14절).

안식일을 지킬 때 선을 행하는 것보다 더 좋은 것은 없습니다.

성도 여러분은 주일에 예배를 드리는 것 외에 무엇을 하십니까? 아니 요즘은 예배도 안 드리는 분들이 많아서 주일에 예배드리는 것을 습관화하는 것부터 가르쳐야 할 것입니다. 그리고 예배와 함께 선을 행하는 것을 가르치면 좋겠습니다. 또 아이들을 교훈하는 일도 정말 좋은 일입니다. 병원 심방과 전도를 나가는 것도 좋습니다. "사람이 양보다 귀하다"(12절) 고 하신 예수님의 말씀을 기억합시다. 물론 사람이 중요하다는 말은 타인을 배려함을 말합니다. 안식일을 자신을 위한 날로만 지킨다면 더 문제일 것입니다. 안식일은 사람을 위한 날입니다. 따라서 주일을 지키는 것은 진정한 의미에서 사람의 유익을 위한 날입니다. 그러므로 우리는 주일에 타인을 위해 선을 행하는 데 힘써야겠습니다.

온유하신 예수님

마 12:14-21

베이징올림픽 개막식에 참석한 조지 W. 부시 미국 대통령은 주일인 그날 베이징의 한 교회를 방문해 예배를 드렸습니다. 아직 완전한 종교의 자유가 없는 중국을 향한 무언의 메시지를 담은 행동입니다. 시몬 페레스 이스라엘 대통령은 올림픽 개막일인 8일에 모든 생산 활동은 물론 차량 이동도 금지하는 유대교 안식일과 겹치는 바람에 호텔에서 메인 스타디움까지 걸어서 이동했답니다. 그들 나름대로 멋진 행동이었습니다.

제법 멋진 그들의 행동이지만 본문에 나타난 예수님의 온유하고 사랑이 많으신 행동과는 비교되지 않을 것입니다. 예수님을 공격하는 바리새인들은 다른 사람의 칭송을 얻기 위해 살아왔던 자들입니다(마 23:5-7). 그런 자들이 다른 사람들이 보는 앞에서 예수님처럼 별 볼 일 없는 사람에게 패배를 당하고 입을 다물게 된 것은 결국 매우 큰 분노를 일으켰습니다(14절). 마태는 예수님께서 그들의 이러한 동향에 어떻게 대응하셨는가 하는 점과 주님의 대응 방식이 구약성경에 어떻게 예언되었는가를 말해주고 있습니다.

1. 본문 앞에 기록되어 있는 사건들은 예수님의 권능을 얼마나 분명하게 드러내 주는지 모릅니다

주님의 모든 적은 비록 "분기가 가득했으나"그들이 할 수 있는 일은 단지 "나가서" 그를 해칠 음모를 꾸미는 것뿐이었습니다(14절). 그들의 이런 행동 자체가 예수님의 권능을 인정하는 것이었습니다. 또한, 예수님께서 그들을 떠나 많은 병자를 치료해 주심으로써 재차 권능을 분명하게 드러내 보이셨습니다(15절). 예수님이 그들을 치료해 주시는 것을 가로막거나 방해할 수 있는 것은 아무것도 없습니다. 단지 한 가지 제한하신 일은 바로 그가 행하신 기적을 다른 사람들에게 알리지 말라는 것이었습니다(16절). 이유는 예수님께서 겸손하셔서 그렇습니다. 동시에 예수님은 자신의 구원 사역이 방해받을까 봐 그렇게 하셨습니다. 예수님이 병 고치는 자로만 널리 알려져서 유대 민중에게 예수님이 '문제 해결자'로서 추앙받게 될 위험이 있었기 때문입니다.

2. 우리는 자기 장점을 어떻게든 자랑하기 원하지만, 예수님은 그렇지 않습니다

예수님은 대적들의 적대감에 똑같은 적대감으로 대응하기를 피하심으로써 큰 인내를 보이셨습니다. 예수님은 그들의 적대감을 아시고 그저 그들을 떠나셨습니다(15절).

또한, 주님은 자신이 행하고 있는 일 때문에 그들과 분쟁이 일어나는 것을 원치 않으셨기에 큰 인내를 나타내 보이셨습니다. 간단히 말해서 그들을 피하심으로 그의 자비가 방해받지 않도록 하신 것이었습니다. 다른 사람들을 생각해서 자신의 힘을 발휘하지 않는 이것이야말로 진짜 실력이고 능력이라고 생각합니다.

우리는 예수님이 행하신 자비로운 기적들을 통하여 그가 매우 놀라운 동정심을 갖고 계셨음을 인식할 수 있습니다. 그가 그러한 동정심을 나타내 보이신 상황을 고찰해 볼 때 이 사실을 한층 더 분명하게 인식할 수 있습니다. 그는 적들이 그의 생명을 노리고 있다는 사실을 분명히 알고 피하셔야 하는 상황에서도 계속 크신 사랑과 자비를 베푸는 데 열중하셨습니다.

3. 마태에 따르면, 매우 오래전 옛 선지자도 예수님에 대하여 동일한 사실을 서술하였습니다

그가 본문에 인용하고 있는 선지자 이사야의 글은 그 본질적인 면에 있어서 그가 지금 서술하는 내용과 동일합니다.

(1) 그는 예수님을 하나님께 선택받은 자로, 즉 11장 27절에서와 같이 자신에 대하여 말씀하실 수 있는 분으로 소개하고 있는데, 이사야도 그렇게 예언했습니다(18절). 우리 역시 하나님께서 택하신 자로서(벧전 2:9) 하나님께서 가장 사랑하시는 존재임을 증명할 수 있어야 합니다. 우리 안에 하나님이 기뻐하실 만한 것들이 있도록 해야 합니다. 그것은 우리가 하나님 안에 거하면 가능합니다. 우리의 말과 행동의 근원이 하나님이 되어야 합니다.

(2) 마태는 예수님의 권능에 우리의 특별한 관심을 집중시키고 있는데 이사야 역시 과거 메시아를 두 차례나 "심판자"로 서술하고 있습니다(18, 20절). 여기서 심판이 바로 권능을 나타냅니다.

(3) 그는 여기서 재차 예수님의 인내와 온유하심을 19절에 잘 나타내고 있습니다. 물론 이것은 열심이 없는 것을 뜻하지는 않습

니다. 열심이 있는 사람이 자신을 드러내지 않기는 쉽지 않습니다.

(4) 그는 여기서 특별히 예수님의 사랑에 관하여 언급하고 있는데, 이사야의 말은 이점을 더 분명하게 드러내 줍니다(20, 21절).

그 자체에 대해 완전한 힘을 지닌 권능, 물러설 필요가 있을 때 물러서기를 두려워하지 않는 용기, 가장 낮고 비천한 자에게 몸을 굽힐 수 있는 위엄, 사랑받을 자격은 없으나 사랑을 절실히 필요로 하는 자들에게 기꺼이 사랑을 베푸는 자비, 예수님에게 있는 이 모든 것들은 바로 우리가 예수님을 신뢰해야 할 탁월한 요소들입니다. 우리는 모두 예수님을 신뢰하고 믿어야 하는데, 주님의 모든 점이 우리에게 절실히 필요한 것들이기 때문입니다. 온유하신 예수님을 닮아서 우리도 그렇게 행동합시다.

예수님을 모독하는 죄

마 12:22-37

사람들이 귀신들려 눈멀고 말 못 하는 자를 예수님께 데려왔습니다. 예수님께서 고쳐주셨고 그가 말하며 보게 되었습니다. 사람들이 놀랐습니다. 그들이 감동하여 말하기를 "이는 다윗의 자손이 아니냐?" 했습니다. 바리새인들은 사람들의 이러한 감동을 비방하여 말하기를 예수님이 "귀신의 왕 바알세불을 힘입어" 귀신을 쫓아냈다고 말했습니다(24절).

예수님은 적들을 대하실 때 보통 눈앞에서는 그들을 그대로 내버려 두셨습니다. 하지만 이번에는 그들의 생각을 아시고, 그들의 비방에 답변하시며, 자신을 모독하지 말라고 경고하고 계십니다.

1. 예수님께서 그들의 말을 듣고, 그리고 그들의 생각을 아신 후 그들에게 답변함으로써 다음과 같은 사실들을 알려 주셨습니다

예수님은 그들의 말에 지극히 큰 어리석음이 내포되어 있다고 하셨습니다.

(1) 사탄에 관한 사실과 모순되기에 어리석은 것입니다. 만일 그들이 주장한 바가(26절) 사실이었다면 '사탄의 나라'는 오래전에 종식되고 말았을 것입니다. 이것은 모든 국가에 적용되는 원

리인데 만일 왕이 자신을 대적한다면 그 나라는 무너지고 말 것입니다.

(2) 그들이 믿던 바와 모순되는 까닭에 어리석은 것입니다. 당시 팔레스타인에는 예수님 외에도 이와 유사하게 치유를 할 수 있는 것처럼 보이는 자들이 있었습니다. 그들은(예수님 제자들의 경우와 같이) 믿음으로 인해서나(바리새인들 제자들의 경우와 같이) 혹은 같은 유대혈통이기 때문에 '아들들'로 묘사될 수 있습니다(27절). 여하튼 그들이 어떠한 자들이었던 간에 예수님께서는 그들에게 반문하시며 그들의 말이 어리석음을 지적하셨습니다.

(3) 예수님에 관한 사실과 모순되는 까닭에 어리석은 것입니다. 그들은 사람을 압도하는 귀신을 보았고, 그 귀신을 제압해서 쫓아내신 더 강한 자를 보았습니다. 우리가 알고 있는 '하나님 나라' 외에 이러한 일을 행할 수 있는 것이 과연 무엇입니까? 다시 말해서 '하나님의 영' 외에 악령을 쫓아낼 수 있는 자가 누구란 말입니까? 이것이 바로 그들이 보고 있는 기적에 대한 유일한 답변임에도 그들은 모순되는 말만 하고 있습니다(28, 29절).

2. 예수님은 그들의 말에 지극히 큰 위험이 내포되어 있다고 하셨습니다

(1) 바리새인들이 예수님께서 하신 일을 악령에 의한 것으로 돌리는 것은 지극히 위험한 것이었습니다. 그것은 실제적인 면에 있어서 이 문제를 그릇된 관점에서 보는 까닭에 위험합니다. '하나님의 나라'가 실제로 '너희에게 임하였다면'(28절), '너희는 결코 그와 같이 말할 수 없다'라는 것이죠. 만일 너희가 이러한 사실을

인정하는 데 있어서 '나와 함께'하지 않는다면 너희는 '나를 반대하는 것'이며 그것은 사실을 부인하는 것이라고 합니다(30절).

(2) 그것은 의도적으로 이 문제를 그릇된 관점에서 보는 까닭에 지극히 위험한 것이라고 합니다. 그들이 행하고 있는 것은 단순히 빛을 거스르는 것일 뿐만 아니라 특별한 빛을 가리는 죄를 범하는 것입니다. 다시 말해 '인자'를 거스르는 범죄일 뿐만 아니라 '하나님의 영'마저도 거스르는 죄를 범하는 위험한 짓입니다(32절).

3. 예수님은 이러한 위험을 피할 수 있는 최선의 방법을 제시해 주십니다

이는 구원자이신 그분의 사명과 목적에 잘 부합하는 행위입니다. 예수님은 우리에게 이런 죄를 가까이하지 말도록 권고하시며 우리를 그와 같은 죄에서 구원하시고자 합니다.

(1) 마음을 지키라고 합니다. 본문에서 문제가 되는 것은 죄가 어떻게 발전하든지 그 죄는 마음으로부터 나온다는 사실입니다. 그러므로 이러한 죄의 결과들을 피하기 위해서는 무엇보다 먼저 마음속에 있는 이러한 죄의 뿌리를 제거해 버리십시오. 그리고 정반대되는 완전한 선을 마음에 쌓아두기를 추구하십시오. 그것은 찬송하는 일이며, 기도하는 일이고, 말씀을 읽고 듣는 일이며, 받은 바 은혜를 나누는 일입니다. 바울과 실라는 빌립보 감옥에서 불평할 수도 있었지만, 오히려 찬송하고 기도했습니다. 류근출 한 의사께서 2008년 8월에 〈KAIST〉에 578억 원 상당을 기부했습니다. 자기가 받은바 부의 풍성함을 조국의 기술 발전을 위한 일에 기부한 것입니다.

(2) 입술을 지키라고 합니다. 우리의 입술이 우리가 모르는 사이에 이러한 악한 생각을 밖으로 표현하지 않도록 입술을 지켜야 합니다. 우리의 말은 하나님 앞에서 마음의 상태를 드러내 줄 중대한 증거가 될 것입니다(36, 37절). 그런 우리 마음의 상태를 나타낼 많은 증거 중에서 억제된 말보다 더 중요한 것은 없다는 사실을 기억합시다. 우리의 마음에 악이 있더라도 결코 그것을 입 밖에 내지 마십시오(시 141:3 "여호와여 내 입에 파수꾼을 세우시고 내 입술의 문을 지키소서. 내 마음이 악한 일에 기울어 죄악을 행하는 자들과 함께 악을 행하지 말게 하시며 그들의 진수성찬을 먹지 말게 하소서").

여러분의 생각은 어떻습니까? 선한 일을 생각하며 선한 일을 행하려 합니까? 여러분의 말은 어떻습니까? 하나님의 은혜를 나누는 말입니까? 구원자 예수님을 인정하고 그분을 찬양하는 입술입니까? 예수님의 정체를 정확히 알고 그분을 바라보며 찬송해야 합니다. 예수님은 예수님에 대한 우리 입장을 분명히 하라고 말씀하십니다.

가장 큰 표적이신 예수님
마 12:38-45

예수님의 반대자들 가운데 몇 사람이 존경하는 태도를 보이며 예수님께 나아옵니다. 그들은 표적을 구합니다. 표적을 구하는 것은 유대인의 전통으로서, 선지자들의 메시지와 행동이 초자연적인 표적을 통해 증명된다고 보았기 때문입니다. 예수님께서 지금까지 보여주신 모든 표적은 중요하지 않은 것처럼 제쳐놓고 그들을 믿게 할 충분한 표적이 없어서 믿지 못하기라도 하는 양 표적을 구하고 있습니다. 예수님께서 이들의 요구의 천박함을 꿰뚫어 보셨다는 사실은 그의 말씀에서 분명하게 나타납니다(39절). 그러나 이러한 천박함에도 불구하고 예수님은 기꺼이 그리고 상당히 상세하게 그들의 요청에 대답하십니다.

1. 그들이 말하고 있는 '표적'은 그와 같은 사람들에게는 결코 허락되어서는 안 됩니다

그들의 요청은 실제 표적을 향한 열망에서 비롯된 것이 아닙니다. 그들은 악합니다(39절). 그들에게 표적이 허락되었다고 할지라도 그들은 수용하지 않았을 것입니다. 그리고 그들은 음란했습니다. 그러므로 그들이 요구한 대로 행하는 것은 불신행위를 조장하는 것일 뿐만 아니라 힘을 낭비하는 행위였습니다.

하지만 예수님께서는 그러한 이유로 그들을 무시하려고는 생각
지 않으셨습니다. 오히려 그들은 예수님의 사명에 대한 표적(진정
한 표적)을 보게 됩니다. 요나는 그의 세대 사람들에게 가장 뚜렷
한 표적이었습니다. 그가 이제 말하고 있는 표적은 동일한 종류의
표적이어야 합니다. 요나는 큰 물고기 배 속에서 '밤낮 사흘'을 지
냈습니다. 인자는 유사한 기간을 '땅속에서' 있어야 합니다(40
절). 그 사건이 무엇을 의미하느냐 하는 것은 충분히 설명될 것입
니다. 정한 때가 되면 단 한 마디라도 그의 사명을 충분히 증거 하
게 될 것입니다.

2. 표적을 구하는 그들은 옳은 일을 하고 있었습니까

그렇지 않습니다. 예수님께서는 그들이 진리와는 거리가 멀다
는 사실을 말씀하고 계십니다. 우리도 어떤 것을 구할 수 있고, 무
슨 일을 계획할 수 있습니다. 그러나 우리가 진리와 거리가 멀면
안 됩니다. 우리 앞에 닥친 급한 일들 때문에 하나님과 말씀과 교
회와 거리가 멀어지면 안 됩니다. 예수님께서는 그보다 훨씬 못한
증거도 믿었던 사람들이 있었다는 사실을 말씀하십니다.

(1) 요나가 파견되었던 니느웨 백성들은 이러한 증거의 문제에
있어서 그들과 같은 그러한 유익을 갖지 못했습니다. 요나는 그의
생전에 예수님이 살아계시면서 보여주었던 그러한 표적을 나타내
지 못했습니다. 요나의 경우에는 예수님께서 행하신 것과 동일한
기적도 없었고, 사람들을 모여들게 하는 예언도 없었고, 분명한
권위도 없었으며, 넘치는 사랑도 없었습니다. 요나는 니느웨 사람
들에게 그들이 회개하면 하나님께서 뜻을 돌이키실 수 있다는 것

을 믿게 하는 것이 전부였습니다. 그런데도 니느웨 백성들은 그 말을 믿고 회개하였습니다(욘 3:5). 그들은 요나가 전하는 메시지 가운데 하나님을 의식한 것입니다.

(2) 남방 여왕과 솔로몬의 경우를 봐도 현재 상황들이 그때보다 훨씬 더 유리했습니다. 그녀가 풍문으로 들은 것은 진리를 파악하는 가능성에 관한 것이 전부였습니다(42절). 그러나 그들은 완전함을 보고 있었습니다. 그런데도 지금 대적자들은 솔로몬보다 크신 예수님께 관심을 가지지 않습니다.

그러므로 이 두 경우가 그들에게는 대조가 되었고 또한 교훈이 되었습니다. 만일 그들 이전의 사람들이 더욱 적은 빛으로도 그 증거를 잘 이용할 수 있었다면, 훨씬 더 큰 빛을 경멸하는 이 사람들에 대해서는 무엇이라고 말할 수 있겠습니까? 만물이 심판대 앞에 서게 될 때 이들은 이전의 사람들 곁에 어떻게 설 수 있겠습니까?

3. 그렇다면 이러한 행동의 결과는 무엇입니까

빛의 양이 그 충분한 일을 행할 만큼 허용되지 않았다고 여겨지는 곳에서는, 다시 말하면 빛이 외적인 변화밖에 가져오지 못하고, 생의 실제적인 근원을 비춰주지 못하는 곳에서는 그러한 행동의 결과는 처음보다 어두움이 훨씬 더 짙어집니다(43-45절). 예수님은 이 세대의 완악함을 더러운 귀신의 예로 설명하십니다. 예수님은 사람들에게서 귀신들을 쫓아내 주셨습니다. 하지만 사람들은 아무런 방지책도 세우지 않았기 때문에 그들에게 더 많고 악한 귀신들이 들어와서 상황이 더 악화하였다는 것입니다.

그러므로 표적 자체만으로 충분하지 않습니다. 표적을 경험한 자들이 믿음을 가져야 합니다. 그들에게 주어진 빛을 그들이 진심으로 영접하지 않았으므로 그들은 더욱더 깊은 어두움을 맞게 될 것입니다. 그들의 부분적인 구원은 결국에는 일곱 번의 속박으로 변할 것입니다. 그 세대의 경우에 이러한 예측이 얼마나 비극적으로 입증되었는가 하는 점은 말할 필요가 없습니다. 이후의 모든 이스라엘 역사를 통해 이 예측은 이루어집니다. 이러한 입증이 모든 사람에게 얼마나 큰 영향을 미치느냐 하는 점도 역시 말할 필요가 없습니다. 이와 같은 사실에 내포된 원리는 분명 그리스도인 개인이나 기독교 단체가 진행하는 세상 내의 대부분의 배교 행위를 설명해 줍니다.

그러므로 이 경고는 우리 모두에게 적용됩니다. 우리가 가진 빛을 이용하지 않는 것보다 더 위험한 일은 없습니다. 귀한 교회에서 열심히 신앙생활 합시다. 우리가 가지고 있고, 읽고 듣는 생명의 말씀에 주목합시다. 그리고 그 말씀이 선포될 때 귀 기울여 들읍시다. 큰 빛이시고 큰 표적이신 예수님을 바라보며 그 말씀에 순종하며 나갑시다. 계속하여 말씀하시는 것이 무엇입니까? 요나보다 큰 이, 솔로몬보다 큰 이를 말씀하고 있지 않습니까? 큰 것을 먼저 생각해야 합니다. 그러면 하나님이 원하시는 아름다운 복들이 우리의 미래에 나타날 것입니다.

예수님이 중요시하는 것

마 12:46-50

예수님의 육신의 형제는 몇 명입니까? 예수님 외에 4형제가 있습니다. '야고보, 요셉, 시몬, 유다'(마 13:55) 그리고 누이가 최소 2명입니다. 만민의 구주이신 예수님께서 세상 가족관계를 어떻게 생각하셨는지요?

1. 이스라엘의 한 백성으로서의 예수님은 이스라엘 백성과 그들의 믿음에 특별한 관심을 두고 계셨습니다

그러나 예수님은 이스라엘 백성이 아닌 수로보니게 여인을 우선시하셨고(막 7:24-30), 혼혈민족이고 혼합 종교를 지닌 사마리아 여인을 우선시하셨습니다(눅 10:33). 때로는 로마의 백부장을 우선시하셨고, 심지어 어떤 상황에서는 이방인들을 최우선시하기도 하셨습니다. 그러므로 더욱 넓은 의미에서 예수님이 보시기에 가장 중요한 것이 혈족이 아니라는 사실이 매우 분명합니다.

이스라엘 백성들은 하나님이 보시기에 옳은 일을 행할 때 가장 귀중한 백성입니다. 만일 그들이 이러한 행동을 하지 않으면 그 어떤 사람이라도 그들의 지위를 대신 차지할 수 있습니다.

2. 예수님이 말씀을 선포하시는 동안 '밖에'(46절) 그를 보고자 하는 사람들이 있다는 이야기를 듣습니다

본문의 관점에서 볼 때 그들이 예수님을 뵙고자 하는 것은 중대한 일이었습니다.

(1) 예수님과 그들과의 혈연관계를 우리에게 말하고 있기 때문입니다. 그들은 "모친과 동생들"이었습니다. 다시 말해서 그들은 주님의 가장 가까운 가족이었습니다. 가족이 얼마나 가까운 사이인지는 김영삼 전 대통령을 보면 알 수 있습니다. 그가 취임 초기에 지지율이 90%대를 유지했었지만, 말기에는 아들 때문에 형편없는 지지율로 창피하게 물러나지 않았습니까? 측근들이 아들의 횡포에 대하여 여러 번 얘기했지만 "쓸데없는(?) 소리"라고 일축한 것은 지극한 아들 사랑 때문이었습니다.

(2) 본문에서 언급되지 않는 보다 고상한 측면에서 볼 때 중요합니다. 한때는 그의 형제들이 주님의 일을 믿지 않았다는 사실을 우리는 알고 있습니다. 어느 구절에서는 '친속들'이 자기 일에 너무 헌신하고 있는 예수님을 미쳤다고 생각했다는 기사를 읽습니다(막 3:21). 아마 그들은 바리새인들과 다투고 있는 예수님을 설득해서 집으로 데려가려고 했는지 모릅니다. 우리는 그들이 예수님의 말씀을 듣기를 원했는지는 알지 못합니다. 단지 우리는 그들이 예수님께 "말하려고" 하였다는 사실만 알 뿐입니다.

(3) 바로 이러한 이유 때문에 예수님께서 그들이 바깥에 있다는 이야기를 들었을 때 그가 아무것도 행하지 않았다는 점은 중요합니다. 예수님은 그들을 만나기 위해 나오지도 않았고 대화를 나누지도 않았습니다. 예수님은 그의 설교를 멈추지 않고 다만 설교

주제를 바꾸셨습니다. 단순한 가족관계, 심지어는 가장 가까운 가족관계도 예수님의 눈에는 가장 귀중한 것이 아니었습니다. 그가 들은 모든 것이 오직 가족에 관한 것인 곳에서 주님이 행한 것은 오직 그 가족관계를 떠나는 것입니다.

3. 예수님의 새로운 설교에서 우리는 예수님이 무엇을 중요시 하는가를 알게 됩니다

앞서 예수님이 가족에 대해 언급될 때는 보다 고귀한 점에 관해 전혀 언급하지 않으셨습니다. 그러나 이제 새로운 설교에서는 많은 것이 언급되고 있는데, 특별히 신앙고백의 측면에서 언급되고 있습니다. 그곳에 앉아 있던 사람들은 예수님의 제자들로서 그러한 신앙고백을 했습니다. 실천의 측면에서 역시 많은 점이 암시되어 있습니다. 적어도 그들 가운데 몇 사람은 하늘에 계신 아버지의 뜻을 이행하고 있다는 것을 볼 수 있습니다.

본문에서 예수님이 그들에게 보인 태도는 육신의 형제들에 대한 태도와는 전혀 다릅니다. 육신의 형제들에게 대한 행동으로 그들을 전혀 드러나지 않게 하시는 것이 아니라 그들은 예수님에 의해서 특별히 알려지고 드러납니다. 그들이 예수님의 발아래 앉았을 때 예수님께서 손을 내미셨습니다. 묵묵히 예수님을 따르고 있던 제자들을 향하여 특별하게 지목해 주신 것입니다. 그것은 영광스러운 지목입니다. 우리가 나중에 하늘에서 해같이 빛나게 될 것입니다. 그리고 이 땅에 있는 동안에도 주님의 지목을 받는 삶을 살아야 하지 않겠습니까?

육신의 형제에게는 아무 말씀도 아니 하셨으나 제자들에 대해서는 그들이 원하는 모든 말씀을 하십니다(49, 50절). 여기서 우리는 예수님께서 가장 중요시하는 것이 무엇인가를 볼 수 있습니다. 예수님께서는 모든 일에 있어서 아버지와 자기의 뜻 일치를 가장 중시하십니다. 이 세상 관계에 있어서의 가까운 일치가 아닙니다. 예수님은 혈족으로서의 가족관계를 벗어나 하나님 우리 아버지를 아버지로 모신 진짜 '세계적 가족관계'를 말씀하고 있습니다. 요즈음 말하는 글로벌 인재, 즉 세계적 인재가 이런 가족관계에서 나오지 않겠습니까? 예수님의 참 제자가 되는 것보다 더 큰 영광은 없습니다. 예수님의 마음을 공유하는 것보다 더 확실하게 예수님의 마음을 이해할 수 있는 길은 없습니다. 그러면 우리는 예수님처럼 살 수 있을 것입니다. 이 땅에서도 천국의 삶을 살 수 있습니다.

내가 중요하게 생각하는 것은 무엇입니까? 예수님이 생각하는 것과 같은 것입니까? 오늘날 많은 사람이 자신만의 중요한 점들을 갖고 있습니다. 말세가 되면 "자기를 사랑하고, 돈을 사랑하고, 부모를 거역한다."고 하지 않습니까? 그러나 예수님은 우리에게 세계적 가족관계를 말하면서 진정 중요한 것이 무엇인지 말씀하고 있습니다. 큰마음을 품는 것이 중요합니다. 하나님의 나라와 그의 의를 구하는 삶입니다. 그리하여 늘 예수님과 하나 되어 전진하는 복된 삶을 사시길 소원합니다.

세 번째 강화(講話)

(13:1-53)

비유로 말씀하시는 예수님

마 13:1-17

예수님은 본문에서 자신의 매우 독특한 교수 방법인 비유를 사용하고 계십니다(3절). 예수께서 말씀하시기를 끝마치셨을 때 비유를 통한 가르침에 관심이 집중된 것은 당시로서는 매우 당연한 일입니다(53-54절). 본문의 실례를 통해서 비유로 가르치시는 예수님의 교수 방법이 지닌 주요 특징들, 그 당연한 결과와 특별한 목적을 살펴봅시다.

1. 주요 특징들

(1) 예수님이 말씀하신 첫 번째 비유(3-8절)는 잘 알려진, 익숙한 것을 말하고 있는 것처럼 보입니다. 예수님의 모든 청중은 밭을 갈고 곡식을 추수하는 일에 어느 정도 지식이 있었습니다. 아마도 그들 대부분은 이런 농사에 관해 매우 잘 알고 있다고 생각했을 것입니다.

(2) 비유는 경청을 유발하는 특징이 될 만한 어떤 종류의 이야기, 즉 주요 사상이 담겨 있습니다. 이 비유에서 주요 사상은 씨를 뿌리는 데 있어서 실패라는 사상입니다. 언급된 네 종류의 땅에서 결실을 수확한 땅은 오직 한 군데밖에 없었습니다. 은혜를 받고

복을 받는 일이 쉽지는 않은 것임을 알 수 있습니다.

(3) 예수님은 더욱 깊은 의미를 드러내기 위해 비유로 말할 필요가 있었습니다. 자물쇠가 채워진 금고처럼 바로 그 안에 보물이 담겨 있음을 보여주어야 합니다. 배 위에 앉으셔서 그의 가르침을 듣기 위해 주위로 몰려든 무리에게 말씀하셨을 때 예수님께서는 단순히 씨를 뿌리고 수확하는 일 이상의 것을 생각하고 계셨음이 분명합니다. 9절 "귀 있는 자는 들으라.", "내가 너희에게 보이는 이상을 말하였는데 이것이 무엇인지 실제로 아느냐?", "잘 알려진 이야기가 말하고 있는 것은 아직도 알려지지 않은 그 의미다."

2. 당연한 결과

(1) 예수님의 가르침에 거의 모든 청중은 처음에는 귀를 기울일 마음이 있었을 것입니다. 우리가 알고 있는 것들에 관한 단 한마디 이야기도 우리 모두에게 변함없는 매력을 줍니다. 그것은 마치 먼 이국땅에서 모국어를 듣는 것과 같습니다. 사람들은 자연히 모든 것을 제쳐 놓고 귀를 기울이게 됩니다.

자발적으로 가르침을 받고자 하는 청중의 경우에 있어서 예수님의 이런 형식의 가르침은 더욱 그들의 탐구심을 자극했을 것입니다. 그리하여 그 이상의 가르침을 준비하게 했을 것입니다. 그리고 마지막으로 완전하게 받아들였을 때 그것을 보존하게 하였을 것입니다. 이러한 자세로 임하는 청중보다 더 많은 것을 배울 수 있는 사람은 없습니다.

(2) 그러나 어떤 청중은 '금고'의 외양만 보았을 뿐 그 이외의 것은 아무것도 보지 못했을 것입니다. 애써 알려고 노력하지 않으면 결코 아무것도 배우지 못합니다. 그러한 청중에게는 매우 소중

한 기회가 왔다가 안개처럼 사라져 버립니다. 비유는 그 자체로 그냥 끝날 것입니다.

오늘날 많은 성도들이 사람과 교회를 바라볼 때 외양만 보는 것은 아닌지 모르겠습니다. 그러니까 교회는 하나님이 불러내신 자들의 모임인데 교회당만 보는 것이 아닌지 모르겠습니다. 그래서 요즘은 교인들이 교회를 옮길 때 건물이 큰 교회로 옮기는 것이 아닌지 모르겠습니다. 우리 앞에 있는 보석이 많이 담겨 있는 금고의 문을 열지 못하는 성도들이 많다는 것입니다. 천국의 비밀을 얘기하는데 심리학적으로, 경제학적으로 생각하는 성도들이 있는 것 같습니다.

3. 특별한 목적

예수님 앞에는 두 종류의 적들이 있었습니다. 한 부류는 예수님을 매우 헐뜯기 좋아하는 성품을 가진 청중들입니다. 그들의 특별한 완악함(9:3, 4), 어찌할 수 없는 그들의 불신앙(9:20-24), 통탄할 만한 위선(12:24-37)을 예수님께서는 분명하게 아셨습니다. 또 한 종류는 예수님을 따르는 청중들 가운데 적대적인 태도를 가진 사람들입니다. 예를 들어, 예수님이 이제 막 이러한 이유 때문에 그의 진정한 형제라고 말한(12:49-50) 사람들 가운데 일부의 태도를 밝히려는 것입니다.

예수님은 이들 모두에게 어떤 적합한 말씀을 하시려고 합니까? 진정 가르침의 '진주'를 열망하는 사람들에게 그것을 전해줄 수 있는 말씀을 하셨습니까? '비유'라는 방법은 이러한 목적을 정확하게 성취합니다. 이러한 사실에 왜 예수님이 비유를 택하시는가 하는 이유가 있습니다. 일반적인 관점에서 보면 '비유'에 관한 이러한 견해는 우리에게 다음과 같은 두 가지 사항을 가르쳐 줄 수 있습니다.

(1) 진리는 얼마나 쉽게 간과될 수 있는지요? 예수님의 비유를 듣고 있는 이 부주의한 청중은 그래도 계속해서 부주의한 자세를 버리지 않고 있었습니다. 덕분에 그들의 비참한 목적은 달성되었습니다. 14, 15절에서 "듣기는 들어도 깨닫지 못하고, 보기는 보아도 알지 못한다"는 것은 실력이 모자라서가 아니라 마음이 완악해서입니다. 이런 자세는 예수님의 말씀을 통한 거의 모든 가르침에도 해당합니다. 옛 이스라엘 역사에도 해당합니다. 율법의 의식에도 해당합니다. 예수님 자신의 생애와 고난에도 해당합니다. 이 모든 일에 관해 '비유'는 무언가를 말하고 있습니다. 바로 '그것들은 진리를 반은 드러내고 반은 감추고 있다.'입니다. 그러므로 비유가 전하는 진리를 간과하는 일은 매우 쉽습니다. 우리는 단지 문을 두드리기만 해서는 안 됩니다.

(2) 진리는 얼마나 쉽게 얻어질 수 있는지요! 진실로 알고 깨닫고자 하는 자에게는 비유보다 더 좋은 교수법이 어디 있겠습니까. 우리가 해야 하는 것처럼 시작하고, 그러한 일을 통해 더욱더 많은 것을 구하도록 우리 자신을 북돋우고, 우리가 한다면 우리는 발견할 수 있다고 확신하는 것은 분명히 유일한 방법일 뿐 아니라 또한 가장 쉬운 방법입니다. 우리가 빛을 향한 우리의 길을 충분히 발견하게 될 수 있기 위하여 그 이상 우리는 무엇을 구할 수 있겠습니까? 16, 17절에서 복이 있는 자들을 말씀하고 계십니다.

예수님의 말씀 속에는 보물이 담겨 있습니다. 말씀을 듣기만 하지 말고 마음을 열고 그 보물을 찾아내는 믿음의 사람들이 되기를 소원합니다. 우리의 눈이 열려서 영적인 보물을 볼 수 있기를 소원합니다. 우리의 귀가 열려서 영적인 진리의 소리를 들을 수 있기를 소원합니다.

씨 뿌리는 비유 말씀을 듣는 태도

마 13:18-23

〈스타킹〉이라는 텔레비전 프로를 며칠 전에 보았습니다. 70세 정도의 할머니들이 나와서 태권도 시범을 보이며 격파를 하는 것이 아닙니까? 할머니들이 송판을 깨고 기왓장을 부수며 기합을 지르는 것을 보았는데 그 기합이 굉장히 중요하다고 합니다. 기합을 지르면 평소보다 1.5배 정도의 힘이 생긴다는 것이지요. 기합이 없이 얌전하고 성의 없는 태도로는 기왓장을 격파하기가 힘들 것입니다. 여러분은 어릴 때 학교에서 상을 받은 경험이 있습니까? 그 상장에 기록된 문구 중에 "품행이 방정하여 타의 모범이 되므로"라는 것이 있는데 '방정'(方正)하다는 말은 '언행이 바르고 점잖음'이라는 뜻입니다. 물론 '방정맞다'라는 말은 언행이 경망스러움을 나타냅니다.

1. 예수님께서 '씨 뿌리는 비유'를 말씀하셨습니다

'씨'는 천국 말씀을 뜻합니다. 천국 말씀은 '천국 복음'과 같은 말입니다. 당시 유대인들의 농경 파종법은 낙타의 등에 자루를 실어서 구멍을 뚫고 밭고랑을 따라 몰고 가면서 씨가 고랑에 떨어지게 했습니다. 그 때문에 어떤 씨는 길가에 떨어지기도 하고, 어떤 씨는 돌밭에, 어떤 씨는 가시떨기에 떨어지고, 어떤 씨는 좋은 땅에 떨어집니다. 비유의 밭은 복음을 받는 우리의 심령 상태를 말합니다. 말씀을 듣는 태도에는 세 가지 나쁜 태도가 있고 오직 단한 가지 좋은 태도가 있습니다.

첫 번째 나쁜 태도(19절)는 '전혀 듣지 않으려는 태도'라고 할 수 있습니다. 이 태도는 전혀 깨달음이 없이 듣는 것입니다. 이런 청중은 무엇을 말하든지 말씀을 받아들이지 않습니다. 더욱 정확하게 말하면 무엇을 말해도 그는 받아들이지 않습니다. 여기서 '그'는 너무나 단단하게 밟혀서 그 위에 떨어진 씨앗이 땅속으로 들어갈 수 없는 '길 가'로 설명됩니다. 길가에 뿌려지면 악한 자가 말씀을 빼앗아간다고 말합니다. 그는 듣기는 하나 이해하지 못하는 자입니다. 이는 지적인 능력이 결핍되었다는 뜻이 아닙니다. 마음을 집중하지 않기 때문에 빚어지는 무분별함이라 할 수 있습니다. 이런 식의 들음의 결과는 당연히 아무것도 남지 않습니다.

두 번째 나쁜 태도(20-21절)는 '부분적으로 듣는 태도'라고 할 수 있습니다. 이 경우는 앞선 길가처럼 그 어떤 것도 전혀 받아들이지 않는 것은 아닙니다. 오히려 반대로 많은 것이 '즉시', 그것도 '기쁨으로' 받아들여집니다. 그러나 받아들여진 대신 더 많은 것이 잊힙니다. 천국 메시지가 제안하는 평화, 그 메시지가 설명하는 소망, 그 메시지가 약속하는 영광을 충분히 인식합니다. 그러나 그 메시지의 더욱 엄격한 측면, 예를 들어 '말씀으로 인하여 환란이나 핍박이 일어날' 가능성은 전혀 고려하지 않습니다. 따라서 말씀을 받는 자가 만날 걸림돌에 대해서 전혀 준비되어 있지 않습니다. 결국 처음에는 즉시 기쁨을 느끼지만 이내 실망하고 맙니다. 그 결과 자신이 지닌 이 좋은 것들로부터 완전히 떠나 옛 생활로 되돌아갑니다. 이러한 태도는 감정적으로 흥분하기 쉬운 성품이며, 생각 없는 일시적 충동적 태도입니다. 예수님의 인기가 치솟을 때 주님을 따르려던 서기관을 생각나게 합니다(8:18-20).

세 번째 나쁜 태도(22절)는 '진리 가운데서 듣지 않는 태도'라고 할 수 있습니다. 이러한 태도는 실제로는 말씀을 '받아들입니다.' 그러나 그 말씀과 더불어 말씀과 조화가 되지 않는 것을 함께 받아들입니다. 그 사람의 마음은 말씀과 부조화하는 것들로 먼저 채워져 버리기 때문에 말씀을 위한 충분한 공간을 마련하지 못합니다. 씨앗이 '가시떨기'가 자라고 있는 땅에 떨어질 때 그 씨앗은 자라야 할 만큼 자랄 수 없습니다. 하나님의 말씀을 받아들인 청중에게 '세상의 염려와 재물의 유혹'과 같은 것들이 이미 옆에서 자라고 있습니다. 어떤 심리학자에 의하면 우리 일상의 염려 중 50%는 전혀 일어나지 않는 것이고, 40%는 있을지 없을지도 모르는 일이며, 10%마저도 꼭 일어나리란 보장이 없는 것이라고 했습니다. '재물의 유혹'(ἡ ἀπάτη τοῦ πλούτου 헤 아파테 투 플루투)은 정확하게 번역하면 '부요함의 속임수'입니다. 이런 태도로 말씀을 듣는 청중은 어느 정도는 그 말씀대로 행동합니다. 그래서 어느 정도 결실이 있는 것처럼 보입니다. 하지만 실제로는 그 어떠한 결실도 없습니다. 즉 그것은 성장하지 않습니다. '이삭이 충실한 곡식'으로 여물지 않습니다. 말씀의 능력을 막아 결국에는 결실하지 못하게 합니다.

마지막, 단 한 가지 좋은 태도(23절)는 앞에서 이야기한 세 가지 나쁜 태도들을 피하는 태도가 될 것입니다. 그것은 소리뿐 아니라 의미를 듣는 태도입니다. 부분이 아니라 전체를 듣는 것입니다. 진지한 태도로 듣는 것이며 어떠한 이유에서든 가식적으로 듣지 않는 태도입니다. 또한 우리는 뿌려진 말씀의 결과를 통해 좋은 태도인지를 알 수 있습니다. 열매 맺지 못한다면 당연히 그 땅이 좋은 땅임을 입증하지 못합니다. 그러나 천국의 밭에서는 적은 것이라 할지라도 무시되지는 않을 것입니다. 진정한 열매는 가장 크고 풍성하지는 못할지라도 진실한 삶을 의미합니다. 진정한 순종은 그보다 더욱 중요한 것이 있다고 할지라도 진정한 들음을 의미합니다. 그래서 말씀을 듣고 깨닫는 자는 말씀으로 말미암아 나타나는 능력을 맛보는 자입니다. 결국 그의 신앙은 하나님 나라의 일을 늘 생각할 것입니다.

2. 예수님이 비유로 말씀하신 말씀을 듣는 네 가지 태도 중에 나쁜 태도가 세 가지입니다

좋은 태도를 갖기 어렵다는 말씀이기도 합니다. 물론 그렇다고 통계적으로도 네 사람 중에 세 사람의 마음 밭이 나쁘다는 것은 아닙니다. 말씀을 듣는 나의 태도는 어떤지 살펴봅시다. 하나님의 말씀의 진정한 의미를 바로 깨달을 수 있도록 좋은 땅의 마음으로 그 말씀을 받아들입시다. 그래서 우리의 삶에서 말씀의 열매들이 나타나게 합시다. 하나님과 함께하는 능력의 역사가 나타나도록 합시다.

3. 말씀을 들을 때 내게 주시는 말씀으로 들어야 합니다

오늘 설교를 들어야할 사람이 안 왔다고 생각하지 마십시오. 말씀은 언제나 내게 주시는 음성입니다. 미국 한인교회에 집회 인도를 갔을 때, 짐과 성도님들이 주신 선물까지 들고 샌프란시스코 공항에서 환승하려는데 탑승구를 찾지 못해 시간이 지체된 적이 있습니다. 그런데 공항 방송에서 제 이름을 부르는 것이 아닙니까. 빨리 탑승구로 와서 비행기를 타라고 했습니다. 다른 사람들에겐 아무 의미가 없었지만 제게는 꼭 필요한 방송이었고 덕분에 빨리 온 경험이 있습니다.

곡식과 가라지 비유

마 13:24-30

시리아 농부들에게는 '야생 독 보리'라고 불리는 잡초만큼 성가신 것은 없을 것입니다. 그것은 밀밭에서 무성하게 자랍니다. 어릴 때는 밀과 너무 흡사하여 이삭 패기 전까지는 농부들조차도 확실하게 구분하지 못합니다. 나중에 검은 이삭을 보고서야 식별합니다. 농부들은 때가 되기 전에 그 잡초를 뽑아내는 것이 위험한 일임을 압니다. 왜냐하면, 그 뿌리가 밀의 뿌리와 너무나 복잡하게 뒤엉켜 있기 때문입니다. 예수님은 이러한 실례를 가지고 '가라지 비유'를 말씀하고 계십니다.

집주인의 종들이 놀란 것은 주인이 자기 밭에 좋은 씨를 심었는데 해로운 것이 돋아나 있었기 때문입니다. 종들의 소식을 들은 주인은 그의 밭에 좋은 씨 이외에 어떠한 것도 뿌리지 않았는데 이러한 현상이 일어난 것은 원수의 만행이라고 주장합니다(28절). 종들에게 떠올랐던 처음 생각은 즉시 가서 나쁜 씨를 뿌리째 뽑아 버리고자 하는 것입니다. 종들에게는 이것이 가장 합당한 방법처럼 보였습니다. 종들은 집주인에게 즉시 그렇게 하겠다고 제안합니다. 하지만 주인은 종들에게 그런 행동을 위해 단 한 발자국도 내딛지 못하게 하려는 것처럼 보입니다(29절).

다른 한편 종들이 제안한 것은 필연적으로 더 큰 악에 이를 것이라는 사실 때문에 시도되지 못합니다. 우리는 악의 건방짐이나 주제넘음이 있을 뿐만 아니라, 선의 거만함도 있다는 것을 항상 기억해야 합니다. 사람들은 순수한 의도를 가지고 있으나 그들의 의도를 실행하는 방법이 그들을 타락시킬 수도 있습니다. 종들의 방법대로 한다면 어느 정도 가라지는 제거될 수 있을 것입니다. 그러나 어떤 가라지는 제거되지 않을 것입니다. 그들의 눈으로, 그리고 손으로 그들의 의도가 아무리 선하다 할지라도 분명 그들은 옳은 곡식도 뽑아내는 실수를 할 것입니다. 그러므로 현재로서 그들이 할 수 있는 일은 밭을 그대로 두는 것입니다(30절). 주인이 종들에게 마지막으로 이 말씀을 하신 후에야 추수 때가 이르렀을 것입니다. 추수 때는 두려움이나 실수 없이 선인으로부터 악인을 분리해 내는 때입니다.

이 비유가 우리에게 주는 교훈은 다음과 같습니다.

(1) 우리의 기대 수준을 알맞게 하라는 것입니다. 예수님께서 이렇게 비유로 말씀하신 가라지는, 예수님 자신도 사실로써 발견하신 것인데(요 6:70, 가룻 유다) 다른 사람들에게서도 발견될 것입니다. 예수님께서도 12명을 택하여 3년을 함께하며 훈련했지만 1명은 실패했습니다. 우리가 교회 전체를 바라보든 아니면 각각의 개체 교회를 바라보든, 그 교회가 얼마나 크든, 그 교회가 어떻게 선택되었든 그 교회에는 '가라지'가 있기 마련입니다. 너무 완벽한 교회를 생각하면서 작은 일에 실망하지 말라는 것입니다. 알고 대처하면 모든 일이 어렵지 않습니다.

(2) 우리의 노력을 제한하라는 것입니다. 만일 예수님께서 '가

라지'도 뿌려지게 하셨다면, 그것들이 자라게 내버려 두십시오. 어떻든 그 가라지들을 밭에서 제거하기 위해 과격한 행동을 하지 마십시오. 그 일은 우리 손으로 해결할 일이 아닙니다. 그런 일을 하게 되면 곡식에 해를 끼칠 뿐입니다. 언제나 우리는 '이 일을 통해서 교회에 덕이 되는가, 하나님께 영광이 되는가?'를 생각해야 합니다.

예루살렘에 가면 예수님이 십자가 지시고 돌아가신 장소에 세워진 성묘교회가 있습니다. 그 교회에 한국인 신부 김상원이라는 분이 있습니다. 그는 그곳에 봉사할 수 있다는 것이 큰 은혜인 줄 알고 자원해서 갔다고 합니다. 성지순례를 간 한국 기자가 요즘 한국에서 일어나고 있는 '종교 편향 문제'에 대한 그의 견해를 물었습니다. 그의 대답은 이랬습니다. "그리스도인이 힘으로 뭘 하려고 하면 안 됩니다. 한국 교회의 문제점은 너무 힘주고 있다는 것입니다. 진정 그리스도인이라면 예수님처럼 살아야 합니다." 힘 있는 한국교회가 마음에 깊이 새길 귀한 대답이라고 생각합니다.

(3) 우리의 믿음을 독려하라는 것입니다. 만일 '가라지'가 결코 없어지지 않는다면, 반대로 좋은 것이 얼마나 많은가를 살펴봅시다. 사물들이 항상 뒤엉켜 있다면, 선한 것을 보존할 지혜는 얼마나 뛰어나고 선한 것을 보존할 힘은 얼마나 더 크겠는가를 생각합시다. 그렇게 진정한 그리스도인들이 서로의 믿음을 독려해야 합니다. 그들이 예수님처럼 살아가는 모습을 우리는 힘차게 격려해 주어야 합니다. 우리에게는 가라지가 함께 자라고 있는 이 상황에서 참 곡식들이 잘 자라게 해야 하는 책임이 있습니다. 그래서 구역모임의 목적은 "서로 돌아보아 사랑과 선행을 격려"하는 것입

니다(히 10:24, 25).

우리의 대적 마귀는 호시탐탐 우리를 공격하고 유혹하려고 기회를 보고 있습니다. 그래서 기회 있는 대로 가라지를 우리 가운데 심어놓습니다. 우리는 늘 깨어 기도해야 합니다. 부지런히 주의 말씀대로 순종해야 합니다.

항상 우리의 수준을 알맞게 해서 믿음으로 행합시다. 행할 때 예수님을 생각합시다. 우리의 행동이 오만하지 않도록 합시다. 믿음의 동역자들을 찾아 서로서로 격려하며, 교회를 영적인 은혜로운 분위기를 만들어갑시다.

진리의 성장과 변화
마 13:31-33

본문의 두 가지 비유는 앞선 두 비유에 대한 반작용의 성격으로 간주합니다. '씨 뿌리는 비유'에서 우리는 모든 땅에서 열매를 기대하지 말라는 경고를 받습니다. '가라지 비유'에서 우리는 좋은 열매가 열리는 곳에서조차도 나쁜 열매가 있을 수 있다는 가르침을 받습니다. 그런데 또 다른 측면이 있다는 사실을 오늘의 비유가 가르칩니다. 앞으로 살펴볼 결함들에도 불구하고 진리는 성장하고 복음은 퍼져나갈 것을 본문의 비유들이 말합니다. 천국을 증거하는 진리는 세상에서 성장하고 퍼져나갈 것입니다.

천국의 확장이란 측면에서 '겨자씨 비유'는 우리에게 가장 좋은 교훈을 주는 것으로 생각됩니다. 복음의 진리는 이미 씨앗으로 비유되었습니다. 겨자씨는 배춧과에 속하는 것으로 성장력이 대단하며 보통 1m 정도로 자라고 특히 팔레스타인 지방에서는 3m 정도 자란답니다. 그래서 유대인들은 이것을 정원수로 심기도 합니다. 이런 겨자씨에서 우리는 증가를 의미하는 요소를 보는데, 불면 날아갈 것 같은 작은 모양의 시작과 달리 나중에는 엄청난 성장을 보게 됩니다.

한편 '심다'로 번역된 '$\overset{\text{..}}{\varepsilon}\sigma\pi\varepsilon\iota\rho\varepsilon\nu$ 에스페이렌'(원형 $\sigma\pi\varepsilon\acute{\iota}\rho\omega$ 스페

이로)은 '씨를 뿌리다'는 의미로 번역된 단어와 같은 동사로서, 큼 직한 씨앗이나 묘목을 손으로 하나하나 심는다는 의미가 아니라, 작은 씨앗들을 흩뿌린다는 의미를 지니고 있습니다. 겨자씨의 실 제 파종 방법은 하나하나 심는 것이 아니라 여기저기 던져서 뿌리 는 것이라는 사실을 고려하면, 한글 성경은 적합한 번역은 아니라 고 봅니다.

'공중의 새들'과 관련지어서 살펴보십시오. 새들의 눈이 성장한 겨자씨 나무를 가장 먼저 볼 것입니다(32절). 이것은 세상에서 복 음 진리에 해당하는 정확한 묘사입니다. 다른 여러 가지 영향력들 사이에서 복음의 진리는 처음에 세상에서 전혀 무의미한 것처럼 보였을지라도 시간이 지나면 그 영향력이 점점 커져 마침내 다른 많은 영향력이 그 진리의 보호를 받는 것을 기뻐할 것입니다. 진 리는 인간의 마음속에서 성장하며 외형적으로 확장합니다. 우리 는 천국의 확장을 믿고 기대해야 합니다. 천국의 확장은 말씀의 진리로 가능합니다. 우리는 진리의 능력을 의지해야 합니다,

실제로 우리 주님께서 이 땅에 오심으로 개시된 천국 또는 초대 교회는 처음에 아주 미미했습니다. 주님이 처음 팔레스타인 땅에 심으셨던 천국 복음은 세상 사람들이 알아주지 않는 미미한 존재 였습니다. 그리고 그분이 훈련한 제자들의 면면과 그 수효도 보잘 것없었습니다. 그러나 이제는 세계적인 종교가 되었고 우리나라 에서도 최고의 종교가 되었습니다. 복음의 진리는 성도와 교회를 성장시킵니다.

이러한 점에서 본문의 또 한 가지 비유인 '누룩의 비유'도 우리 에게 가장 좋은 것을 가르쳐 주고 있다고 생각됩니다. 여기 언급

된 새로운 현장과 새로운 위기 때문에 새로운 비유가 사용된 것으로 생각됩니다. '씨 뿌리는 비유'(18-23절)는 인간들의 마음속에서 무엇이 진리의 성장을 방해하는 주된 장애물인가를 보여줍니다. 주된 장애물들이란 관심의 결여, 신중한 생각의 결여, 철저한 성실의 결여였습니다. 그 비유에서 우리는 진리 자체가 그러한 장애물들을 극복하는 데 얼마나 적합한 것인가 하는 가르침을 받을 수 있습니다.

비유 중의 '가루 서 말'을 살펴봅시다. 한 말은 에바 3분의 1입니다. 그러니 서 말은 1에바를 말합니다. 1에바는 약 22-23ℓ입니다. 아브라함이 하나님의 사자 세 사람을 대접할 때 준비한 분량이 1에바입니다. 한나가 사무엘을 하나님께 드리기 위해 성전에 갈 때 가져간 제물의 양도 1에바입니다. 이스라엘 백성이 출애굽 이후에 광야에서 받은 만나 1인분은 1호멜(약 2.34ℓ)로 한 사람이 하루 세 끼를 먹었는데, 가루 서 말이 1에바이고, 1에바는 10호멜이니 가족 9-10명의 하루 세 끼 분량 음식이었을 것입니다.

'가루 서 말'이라는 양식 속에 감추어진 누룩은 어떠한 일을 합니까? 누룩은 가루를 전부 부풀리게 합니다. 그 누룩처럼 하나님의 말씀은 인간의 마음속에 같은 일을 행합니다. 그곳에 일단 '감춰지면' 그 말씀에는 모든 것을 동화시키는 능력이 있습니다. 그 말씀은 그 모든 것을 말씀 자체에 동화시킬 때까지 점차 큰 힘으로 일합니다. 또 말씀은 그곳에 감추어진 손길의 성격이 어떠하든 간에 일을 행합니다. 누룩 비유의 요점은 마음속에 들어온 이물질(말씀)을 통한 성품의 완전한 변화입니다. 복음은 그 대상을 변화시키고 그 대상을 자신과 동화 시켜 나갑니다. 영국에서 흑인 노예제도 폐지를 시작한 이가 '윌리엄 윌버포스'라는 기독교인입니다. 미국에서 노예제도를 폐지한 사람도 기독교인 '에이브러햄 링컨'이었습니다.

일련의 선교 노력에 대한 모든 기록은 겨자씨 비유를 실증해 줍니다. 대부분 기록은 거의 교회 역사를 다루고 있습니다. 이 비유가 말씀되었을 때 복음은 무엇이었습니까? 세상 사람들의 눈에는 너무나 적은 것은 보이지 않습니다. 본문에서는 어떠합니까? 모든 결함에도 불구하고, 모든 대적자들에도 불구하고, 모든 타락과 술수에도 불구하고 작은 것이 세상에서 가장 큰 힘을 발휘합니다. 복권을 사서 엄청난 금액을 받는 것은 큰 힘을 발휘하지 못합니다. 오히려 큰 재앙이 닥치거나, 부부일 때는 이혼하기 쉽습니다.

그래서 우리는 복음을 전해야 합니다. 교회를 개척해야 합니다. 선교하러 가야 합니다. 예수 그리스도가 중심인 복음을 들고 가면 우리에게 하나님은 큰 능력으로 함께 하실 것입니다. 한 영혼에게 복음이 들어갈 수 있도록 전도지를 나누고, 말씀을 들을 수 있도록 기회를 제공합시다. 나 자신은 말씀을 진지하게 듣기 위해 준비하여 하나님께 나아옵시다. 성품이 변화되는 놀라운 사건을 체험합시다. 그러면 우리는 천국을 전하며 경험하는 세상의 소금과 빛이 될 것입니다.

진리의 승리

마 13:34-43

예수님은 계속 "무리에게 비유로", 즉 오래전 그분에 대하여 예언되었던 바와 같이 천국에 관해 오직 비유로만 말씀하고 계십니다(34, 35절). 제자들은 앞의 '가라지 비유'를 잘 이해하지 못했던 것 같고, 천국에 관한 비유이기에 궁금했던 것 같습니다. 제자들은 예수님께 '가라지 비유'를 설명해달라고 요청합니다.

예수님이 다시 설명해주신 '가라지 비유'에는 일곱 요소가 나옵니다. '좋은 씨를 뿌리는 이'는 인자이신 예수님이십니다. '밭'은 세상이며, '좋은 씨'는 천국의 아들들(주님께 속한 자들)이고, '가라지'는 악한 자의 아들들(마귀에게 속한 자들)입니다. 그리고 '가라지를 뿌린 원수'는 마귀이며, '추수 때'는 세상 끝이고, '추수꾼'은 천사들입니다. 예수님은 이러한 비유를 통하여 천국의 진리를 더 명확하게 제시해 주시는데, 본문의 '가라지 비유'를 설명하시면서 커다란 시련과 대비되는 커다란 승리를 한층 더 명확하게 제시해 주십니다.

시련은 하나님 나라의 밭에 알곡과 가라지가 함께 섞여 있는 것으로 나타나 있습니다(26, 30절). 이 시련이 매우 큰 것이라는 사실은 다음과 같은 사실에 나타나 있습니다.

(1) 씨 뿌린 자의 큰 위엄에 의해 그 시련이 클 것을 알 수 있습니다. "좋은 씨를 뿌리는 이는 인자요"(37절). 복음의 진리가 선포되는 모든 곳에 있어서 그 진리는 사실상 항상 그리스도 자신에 의해 선포됩니다. 복음의 진리는 그리스도의 인격과 그의 사역과 그의 죽음에 대하여 말하고 있는데, 그리스도의 이름으로 그리고 그의 권위를 통해 세상에 선포됩니다. 그런데 그분의 신실한 종들에게, 진리 대신 거짓이 만연하고 진리에 상반되는 것을 가르치고자 하는 노력이 성공을 거두는 것을 보는 일이란 큰 시련이 아닐 수 없습니다.

(2) 그 밭이 매우 넓고 크다는 점에서 그 시련이 클 것을 알 수 있습니다. "밭은 세상이요"(38절). 악에 물들어 있는 이 밭은 매우 크고도 넓습니다. 알곡이 있는 곳에는 항상 '가라지'도 함께 있습니다.

(3) 실제적인 악 자체의 거대함으로 인해 그 시련이 클 것을 알 수 있습니다. 그 밭에서 함께 자라고 있는 자들은 누구입니까? 그들은 천국의 아들들과 악한 자의 아들들입니다. 즉 그들은 우리 주님께서 심으신 자들과 마귀가 심은 자들이며 결국 태양처럼 빛을 발할 자들과 악을 행하는 자들로서, '가라지'는 마땅히 그곳에 없어야 했던 자들입니다. 우리 예수님께서 빛을 의도하고 기대하셨던 곳에 이처럼 큰 어두움이 있는 것은 얼마나 큰 시련이겠습니까?

악한 자의 아들들이 행하는 일들이 본문에 두 가지 소개되고 있습니다(41절). 하나는 '넘어지게'($\sigma\kappa\acute{\alpha}\nu\delta\alpha\lambda\alpha$ 스칸달라)하는 것입니다. 이 단어는 '덫'이나 '올가미' 같은, 지나가는 사람을 걸려 넘어지게 하는 '장애물'을 의미합니다. 확신과 결단력이 약한 자들을 죄로 유혹하여 범죄하게 하고 신앙에서 떠나가도록 하는 것입니다. 또 하나는 그들이 '불법을 행한다'(ἀνομίαν 아노미안)는 것입니다. 이 단어는 부정적 의미를 나타내는 접두사 'α 아'와 율법이라는 의미의 'νόμος 노모스'에서 유래한 명사로서 '율법이 없는 상태'를 의미입니다. 여기에서 '율법'은 구약의 율법만을 가리키는 것이 아닌, 하나님의 의로우신 통치의 근간을 이루는 모든 신적 법률을 가리킵니다. 고로 불법을 행하는 것은 하나님의 통치 체계인 신, 구약 성경의 가치를 무너뜨리는 행위이며, 하나님 나라의 통치 체제 자체를 뒤흔드는 소행입니다.

이러한 큰 시련 중에도 승리가 더 클 것이란 사실을 결국에 가서 악한 자들에게 일어날 일을 보며 분명히 인식할 수 있습니다.

(1) 그들은 모두 제거될 것입니다. 현재 '넘어지게 하는 것과 또 불법을 하는 자들'은 모두 다 사라져버리고 말 것입니다. 정해진 때에, 즉 '추수 때'에 '거두는' 자인 '천사들'이 올 것이며, 그들은 '그 나라'에 없어야 할 모든 자를 그 나라에서 '거둘' 것입니다(41절).

(2) 그 악한 자들은 결코 돌아올 수 없는 곳에, 즉 '풀무 불'에 던져질 것이며, 그곳에서 '울며 이를 갊'이 있을 것입니다(42절).

(3) 이 승리가 지극히 큰 것이라는 사실을 장차 선한 사람들에게 일어날 일을 통해서도 분명하게 인식할 수 있습니다. 마지막 때에 그들의 신분이 얼마나 밝게 빛날 것입니까(43절)! 그리고 그들의 신분은 얼마나 높이 고양되며 얼마나 복되겠습니까! ("자기 아버지 나라에서"). 그들은 앞으로 하나님의 아들과 같이 될 것이기에 실제로 하나님의 자녀들로 인정받게 될 것입니다(요일 3:2 "사

랑하는 자들아, 우리가 지금은 하나님의 자녀라 장래에 어떻게 될
지는 아직 나타나지 아니하였으나 그가 나타나시면 우리가 그와
같을 줄을 아는 것은 그의 참모습 그대로 볼 것이기 때문이니").

따라서 모든 성도들은 이 땅에서 인내와 믿음을 갖고 살아야 합
니다. 현재의 수많은 혼란을 소망으로 간주하십시오. 이 세상에서
그 모든 것들을 인내로 견뎌내야 하는 한 가지 이유는 그것들이
장차 완전히 사라질 것이기 때문입니다. 또한 현재의 수많은 혼란
을 경고로 간주하십시오. 사려 깊은 사람 중에 과연 누가 하나님
의 나라에서 현재의 이러한 혼란된 상태가 계속되리라고 생각하
겠습니까?

다윗은 자기 고난을 통해 동시대의 고난받는 이웃을 보았습니
다. 그리고 꿈을 꾸었습니다. "하나님이여, 내 마음이 확정되었고,
내 마음이 확정되었사오니 내가 노래하고 내가 찬송하리이다"(시
57:7). 고난이 항상 복은 아닙니다. 그러나 고난으로 심지를 꿋꿋
하게 다잡는 이에게 고난은 복입니다(김기현, 〈말씀 앞에 울다〉,
p. 50). 하나님과 함께하지 않으면 북한 핵도 무시무시하고, 미국
과 중국이 무시무시합니다. 그러나 하나님과 함께하면 핵은 핵이
고, 미국과 중국은 한때 강한 나라에 불과합니다. 이 세상의 마지
막 날은 반드시 옵니다. 진리가 승리할 것이기에 우리가 천국의
아들딸답게 사는 것은 얼마나 매력적인 일이며 중요한 일입니까?
시련 가운데서도 믿음으로 전진합시다. 때가 되면 하나님께서 우
리로 승리케 하십니다.

진리의 뛰어난 가치

마 13:44-52

〈창원지방법원〉에 근무했고 교회 새벽기도회에 열심히 나왔던 문 변호사를 기억하십니까? 그가 예산고등학교에 다닐 때 담임 선생님이 시편 23편을 영어로 외우라고 했는데 그는 뜻도 모르면서 외웠다고 합니다. 물론 그때는 신앙도 없었고요. 그런데 대학 입시를 앞두고 열심히 공부하고 새벽 3시에 잠자리에 들었는데 자꾸만 공부한 내용이 떠오르면서 잠이 오지 않았습니다. 빨리 잠을 자야 내일 또 일어나서 공부할 텐데 잠이 오지 않자 그는 두려운 생각까지 들었습니다. 그때 문득 얼마 전 영어로 외운 시편 23편이 떠올랐습니다. "여호와는 나의 목자시니" 채 두 번을 외우지 못한 채 잠이 들었습니다. 그 후 그는 믿음을 갖게 되었고 시편 23편을 외운 뒤 잠을 자는 습관이 생겼습니다. 그 습관이 계속되면서 그는 서울대학교 법대에 합격하였고, 이후 사법시험에 합격했으며, 〈사법연수원〉을 수석으로 졸업했습니다.

본문의 세 가지 비유는 '진리의 뛰어난 가치' 개념을 우리에게 말해 줍니다. 이 세상의 그 어떠한 소유물도 진리보다 더 뛰어난 가치를 갖고 있지 못하며, 이 세상의 그 어떠한 아름다움도 진리의 아름다움보다 더 크지 못한데, 이러한 사실은 마지막 때에 가장 분명하게 드러납니다.

첫 번째 '밭에 감추어진 보화 비유'는 세상의 소유물보다 더 가치 있는 진리에 관해 우리에게 말해줍니다. 당시에는 은행이 많지 않았고, 사람들은 귀중한 물건을 밭에 숨기곤 했습니다. 그리고 세월이 흘러 밭의 주인이 그 사실을 잊거나, 갑자기 죽거나, 혹 주인이 바뀌면 밭에 감추어진 보화를 잊어버리게 되는데, 후에 밭에서 일하던 사람이 우연히 그것을 발견하는 경우가 종종 있었습니다. 이 세상에는 우리의 힘으로 얻을 수 있는 어떠한 것과도 비교될 수 없는 귀중한 보화가 있습니다. 그것은 교회가 지니고 있는 바 예수 그리스도를 통한 구원과 은혜에 관한 고귀한 가르침입니다.

이 보화는 감추어져 있습니다. 따라서 불신자들은 이 세상에서 아무리 지혜롭고 현명하다고 할지라도 결코 그 보화를 발견하거나, 보화의 참된 가치를 올바르게 인식할 수 없습니다. 보화를 발견한 사람은 그 가치를 아는 이상 그것을 자신의 소유로 삼기 위해 모든 노력을 기울입니다. 세속적인 모든 소유물을 다 팔아서 그 보화가 감추어져 있는 밭을 삽니다. 그는 그 보화가 감추어져 있는 밭을 사기 위하여 "기뻐하면서" 돌아가서 자신의 모든 소유를 팝니다. 자기 소유를 다 판다는 것은 무엇을 말합니까? 그것은 주님을 위하여 자신의 모든 것을 바치는 것을 말합니다. 그리고 주님은 그렇게 자신을 희생한 사람에게 놀라운 상(보화)을 주십니다.

천국은 보화입니다. 우리는 천국의 귀중함을 알아야 합니다. 천국의 귀중함을 알기 위해서는 천국을 설명한 주님의 말씀을 잘 살펴보아야 합니다. 그리하여 천국에 속한 풍성한 삶을 살아야 하겠습니다. 사탄은 천국의 가치를 숨기고 이 세상의 명예와 재물과 영광을 더 좋아하게 하려고 우리를 유혹합니다.

두 번째 비유는 이 세상의 아름다움보다 더 아름다운 진리에 대해 말해 줍니다. 진주는 매우 고귀한 물건일 뿐만 아니라 사랑스럽고 아름답고 영화로운 것입니다. 두 번째 비유에 등장하는 사람은 이런 진주의 가치를 잘 알고 있던 자입니다. 그는 "좋은 진주를 구하는 장사꾼"이었는데(45절), 그가 이처럼 좋은 진주를 구한 까닭은 진주가 지닌 고귀함과 아름다움 때문이었습니다. 쟁기질하던 농부가 전혀 예상치 못하고 기대하지도 않았던 보화를 밭에서 발견하였듯이 뜻하지 않게 구원을 얻은 죄인들이 있습니다. 반면에 좋은 진주를 구하는 상인처럼 죄용서와 더 순결한 삶과 더욱더 거룩한 마음을 추구하는 가운데 구원을 얻는 부류도 있습니다. 예수님께서는 우리에게 좋은 진주를 구하던 상인이 결국 매우 값진 진주를 발견하였듯이, 하나님의 평안과 죽음 가운데서의 소망과 그 이후 하늘나라의 영광을 구하는 충성된 자들이 결국 예수 그리스도 안에서 그 모든 좋은 것들을 발견하게 되리라는 점을 가르쳐 주고 계십니다. 종종 진리는 현재적으로 아무런 가치도 없는 것으로 보이며, 현재는 분명히 모든 것이 뒤섞이고 혼란한 상태에 있습니다만 추구하는 자는 분명 하늘나라의 좋은 것을 얻게 될 것입니다.

좋은 진주의 가치를 아는 사람은 그것을 사기 위해 찾아다닙니다. 마찬가지로 천국의 가치를 아는 사람은 그것을 얻기 위하여 찾아다닙니다. 천국을 얻으려고 온갖 노력을 다 기울입니다. 우리는 천국을 적극적으로 찾아다니는 사람이 되어야 합니다.

세 번째 비유는 그물에 좋은 물고기와 못된 물고기가 함께 섞여 있는 것으로 묘사되고 있습니다. 그러나 그물을 완전히 물가로 끌어올렸을 때 어부는 그물 안에 있는 좋은 물고기들과 못된 물고기들을 따로 가려내므로 그들의 운명은 서로 판이해질 것으로 나타납니다. 그런 면에서 이 비유는 가라지 비유와 유사합니다.

주님이 마지막 심판하실 때 의인의 가치는 드러납니다. 그러나 현세에서는 악인들이 자기들의 처지를 모르고 삽니다. 도리어 큰소리치기도 합니다. 그러므로 우리는 이 세상에서 악인의 형통을 부러워하지 말아야 합니다. 심판의 때를 생각하면서 주를 믿는 우리의 가치를 알아야 하겠습니다.

앞에서 살펴본 대로 복음은 모든 사람에게 매우 귀중한 보화입니다. 복음은 특별히 그 의미를 가장 잘 알고 있어야 할 '서기관들'에게 귀중한 보화여야 하며, 그것을 다른 사람들에게 전해주어야 할 '맡은 자'에게, 혹은 '청지기'에게 있어서 더욱더 그러합니다. 그러므로 우리는 복음을 귀중히 여기고, 복음을 올바르게 이해합시다. 그리고 모든 사람에게 이 보화의 귀중함을 전파합시다. 이 땅에서 천국 보화를 맡은 자인 우리는 다른 말로 표현하면 천국 창고를 책임진 '집 주인'입니다(52절 하). 우리는 천국 곳간에서 구원의 복음을 꺼내어 사람들에게 나누어 주어야 할 자들입니다. 교회의 사명 중에 가장 중요한 것은 천국 복음을 나누는 것입니다. 천국 곳간에 있는 '기쁨', '감사', '평안'도 꺼내어 사람들에게 나누는 우리가 됩시다.

V

천국의 가족

네 번째 내러티브(13:53-17:27)

배척당하시는 예수님

마 13:53-58

오래전 한 신사가 금은 오직 멕시코와 페루에서만 나온다고 주장했습니다. 다른 사람들이 캘리포니아에서 캐낸 천연금괴를 제시했지만, 그는 "똑같이 보여도 아니다. 왜냐하면 금은 멕시코와 페루에서만 나기 때문이다."라고 하는 것이었습니다. 사람들이 그에게 캘리포니아와 페루가 지질 형태가 유사해서 캘리포니아에서도 금이 나올 수 있다고 설명했지만 소용없었습니다. 왜냐하면 그는 금은 오직 멕시코와 페루에서만 나온다는 편견에 사로잡혀 있었기 때문입니다.

고향을 찾은 예수님께 사람들은 편견을 갖고 있었습니다. 그들은 자기들과 함께 생활했던 예수님을 구세주로 인정하기가 어려웠습니다. 그들은 세상에서 두드러지게 유명한 자들이 아니었습니다. 그들에게는 학식 있는 사람이나 영향력이 있는 사람이 극히 드물었습니다. 따라서 회당에 들어와서 가르치는 사람이 그들 중 한 사람이었다는 사실을 발견했을 때 고향 사람들은 크게 놀랐습니다. 예수님이 고향 사람들 가운데서 성장한 자이며 그의 아버지가 목수로서 익숙한 사람일 뿐만 아니라, 예수님의 가장 가까운 인척들마저 잘 알려져 있던(55, 56절) 자들이었기 때문입니다. 그것은 예수님이 평범한 서민 출신으로서 성경을 가르치고 이적을 행하는 특출한 존재가 될 리가 없다는 편견을 뜻합니다. 그들 중 누가 그런 출중한 인물이 나오리라고 생각인들 했겠습니까?

고향 사람 가운데서 특별한 인물이 나온 사실은 그들에게 매우 놀라운 일이었을 뿐만 아니라 큰 걸림돌이기도 했습니다(57절). 그들은 주님이 동향 출신이란 사실로 인하여 그에게 영광을 돌리기보다 오히려 그분을 배척하였습니다. 그럼에도 불구하고 그들은 주님의 말과 행위에 있어서 그가 특별한 자임을 부인할 수 없었습니다. 주님 말씀의 지혜와 주님이 행하신 능력의 사역들은 그 자신의 존재와 마찬가지로 지극히 자명한 것이었습니다(54절). 그렇지만 그들은 예수님이 하나님의 아들이심은 생각하지 못했습니다. 그래서 예수님을 목수의 아들로 확인하고, 그 형제들의 이름을 거명한 것입니다. 그들은 예수님의 권위를 전혀 인정할 생각이 없었습니다. 나아가 그들을 화나게 한 것은 바로 그들이 주님과 같은 인물이 될 수 없었다는 데 있었습니다.

그들은 어찌하여 예수님을 보고 놀랐습니까? 그때까지 주님에게서 위대한 점을 전혀 인식하지 못했기 때문입니다. 주님은 그들 가운데 거했던 30년 동안 자기 생각과 소망과 계획을 전혀 나타내지 않았습니다. 주님에게 있어서 30년의 세월은 오랜 침묵과 자제의 기간이었습니다. 주님은 그들 눈에 단지 '나사렛 사람'으로만 보였습니다. 정말 철저히 하나님이 세우실 때를 기다리며 준비하신 예수님이십니다. 우리도 이러한 기도와 준비가 필요합니다. 너무 빨리 나서지 마십시오. 주머니에 못이 들어 있으면 언젠가는 밖으로 뾰족하게 튀어나온다고 하지 않습니까?

예수님은 지금 자기 고향 사람들에게 진리의 말씀을 가르치기를 열망하셨기에 그들의 회당에 들어가셨습니다. 그들은 주님의 가르침을 원하지 않았으나 주님은 기꺼이 그들을 가르치고자 하셨습니다. 주님은 그들뿐 아니라 이 세상의 모든 사람도 역시 그의 가르침을 받아들일 준비를 전혀 하지 못하고 있다는 사실을 잘 알고 계십니다. 사람들은 외적으로 자신과 조금도 다를 것이 없는 예수님에게 모든 중요한 점들에 있어서 그들보다 우월한 존재로 혹은 적어도 그를 '선지자'의 능력을 지닌 자(57절)로 만들어 주는 큰 은사들이 있다는 사실을 인정하기를 좋아하지 않았습니다. "선지자가 고향에서는 존경을 받지 못한다"라는 말씀은 구약의 선지자들이 당한 일로서 당시 유대에서 회자되는 이야기이며, 그리스-로마 세계에서 잘 알려진 속담에 기초한 것으로 보입니다. 그러나 예수님은 그들의 이런 태도에 대하여 실망과 분노 대신 오히려 슬픔을 느끼셨습니다.

예수님은 그들의 편견에도 불구하고 '많은' 능력은 아니지만 어쨌든 능력을 행하셨습니다. 이런 예수님의 모습은 그들과 같이 완고한 마음을 가진 사람들을 향한 실로 은혜롭고도 자비로운 처사였습니다. 지금 내가 작은 은혜를 받고 있다면 혹 나의 잘못된 어떤 태도 때문은 아닌지 돌아볼 필요가 있습니다. 우리는 예수님을 사랑하고 존경하며 그분의 가르침을 열심히 따라가면 더 많은 은혜와 권능을 경험할 수 있을 것입니다.

예수님은 어느 곳에 가시든지 가르치기를 쉬지 않으셨습니다. 우리도 예수님처럼 복음을 잘 받아들이지 않는 곳에서도 자비로운 마음으로 복음을 가르치고 전해야 하겠습니다. 예수님을 보면서 우리는 하나님의 권능을 제한하지 않는 법을 배워야 하겠습니다. 혹시 내가 하는 사역이 사람들에게 제대로 인정되지 않더라도 낙심하지 말고 인내해야 합니다. 하나님의 능력을 의지하며 신실하게 사역해 가면 때가 되면 하나님이 역사하실 것입니다.

우리는 반드시 이러저러한 곳에서 하나님의 사역 도구들을 취하셔야 한다고 규정하지 말아야 합니다. 그 당시 나사렛은 이러한 목적에 가장 부적절한 곳으로 치부하였습니다. 그러나 하나님은 바로 그곳에서 이 세상의 빛이요 가장 위대한 스승이신 예수님을 일하게 하셨습니다. 또한 우리는 그 어떠한 사람도 멸시하지 않도록 주의해야 합니다. 아마도 이 세상에서 나사렛 사람들이 예수님께 대하여 가졌던 편견보다 더 큰 편견은 없을 것입니다. 그러나 예수님은 그들이 그에 대하여 편견을 갖고 그에게 분노를 품었다 할지라도 그들을 사랑하고 그들에게 능력을 베푸셨습니다. 우리는 사람들에게 배척을 당하면서도 자신의 사역을 묵묵히 감당하신 예수님의 이러한 모습을 본받고 그대로 행하기 위해 최선을 다합시다.